ある離婚訴訟の記録

体験的裁判所批判論

英 真
Makoto Hanabusa

共栄書房

ある離婚訴訟の記録
―体験的裁判所批判論―
◆
目　次

序　　7

第1章　高裁裁判・判決の根本的違法性とそれを支持する最高裁　15

第1節　高裁の裁判長の違法な思考　15
第2節　「本来の心証」に背を向けた高裁判決　18
第3節　高裁の裁判長と同一思考をとる最高裁　20
第4節　国民の常識的論理に従う義務のある裁判官と現実　21

第2章　裁判における常識と良心　25

第1節　司法の現状と司法を拘束している法的要素　25
第2節　裁判において必要な常識　27
第3節　裁判において必要な論理　29
第4節　裁判における常識的論理の必要性　30
第5節　最高裁判決における「良心」の解釈の不成立　31
第6節　最高裁判決に見られる「裁判官の内心」の重視と国民の無視
　　　　―最高裁判決と相反する東京地裁判決の合理性―　35
第7節　最高裁大法廷判決の書き換えと独立の概念　37
第8節　おわりに　38

第3章　地裁判決の事実認定における違法性　42

第1節　筆者による離婚の請求と親権の主張　42
第2節　離婚の認定理由の違法性　44
第3節　相手方証拠等から否定される「家出の原因としての暴言」の認定事実　48
第4節　成り立たない判決の基本構図：「家事不足」と「暴言」との因果関係　52
第5節　経験則・論理則・相手方提出証拠に反した「暴言」の認定　53
第6節　子供のメモの解釈の歪曲　56
第7節　因果関係を認定した2つの事象の認定期間の大幅な乖離

　　　　　　　―事実関係を把握していない証拠―　58
第8節　「暴言」の結果的事象を創作　59
第9節　成立しない子供の病気による生活障害　62
第10節　判決が判断を回避した諸事象と認定した事象の非合理性　67
第11節　おわりに　68

第4章　高裁判決の心証背理・暴言の認定における違法性　72

第1節　高裁判決が認定した筆者の陳述書等（証拠）の「理路整然性」　72
第2節　両当事者の提出証拠等と裁判所の心証・認定事実との関係　73
第3節　究極の齟齬　76
第4節　高裁が背負った「事実の捏造」への宿命　77
第5節　「暴言」に法的根拠のないことを論証した書面に「理路整然性」を表明　78
第6節　「暴言」攻撃に集中した荒れた裁判　81
第7節　「ますます暴言」という認定事実の不成立　84
第8節　「暴言」に的を絞った攻撃　87
第9節　おわりに　88

第5章　高裁判決の家事能力の認定における違法性　92

第1節　はじめに　92
第2節　家事能力と親権との関係についての高裁の判断　93
第3節　「子供の病気と暴言」とを家事能力不足の原因とした奇怪性　95
第4節　別居後の証明力のない写真を証拠採用　97
第5節　同居中における証明力のない写真を証拠採用　98
第6節　両当事者が主張していない「基本的家事能力」の認定と通知書に依存　103
第7節　料理をめぐる相手方証拠に相反　105
第8節　おわりに　107

第6章　高裁判決の親権認定の違法性　*110*

第1節　親権認定の根拠事項（追加的要素）　*110*
第2節　地裁判決を誤判と認定した事実と正当と認定した事実との同居　*112*
第3節　裁判所による2回にわたる事実の創作　*113*
第4節　判決文において証明される問題となる「暴言・罵倒」の事実の不存在　*115*
第5節　論理矛盾、無理難題の認定そして東京高裁判決との齟齬　*116*
第6節　監護体制の側面　*122*
第7節　問答無用の決め打ち文　*125*
第8節　養育費について　*128*
第9節　おわりに　*129*

第7章　財産分与に関して事実の捏造　*132*

第1節　財産分与に関する基本的事項　*132*
第2節　家庭の資産とその資金源泉　*136*
第3節　財産分与に関する両者の主張と裁判所の判断　*138*
第4節　判決文の公開と自明の事実を否定したことの基本的論証　*140*
第5節　固有の資金を減額した違法性　*146*
第6節　権利義務関係の認定に関する違法性　*149*
第7節　税法の論理とクレジット・システムに反した高裁判決　*152*
第8節　初歩的な社会常識にも背反　*154*
第9節　「あくまで」を用いることによる結論への執着　*155*
第10節　「尋常でない」家事を認定した当事者に4割の分与を認めた奇怪性　*156*
第11節　高裁判決検証の結論と司法の「法」の認知能力　*159*

第8章　最高裁の三行判決における理由と論理の欠如　*166*

第1節　上告審の審理の基本　*166*

第2節	異常に低い破棄率（異常に高い棄却率）への疑問　*168*
第3節	常識・教育現場の論理に基づいて理由の欠落が証明される三行判決　*170*
第4節	相反する状況下で使用され合理性のない三行判決の文体　*171*
第5節	理由に必然の客観性・論理性の欠落した三行判決　*173*
第6節	三行判決で鮮明になる「理由」の認識レベル　*175*
第7節	弁護士が指摘する三行判決の「理由」の欠如　*178*
第8節	最高裁判決に見られる「判決理由」に関する認識の齟齬　*179*
第9節	三行判決の矛盾と理由の要素の欠落　*181*
第10節	おわりに　*186*

第9章　最高裁の三行判決を用いた判決の違法性　*192*
　　　　　―本件による論証―

第1節	はじめに　*192*
第2節	上告理由　*193*
第3節	明白な理由の食い違い（理由齟齬）　*195*
第4節	否定の余地のない理由不備　*200*
第5節	否定の余地のない憲法違反（違憲）　*202*
第6節	高裁判決における瑕疵　*204*
第7節	おわりに　*205*

第10章　司法改革への視点　*208*
　　　　　―判決書における本来的「理由」の認識の必要性―

第1節	はじめに　*208*
第2節	「理由」の定義に基づき証明される判決文における「理由」の欠落　*209*
第3節	法学書に基づく現行の判決文の理由欄の検討　*210*
第4節	社説が指摘する証拠採否への疑問　*214*
第5節	最高裁判例で証明される証拠採用に関する二律背反性　*216*
第6節	おわりに　*219*

第11章　司法改革への視点（続）　*222*
　　　　―理由欄における合理性の担保と国民の意見提示・
　　　　裁判所の吸収の必要性―

第1節　本件下級審（高裁）における「裁判とはいえない裁判」の論証　*222*
第2節　判決文における論理の欠落とその改善の必然性　*224*
第3節　客観性・論理性を備えた事実認定・判断の文　*225*
第4節　司法改革へのベクトル（その1）
　　　　―判決理由としての「法」の要件を満たすこと―　*232*
第5節　司法改革へのベクトル（その2）
　　　　―三審制の論理的手続きの保障―　*237*
第6節　司法改革へのベクトル（その3）
　　　　―若手裁判官の活用と個別意見添付の必要性―　*239*
第7節　司法改革へのベクトル（その4）
　　　　―国民と司法との双方向チャンネルの確保―　*243*

本書を終えるにあたって
　　　　―国民、メディアそして裁判所における「法」の認識と情報の共有―　*250*

引用文献　*256*

資料：本件最高裁判所判決

序

　本書では、我々にとって身近であり、その判断に社会常識が決定的要因となる離婚等請求事件（本件訴訟）における判決書を検証することを中心にして、裁判・判決に関する論が展開されている。筆者（男性・原告）は、（家裁での調停、）地裁・高裁・最高裁で争ったものである。
　最近の注目すべき事件として、検察が証拠を改ざんした郵便不正事件がある。本書は、この延長線上で考えられるものである。本件高裁は、筆者の証拠に論理性・理路整然性を認定しておきながら、それが証明する事実をすべて排斥して、逆の事実—しかも非現実的事実（この世にあり得ない事実、常識的には考えられない事実ないし驚くべき事実）—を認定したのである。郵便不正事件と異なるのは、「証拠の改ざん」ではなく、裁判所による「事実の捏造」が行われていることである。しかし、問題はさらに続き、本件上告は棄却されたことから、最高裁は下級審がこの種の裁判・判決をすることを是認していることである。
　最初に、大きな断わりを入れておくことにする。本書で証明されるように、筆者に不利に作用した判決書の認定事実は、判決書自体そして相手方・弁護士の提出書面により容易に否定できるものでもある。ゆえに、著者の本名を使用することに、筆者自身の抵抗感はない。しかし、判決書は誰でも見ることができるとはいえ、相手方のプライバシーに関連する事象に鈍感になる必要もなく、本書の著者名は筆名である。また、本件下級審の判決書は、違法な認定事実で満たされているので、判断の責任を明確にすべく、地裁・高裁の名称および裁判官名を本来は開示すべきであるが、地域を特定できる要素を空白にしておくために伏せてある。なお、最高裁判決（決定文）だけは地域に制約されないので、（地域・事件が特定できる弁護士名等は伏せて）本書の末尾において公開する。
　なお、プライバシーの関係で、一部の認定事実に関しては論を避けており[1]、

また、(本書で論じた範囲内にある) 事実認定上の重要な争点に関する裁判所の判断の検証についても論を回避せざるを得ない部分もあり、全体を検証しているわけではない。そこで、本件各裁判所の裁判・判決書を検証しているが、その事実認定・判断の検証対象としては、離婚事件に一般的な離婚、親権、財産分与そして養育費に限定している。

　本書は、最初に本件高裁および最高裁を中心にして、裁判所の思考の問題点を論じておき (第1・2章)、次に本件に関与した裁判所の裁判・判決書の違法性に関して、具体的かつ細部にわたって検証をしている (第3章～第9章)。ここにおいて、裁判所が公正な裁判をしているという教科書的な認識と異なり、訴訟当事者が負うリスク (現行の裁判の基本的な問題点) を認識することになろう。そこに浮かび上がるのは、判決書の文体における論理の欠如というものであり、判決書そのものに民主主義の法の論理における合理性を付与するという改革、そして国民・メディアと裁判所とが (一体となった)「法」を共有するシステムの構築の必要性を論じるものである (第10・11章)。

　本件では、地裁で離婚の請求と親権の主張をして争い、離婚は認めたものの、親権を認めなかった。そこで、筆者は親権を主張して控訴した。相手方は、附帯控訴で財産分与・養育費等を求めてきた。この高裁では完全敗訴である。上告したが、棄却されたもの (敗訴) である。

　本書では、裁判所に対して、非常に厳しい表現が用いられていると感じられるはずである。その理由は、第1に、本件では、特に高裁のあり得ない事実を認定した判決に対応すれば必然的に厳しくなるとともに、この屈辱を考えても、厳しく対応することになるからである。第2に、本件以外の裁判・判決をも考察対象としているが、「法廷は……知的ゲームの場……相手方の矛盾をするどくつく技術が要求される」(渡辺〔2005a, 168〕) ので、当事者間のみならず、裁判所にも、その論理性の欠落は許されるものではなく、それを「するどくつく」(前記渡辺引用文) 必要もあるからである。

　また、本書では、3歩進んで2歩後退し、再度進行するような感覚で論じている。その理由は、判決書 (の一部分であれ、それ) を多方面から検討・検証することによって、そして筆者の論証過程を構築物のように組み立てる

ことによって、論理性を確保するためである。

　ところで、このように多面的な論証過程が用いられているとはいえ、反面において、筆者が論述の起点にしている思考は、本書のままでは小学生には理解しにくいとしても、言葉を容易にして（場合によっては、例を身近なものにして）やれば、簡単に理解できる初歩的な常識であるに過ぎないことも認識されるはずである。

　加えて、本書では、本件裁判・判決書の検討・検証に客観性・論理性を付与するために、基本的には社会常識（を外してはいないと思うが）と法律関係の書籍等の理論に基づくとともに、筆者自身に次の制約条件を課している。

① 判決書の検証には、（単なる主張・説明を避けて）論理的分析過程を経る。

② 相手方が提出した陳述書等における（証明力の低い）単なる主張を考察対象から省くものとする。なお、それを省略したところで、訴訟を多く経験し、要領を知り尽くした相手方弁護士が事情聴取した結果でもある（し、依頼者が委任契約をしていることから同意していると認識される[2]）答弁書・準備書面・発言等の中に、相手方自身が事実と主張するものが反映されており、これを（筆者の論証の）証拠として事実を導き出すので、実質的な影響はない。

③ 相手方自身が提出した（裁判までに作成された記録等の）客観性・証明力のある証拠は用いる。

④ 筆者自身による過去を振り返っての家庭生活における事実の説明（は、読者にとって主観的なものになることもあり、これ）を基本的に省略する。

⑤ 筆者が提出した客観的証拠および筆者側の弁護士の書面・発言等は、必要最低限に止めて[3]用いるものとする。

　このような制約条件を課していても、筆者には、本件判決書の非・不・反合理性を論証することに困難はない。それは、極度の非現実性で彩られたものであるからである。本書では、本件以外の判決文を含めて、現行の裁判・判決文における論理的欠陥を明らかにする。その上で、この論理性の付与こそ司法改革に必要なものであることを論じる。

なお、ここで断わっておくが、本書の原稿は、法曹・法学者（法律の専門家）の目を通しているものではない。その理由は、次の3点にある。
(1) 本件裁判・判決は極度の「現実離れ」を起こしている。「法」は現実の中にあるが、「現実（の思考）離れ」を論証しただけで、その「違法性」を証明することになることである。最大の理由はここにある。
(2) 「法」の専門家の認識にあるように、「法というものを市民の常識の基礎のうえにすえなければならない」（法学者・渡辺〔2005c,26〕）そして「法律解釈についてはともかく、事実認定それ自体については、裁判官が『専門家』というわけではないことは広く承認されている」（元裁判官・弁護士・秋山〔2005,15〕）。それを証明するのが裁判員制度（裁判員の数が裁判官より多いという事実も）である。また、（離婚に関する）わずかな法律の書籍しか読んでいない段階で筆者が書いた陳述書等に対して、本件高裁は、「法」に基づいて判断して、「論理性・理路整然性」を認識・表明している[4]。ゆえに、「法」に関して、我々国民が論じる場合に神経質になる必要もない。また、裁判所は、国民の常識的思考に拘束されることになるので、論が常識の枠内にあれば（本書がそうあることを願っているが）、問題はない。
(3) 国民の基本的な思考についても、裁判所が従わなければならない「法」である（渡辺［2-9］[5]を参照）。さらに、我々国民は、最上部[6]に位置する裁判所である最高裁の裁判官の審査権を憲法上有していることから、国民の「法」の認識は、すべての裁判所・裁判官より上位にある。また、裁判官は、国民全体に奉仕することを義務付けられた公務員である。そこで、我々国民は、すべての裁判所・官に臆することなく、「社会秩序維持」という「法」の目的に照らした慎重さ、常識性、客観性・論理性さえ見失わなければ、（常識の枠内にあり、論理性のある）学説を参照しながら、裁判・判決を検討・検証することに加えて、裁判所が従うべきことになる新たな法理論でさえ、その構築が学者のみに与えられた権利でもないことからも、展開することに何の障害もない（渡辺［4-3］も参照されたい）。

裁判は「国家の意思」（原田［1-7］）であるから、裁判官は、国民の常識・

認識を代理して判断をする権限しか与えられてはいない。かくして、我々は、「法」の認識において、一般的なものとなっていると思われる「裁判官が上で国民が下」という観念を逆転させて[7]、「国民が上で裁判官が下(それに従う)」という本来的な観念へと引き戻し、(メディアを含めて)国民が常識的基盤に基づき裁判所に対して客観的・論理的な主張をすることによって、裁判所に対して見解の表明をする時代がかなり以前に到来していたことに気付くべきだったのではなかろうか。

　ところで、読者には、最初のうちは本書の論調について、固い印象を受けられるかもしれない。その場合、本書の論証プロセスを(本書を読むというよりも、例えば各章・節の表題に関して、ある程度の自己の予測と見解を持った上で、本書の論旨を検証するという姿勢のもとに)我々の生活における現実の事象とその常識的思考に照らして追うことによって、逆に、初歩的常識に基づく論が展開されているに過ぎないことが認識されるものである。

　なお、本書では、最高裁の判事を除き、法曹の個人名は一切伏せられている。しかし、出版により不公正判決が明確になった後で、仮に、相手方弁護士との間に何等かのやり取りが生じた場合、判決に対する弁護士の認識を明確にするために、弁護士名を含む文書(そのものか、あるいは一部)とその検討内容を増刷時等において明確にする可能性は残しておいた方がよいと認識しているものである。

　本書には関係ないが、長年にわたる相談・訴訟において助力していただいた筆者側の弁護士、そして筆者の現在の健康が保たれていることは多くの人のお陰であるが、それを支えてくれた人々にも心から謝意を表すものである。

　末尾になったが、本書の出版を引き受けていただき、多くの助力を賜った共栄書房社長平田勝氏そして佐藤恭介氏に心から厚く御礼申し上げる。

平成23年4月11日
　　　　　理性ある未来の司法を求め期待して、自宅にて
　　　　　　　　　　　　　　　　　　　英　真

1　本書で検討対象となった裁判所の判断を視野に入れれば、他の判断もどの程度のものかは、容易に推測できるものである。
2　本書では、この点に関して、いちいち記述することはない。
3　高裁では完全敗訴であるが、それゆえに、本書において、筆者側の弁護士の書面・発言に依存する割合が低いわけではない。この（訴訟に至るまでも、相手方の両親との面談を重ねて努力するなど、手続的な慎重さも崩さない）弁護士の書面は、冷静であり、学術書等を用いて、客観性・論理性がある（ポイントは確実に突いているが）簡潔な文で満たされている。また、筆者は、この弁護士の書面と相談とから、考えるべきポイントを多く得たことも事実であり、その手続きの進め方等には今でも敬意を持っている。しかし、本書の出版とこの弁護士との関係はまったくない。
4　ゆえに、当時の書面の方向性のもとで書いていけば問題がなかろう。ところで、この時点と比較すれば、筆者が読んだ法学書の数はかなり増えていることも事実である。
5　本書で用いられているこのような表現は、括弧の前が引用文の著者、括弧内の最初の数字は引用されている章を意味し、そして括弧内の後の数字は、その章での引用文の順序を表す番号を意味している。なお、章末の注を含めての順序になっている。
6　「最上部」というのは、それより上の裁判所がないという意味での組織上の「最高」という意味で用いているものである。
7　エリートをどのように認識すべきかに関しては、第11章第6節で詳論する。裁判官自らが持っている国民に対する優越的認識が否定できないこと（秋山［11-11］を参照のこと）に加えて、国民が彼らに与え続けてきたエリートという認識が、裁判官をして、国民とは別範疇の「上」の存在であるという意識をもたせ、結果として国民の中にある「法」の認識の甘さを許容してきた結果となっていることを否定できるものではなかろう。

　メディアで用いられているが、裁判員をアマそして裁判官をプロと表現していることも、問題があるのではなかろうか。常識的・論理的に考えて、概念上の意味するものからすれば、アマがプロに対して勝てることはない。ゆえに、原則的には、アマは不要なのである。しかし、メディアは裁判員制度に反対していない。それは、裁判官が行ってきた裁判において、冤罪という事実から来る一種の不安を認識しているからであろう。

　ゆえに、裁判員を（見下したかのような）アマと表現することを避けるべきであろう。その追加的理由は、国民の基本的な思考は裁判官が従うべき「法」であること（渡辺［2-9］）に加えて、以下のようである。

　確かに、データベースに基づいて判断する事象に関しては、経験・アクセスする方法等の事情により、裁判官が優れていることは否定できない。しかし、証拠から事実を認定する能力・論理の優劣は、（国民が豊富に持っている）社会経験・常識が左右するものである。

　本件（最高裁が支持した）高裁判決書の検証で、非現実的認定事実が連続していることが論証されるが、ここにおいて、国民が（上部の組織にいる）裁判官に対して、その事実

認定能力において上回ることが明白になるものである。
　ゆえに、この点を鑑みれば、本来裁判員制度が意味を持つのは、当事者間で事実の主張・立証に関して正反対の状況下（再審請求を含む）にある場合であるという結論が導かれもするものでもある。

本書を通じての留意事項

　下級審の判決文は、法律を解釈・適用すれば、できるはずのない非現実的事実を認定している。この点に着目すれば、法律を解釈・適用した（あるいは、「法」に従った）判決ではないことになる。

　しかし、裁判所がこのように驚くべき非現実的事実を認定していても、判決を受け取った当事者にとっては、裁判所（が憲法上は「法律」に従わなくてはならないので、判決文で認定された事実）が法律を解釈・適用した結果の判断であると理解すべきものである。

　本件判決では、「法律の解釈・適用」に関する認識が、このように相反する状況下にある以上、判決文を検証する文章を走らすのに困難を伴うものである。この点を念頭に読んでいただくことを希望するものである。

第1章　高裁裁判・判決の根本的違法性と
　　　　それを支持する最高裁

第1節　高裁の裁判長の違法な思考

　本件裁判（地裁・高裁・最高裁）そして現行の裁判の一端[1]を最も象徴しているのは、高裁裁判長による次の発言である。筆者に対する尋問時に、（地裁から高裁にかけて）提出した筆者の陳述書等[2]に関して、次のように発言している[3]。
　　「私は37年間裁判官をやっているけれども、こんなに出されたのは初めて。つまりそれ自体異常なんですよ。かつ論理的にきちんと分析して反論するというのはね[4]」
　これは「尋問調書」[5]に明記されている。発言してから「調書」が完成するまでに、時間があり、また「調書」には、その法的責任を負う裁判官が明記されるにもかかわらず、このような発言が（本来すべきものではないが）修正・削除されていないのである。それは、発言した裁判長のみならず、（「独立」して職責を果たす立場にありながら、法廷で裁判長に対して何等の否定的な発言をしなかった）陪席裁判官2名も、その認識に疑問を持っていないことを証明しているものである。
　この「発言」の思考・認識を実行した判決書[6]に関する詳細な検討は、後に（第4章以下の4章で）行うことにして、最初に、この発言が「法」・「国民の常識（的な思考の論理）」から乖離している点を認識しておくことにする。
　① 自身の（裁判官としての）「体験[7]外」の陳述書等（証拠）が提出された場合、つまり自分が初めて体験した陳述書等は「異常」と判断するというものでもある[8]。これは、自らが裁判長として指揮する裁判の基盤は、「憲法・法律・法」ではなく、「自身の（37年間の）体験」であることを表に出したものであり[9]、また、裁判官は「法」に従う義務がある

15

ことを視野に入れれば、自身の体験が「法」であることを意味しているものでもある。

② 国民は、「法」になり得ない「裁判官の体験」に従う義務はない。国民の中では、自己の体験外のものは排斥するという思考を表に出すことはない。それが、「法」「常識」ではないことを熟知しているからである。

③ 裁判長は、「体験外」の「多く」の陳述書等を提出することは「異常」と判断するという表明をしている。「数量的側面」における判断である。

④ 発言には、「かつ」が付いているが、それより前の文は書面の「数量的側面」、そしてその後は書面の「質的側面」（ないし「内容面」）に関連している。「かつ」という接続詞によって連結されているので、裁判長は、「質（・内容）的側面」に関しても、「『論理的にきちんと分析して反論するというのは』『初めて。つまりそれ自体異常なんですよ』」という主張をしていることが証明される。そこで、書面の「質的側面」において、「体験外」の「論理的にきちんと分析」した陳述書等は、「異常」と判断することを表明しているものである。

⑤ ところで、裁判所がある当事者の提出証拠について「異常」という判断・認定・認識をしたことは、必然的にその証拠の「排斥」へと導き、その当事者の主張・立証（証拠）は、裁判所によって完全排斥されることになる。

⑥ しかし、法律上は当事者に主張・立証する権利が与えられており、陳述書等（証拠）の「数」に制限はない。ところで、少数の書面でも、「嘘」を書いていれば論理矛盾を起こすものである。そこで、多数の書面にもかかわらず「論理性・分析性」を認定したことは、裁判長が、その書面に論理的基盤を含め、「高度の信憑性」があると認定し、内容は、「真実」であるという「心証」を認識・表明したこと以外の解釈の余地はない。

⑦ それにもかかわらず、その書面を「異常」と認定して「排斥」するというものである。その結果は、裁判所が「正しいという認定をした事実」、すなわち「真実という心証を表明した事実」は、判決文では「排斥」された形（すなわち、逆の事実が認定された形）で現れたのである。

⑧ 「論理性のある書面」を排斥するという思考を表明していることは、結

果として、裁判所が事実認定にあたって採用する書面は、「論理性のない書面」、すなわち「（嘘を含めて）論理矛盾を起こした書面」であることを表明しているとしか解釈できない[10]。どの程度まで「論理性」を落とした書面を提出せよというのかに関して質問すれば、裁判所はどのような回答をするのであろうか。

⑨　裁判長は、この発言に続けて、（筆者に向けて）「あなたは異常です[11]」といったものである。それは（裁判官の意向によるものか、速記官の配慮によるものか等についてはわからないが）さすがに記録に残されてはいない。しかし、裁判長の上記の発言で、十分「その趣旨」を伝達するものである。というのは、文字が勝手に紙の上に載るわけではないので、陳述書等を「異常」と判断した事実は、書いた人物を実質的に「異常者」と認定していることを意味するからである。なお、筆者だけが居る法廷ではなく、代理人である弁護士[12]がいる。筆者の書面は、弁護士が目を通し、本件の事情に鑑みて事実認定に必要であると認識した最低限のものが提出されている。弁護士は司法試験という裁判官と同じ試験に合格し、司法修習を受けている。裁判に必要な「社会経験」からすれば、代理人の方が上である。法曹一元化構想がそれを裏付けている。裁判長の発言は、異常者が書いた異常な書面を提出したというメッセージを弁護士に対して送ることになるが、弁護士を（間接的でさえ、その言葉が意味するところである）罵倒するだけの資質を自らが備えていることを説明できるのであろうか。

⑩　（裁判所は筆者だけを批判しているが）相手方側もかなりの数を出しており、さらに、反論しないことには相手方側の主張を認めたことになるし、相手方側（相手方・相手方の地裁および高裁における弁護士）の主張と筆者の主張・立証とが相反する大きな点は、（相手方弁護士の書面・発言における基本的な主張部分を経験則・論理則により分析すればあり得ない）「暴言」に関する事実である。加えて、相手方側の「（裁判が始まってからの単なる）主張[13]」と、相手方が提出した「（裁判前における）記録・証明書類」の内容とが相反している。本来的に証明能力を有する後者は、筆者の主張を立証するものである。しかし、それに反す

る主張が繰り返され、そしてこの高裁において、(相手方弁護士が)「法」の枠内にない主張をしたこともあり、閉口した筆者は、無駄な書面のやり取り[14]を回避するために、相手方弁護士が書面を書き、かつ「法理論」に基づいた「秩序ある書面」を提出するように求めたものである[15]。ゆえに、このことを考慮しても、筆者が、裁判所から書面の数に関して批判されるべきものでもない。

なお、重大な事実は、最高裁自らが認める「裁判という国家の意思」(最判昭39.10.13民集18.8.1619、民訴百選［三版］8、『判例六法』989頁)の表明という裁判官の職責に照らして、誰の目にも明らかに「絶対的禁句」である裁判長の前記の発言[16]の思考が、判決文において実行されたことである。

第2節 「本来の心証」に背を向けた高裁判決

1 筆者の陳述書等において主張・立証された事実を「真実」と認定

筆者の陳述書等（証拠）について、高裁判決書は、「あたかも学術論文のように理路整然[17]」としていると評価・認定している。裁判長が尋問時における発言で認定した「論理性」（第1節参照）と判決で認定した「理路整然性」に関して、理解しやすいように、図表1-1において対比した形で示しておくことにする。

図表1-1 筆者の陳述書等に関する高裁での判断

裁判長の発言	判決文
「論理的」	「学術論文のように理路整然」
【対比した結果】「論理的」（発言）と認定したことは、「理路整然」（判決文）と認定したことと同じ表明効果をもたらすものである。	

2 自由心証主義のもとでの「論理性・理路整然性」の意味

民事訴訟法第247条は、自由心証主義に関して、次のように規定している。

「裁判所は、判決をするに当たり、口頭弁論の全趣旨及び証拠調べの結果をしん酌して、自由な心証により、事実についての主張を真実と認める

べきか否かを判断する。」
　もちろん、司法は、主権者たる「国民の信託」（憲法前文）を受けており、その「心証」は、裁判官に独自のものが許容されることはない。それは、次に引用する法学書に論じられているレベルにあるべきものである。
　「自由な判断といっても法律上の拘束がないという意味であって、裁判官の専恣を認めるものではなく、裁判官は事実認定につき論理法則・経験則に従い客観的根拠に基づいて合理的に判断しなければならない。」（末川〔1991,499〕）　　　　　　　　　　　　　　　　　末川［1-3］
　「自由な判断とはいっても、それは合理的なものでなければならず、それが経験法則、論理法則に違反するものであるときは、『理由のくい違い』または『事実誤認』として……」（自由国民社〔2006,789[18]〕）
　　　　　　　　　　　　　　　　　　　　　　　自由国民社［1-4］
　「裁判官の自由な心証とはいうけれども、通常の論理的な法則、あるいは経験的な法則、論理則、経験則と言いますか、これに合った認定の仕方でなければならないとされております……いくら裁判官でも……常識外れの認定はできないという限界が当然にあるわけです。」（田宮〔1989,157〕）　　　　　　　　　　　　　　　　　田宮［1-5］
　「自由心証主義……それはもちろん、裁判官が何もかも勝手に判断してよいということではない。裁判官の判断は何よりも『合理的なもの』でなければならず、その意味で自由心証主義は『経験則・論理則・実験則』の制約を受けるのである。」（秋山〔2005,137〕）　　　　秋山［1-6］
　しかるに、高裁判決文が用いた用語である「学術論文」には、合理性（客観性・論理性・検証可能性等）が求められている。高裁が、筆者の陳述書等に「学術論文のような理路整然性」を認定したことは、裁判所は学説に反した判決ができない[19]こともあり、心証形成に必要な上記引用文の要素を筆者が提出した陳述書等に対して認定したものである。ゆえに、「心証」としては、筆者の主張・立証した事実を「真実」と認定したことを表明しているのである。

3　自らが「論理性・理路整然性」を認定した証拠を一転して完全否定
　しかし、裁判長は、筆者の陳述書等は体験したことのない「論理性」（を

1つの要素として、それ）があるがゆえに「異常」と判断する旨の発言をしている。「真実」を巡って争われている場において、「異常」と認定する行為は、必然的にその証拠の「排斥」というベクトルに拘束されるものである。

本書において、高裁の判決文を分析することにより、次の2点が論証される。

(1) 「理路整然性」を認定した陳述書等（証拠）を排斥している事実
筆者の完全敗訴がそれを裏付けている。

(2) 判決で認定した事実が「法」の枠内にはない事実
主文に至る認定事実は、現実性がなく[20]、本来は判決書に書くことができないものである。それは、認定事実そのものを初歩的常識により分析することと、相手方が提出した証明力の高い証拠および相手方弁護士の（関与した答弁書・準備書面・証拠説明書の）主張を論理的に分析することによって、明確に裏付けられるものである。

かくして、裁判長の体験を基準にした高裁判決は、客観的に検討すれば、（末川［1-3］における）「専恣」の枠内にあるものである。

第3節　高裁の裁判長と同一思考をとる最高裁

本件では上告したが、最高裁で棄却された。つまり、最高裁は、高裁の思考・手法とそれに基づく事実認定行為を支持したのである。このことは、下級審自らが証拠（書証）に関して「理路整然性」を認定し、実質的に「真実」が記述されているという心証の表明を行い、かつそれを判決文に証拠として残していても、その心証表明と相反し、かつ（後に論証される）非現実的事実を認定することは「違法」ではないという判断を最高裁がしていることを証明している。

また、最高裁が支持した高裁判決を出した裁判長は、証拠に「論理性」があれば「異常」と認定するという意図を鮮明にしているが、「論理矛盾」「嘘」を問題視していないので、最高裁を頂点とする裁判所組織が証拠（書証）の「論理性」には厳しく対処して排斥するが、「嘘を含む論理矛盾」には寛容な対応をするということを意味するものである。

しかし、「法」に基づけば当然のことであるが、本件高裁およびそれを支持した最高裁とは180度異なり、裁判官の中には「嘘」に厳しく、「法の論理」に従うものが居るはずである。ゆえに、司法の現実は、「（裁判では嘘をついてはならないという）『法』」に従う裁判もあれば、「裁判では嘘をつくのが『法』（である）」とする裁判もあることになる。
　かくして、裁判所は証拠の「嘘・論理矛盾」の判断に関して、無秩序といえる状況にあることになるが、裁判を受けた国民の声を聞いても、この認識に誤りはないことが理解できる。安倍〔2001,9〕を参照する。
　　「『市民に対する裁判官の言動が不親切だし、偏っている』……『結論が非常識だ』『審理も判断も権力的で、非民主的だ』『理解・納得のできない結論を押しつけてくる』……」　　　　　　　　　　　安倍［1-8］
　ここに述べられた「偏向」「非常識性」「権力的・非民主的」「理解不能な結論の押しつけ」による裁判は、「違法性」へと結び付く（可能性がある）ものである。その原因として何があるのかに関して、渡辺〔2005a,189〕を参照しよう。
　　「法律によって権力の行使を拘束するという考え方でなく、法律によって権力の行使を正当化するというこの種の考え方を根底にもつ法律学を、官僚法学という。」　　　　　　　　　　　　　　　　　渡辺［1-9］
　「権力」を意識していれば、「法」の本来的な認識を外すことに対する防御的思考の形成はできるものではない。

第4節　国民の常識的論理に従う義務のある裁判官と現実

　「国民主権」（憲法）のもとでの裁判所で働いている公務員である裁判官であってみれば、その事実認定は、国民の常識的論理[21]から乖離してはならない。これに関して、秋山〔2005,92,190〕の論を参照しよう。
　　「実生活に追われている一般市民は、しっかりと『現実』に立脚しながら『生活』というものと闘っている。裁判官のする事実認定は、この市民の実生活上の経験則や論理則というものをきちんと踏まえたものでなければならない[22]」　　　　　　　　　　　　　　　　　秋山［1-10］

21

「キャリア裁判官は、一般市民に比して書物による知識は多くても、実社会における生活経験が豊富であるわけではない。日本の裁判官は、事実上、一般市民から隔絶され、保護された生活を送っており、その分だけ『世間に揉まれてはいない』のである。

……洋の東西を問わず、職業裁判官の思い上がりが誤判・冤罪を生んだ実例は数え切れない」　　　　　　　　　　　　　秋山［1-11］

裁判では、法律はもちろんのこと、最判［8-13］が最高裁における審理基準として明確にしている「経験則や論理則」（秋山［1-10］）等が支配的判断基準を占める。しかし、裁判官の「思い上がり」（秋山［1-11］）は、国民と思考を共有するレベルにはないことから、国民の基本的な思考である「法」（渡辺［2-9］）を拒絶するベクトルさえ生みだすものである。冒頭の裁判長の発言は「俺の体験外にある証拠を提出しているがゆえに、排斥する」という趣旨であるが、それは、まさに国民の思考との乖離を証明するものでもある。

---

[1] 本件裁判所とは異なった認識をしている（する）裁判官が居ない方がおかしいし、その数は少なくないと思われるので、この前提のもとで用いた用語である。

[2] この用語は、裁判長が本文中の発言の前に「陳述書およびそれに類する説明書」と発言した書面を意味している。

[3] 地裁では、和解の過程で当事者の双方別々に話を聞いているが、尋問をしていない。そこで、親権をめぐって争っていたが、両当事者の話を聞かないで判断することに違和感を持つ高裁の意向を受けて尋問が行われたものである。しかし、裁判長がこの思考・認識を有しているかぎり（陪席裁判官も抵抗していないので）、結論は決まっており、尋問をする意味はない。

尋問は、次の順序で行われる。
①主尋問（当事者の代理人から）
②反対尋問（相手方の代理人から）
③補充尋問（裁判官から）
この発言は、筆者の補充尋問の後の方で裁判長がしたものである。

[4] 文字自体を一見すれば冷静な説教のようであるが、そうではない。「やっているけれども」が荒っぽい。普通は、「していますが」というものであろう。この前には、数値を出して数を問題視した発言をしており、この後には、⑨での発言が飛び出している。

第 1 章　高裁裁判・判決の根本的違法性とそれを支持する最高裁

5 法廷では速記官が記録しており、後に書面に印字されたものが入手できる。
6 本書では、判決書に記述された文が意味する認定事実の検証を行うので、判決文という用語も多く用いられる。なお、単に判決と記述することもある。
7 「経験」という用語を用いてもよいが、『経験』の方が使われる範囲が広く……『体験』は……その人の行為や実地での見聞に限定して……それだけ印象の強い事柄について用いることが多い。」(『大辞泉』)というものであり、裁判長が「異常」という強い印象・認識を持っていることから、「体験」のほうが適切であろう。
8 すべての裁判官がこのような認識の元で裁判をした場合、各裁判官の「体験」のレベルが異なるがゆえに、判決のブレは激しいものになる。また、論理的に考えれば、初めて裁判をする裁判官にとっては、両当事者の主張・立証の体験が初めてであり、どちらも「異常」ということになり、判決できないことになる。では、どれだけの体験（例：10年とか20年といった裁判官としての経歴年数）を基準に「異常」と「正常」とを識別するのかに関しても、「解」を見出せないことは明らかである。

　法的「解」があるかどうかの自己検証をしながらすべての作業をしてきていれば、その違和感を即座に感じ取ることができたはずである。頭の中に浮かんだことを絶えず「法・常識」との照合により検証するという経験の積み重ねが、証拠採用・立論に必要な合理的思考を生むものである。

　本件裁判長とは異なる認識をしている裁判官が居るので、紹介しておくことにする。

「裁判官は、キャリアを重ねることによって、基本的には成長していくと思われるが、他方、裁判官魂が摩滅して失われていく部分もあるように思われ、ただ長く続けていれば立派な裁判官になれるというわけでもないことを痛感させられている。」(仲戸川〔1999,147〕)
　　　　　　　　　　　　　　　　　　　　　　　　　　　　　　仲戸川［1-1］

9 もちろん、この裁判長の判断については、筆者には、事前に連絡されていない。裁判長のこの発言および（この後での）筆者を異常者扱いした発言（⑨参照）を聞いた時、筆者は、裁判官としての「絶対的禁句」であり、理解できず、「相手方が激しく『暴言』攻撃をしてくるので、興奮しやすいタイプかどうかの判断でもしているのであろうか」と考えたものである。しかし、それが判決書で実行されていることから、心底そう考えていると認識せざるを得ないものである。
10 このことをもってして筆者は、これまで裁判に勝訴した当事者の陳述書に「論理矛盾」があるとか、「嘘」を含んでいることを主張しているのではない。ここでは、本件高裁の裁判長の発言自体を論理的に分析しているだけである。
11 「法的」に意味はなく、職責上許されることのない単なる「侮辱的発言・暴言」にすぎない。
12 長年にわたって、筆者の相談を受け、(筆者だけの情報では偏るがゆえに、客観的に事実を把握した上で、改善の可能性を基本として) 3回にわたり相手方両親との面談を行って事情説明を受け（また、実現はしなかったものの相手方との面談を希望し）、調停および

第1審において、相手方の主張を認識している論客でもある弁護士である。その慎重に手続きを進める姿勢は書面にも表れ、単なる主張を避け、無駄のない論理的な文で構成されている。

[13] 記憶に基づいて過去の諸事象を振り返れば、被害的側面が強調して浮かび上がるものである。それが経験則でもある。

第11章第3節で、筆者は、相手方が提出した証明力のある証拠・弁護士の書面等から立論しているので、それを最初に読んでおいた方が、家庭の状況、特に本件下級審の判決書で強調された「暴言」を巡っての理解が容易になると思われる。

[14] 口頭弁論といっても、当事者の代理人同士が大いに論争するのではなく、当事者が主張・立証した書面のやり取りをする場である。法学者・江藤〔2001a,81〕により、この事実を裏付けておく。

「久しきにわたり、口頭弁論期日は、実は書面交換期日でしかない実状にある」

江藤〔1-2〕

[15] 陳述書に記述したこの文面は、第4章第6節で明記されている。しかし、筆者が求めた要素を含んだ書面は(第4章第1節で引用した尋問調書にあるように)、筆者の書面の「理路整然性」を認定した弁護士であるがゆえに、提出されることはなかった。

[16] 普通の組織であれば、その職責の根本に反する発言ゆえ、仮に感情的に思わずいってしまったとしても、処分が待っている。

[17] この記述が行われている判決文の文面は、第6章第1節で引用・明記されている。

[18] これ以後の文献は、刑事訴訟に関連して述べられているものである。ところで、民事事件の心証形成も当然「合理的」なものでなければならず(栗田〔8-1〕を参照のこと)、「常識外れの認定はできない」(田宮〔1-5〕)ので、心証形成の要件を抽出する意味で引用した。

[19] これに関連する文を引用しておく。

「裁判所は法律はもちろん判例、学説を十分な検討もなしにそういとも簡単に踏み越えることはできません。形式、言葉遣いはもちろん、1つの国家の意思の表明＊ですから言い放しというわけにもいきません」原田〔1999,162〕　　　原田〔1-7〕

＊第1節の最後の方で引用した最判〔昭39.10.13〕も参照されたい。

[20] なお、認定事実の非現実性は、本件地裁判決にも妥当する。

[21] 井上〔2005,186〕における「常識レベルの論理」という用語を参照した。

[22] 裁判員制度の意義に関する次の引用文も参照されたい。

「裁判員制度の目的のひとつは、社会常識を反映させることにありますから……」(四宮・西村・工藤〔2005,10〕)　　　四宮・西村・工藤〔1-12〕

第2章　裁判における常識と良心

第1節　司法の現状と司法を拘束している法的要素

　不（公）正裁判・判決を経験していなければ、裁判官に対しては、学校教育でその職責を教えられ、ＴＶ等のニュースでは「司法の判断を仰ぐ」とか「○○裁判所は……という判断をしました」というニュースが流れ、そして憲法が「良心に従うこと」を義務付けていることもあり、極度の「良識」が支配しているという意味で、かつ期待をも込めて、現在の各種組織の内で、最も「聖」なるイメージが強いものであろう。しかし、そのイメージと裏腹にこの組織が持つ素顔に関しては、各種書籍・インターネット等の情報源とともに、本書でも明確になるはずである。

　ところで、半世紀前（1958年）の文部大臣の参議院文教委員会における答弁に関する渡辺〔2005c,206〕の見解を参照しよう。

> 「『おれのいうことが法である』という文部大臣の考えは『朕の意思が法である』とした絶対的君主のそれにつうずる。法は大臣の口のなかにあるという、このおどろくべき錯倒した法治国理念が、もし今日の日本の政府権力を担う人たちの常識であるとするならば、これほど民主主義と国民主権を愚弄するものはない。」　　　　　　　　　　　渡辺［2-1］

　これを本件高裁の裁判に置き換えよう。「おれのいうことが法である」を（高裁裁判長の）「おれの体験が法である[1]」に、「文部大臣」を「高裁裁判長」、そして「政府権力」を「司法権力」に置き換えるだけで、事の本質が明確になる。この種の裁判を最高裁が支持していることは、司法・裁判のかなり[2]の部分が、民主主義そして国民主権から乖離していることを証明するものである。

　憲法が改正されてから半世紀以上経ているにもかかわらず、司法が変化し

ていないのである。渡辺〔2001a,3〕で、この現状を認識することができるものでもある。

　「そして第二次大戦後、憲法は変わり、裁判所は、国民の信託を受けた裁判所へと衣がえはしたものの、結局、衣の中の鎧の固さをくずすことはできなかったのである。戦後の最高裁も司法行政も、天皇制時代と形は変わったにせよ、国民から隔絶した聖域であり続け……」　渡辺［2-2］

　ところで、渡辺［2-2］には、司法を理解する上で重要な用語が用いられている。それは、司法が「国民の信託」（憲法前文）を受けているにもかかわらず、そして裁判官は国民に雇用された公務員であり、「すべて公務員は、全体の奉仕者であつて、一部の奉仕者ではない」（憲法第15条）にもかかわらず、その主権者・自らの雇用者たる「国民から隔絶した聖域[3]」（渡辺［2-2］）としての認識を持っていることである。「隔絶」とは「かけ離れていること。遠くへだたっていること。『社会から―した存在』」（『大辞泉』）ということであり、「社会」の個所に「民主主義」を代入すれば明らかなように、それからは遠いことを意味するものである。

　同じく渡辺〔2001b,14〕の論により、裁判の現状を把握しよう。

　「裁判は、憲法のしくみの中では……裁判の公正を維持するための『特権』を有する国家機関である……しかし、裁判所の実態は、これら憲法理念が予定しているイメージから、はるかに遠い。なぜそうなるのか。根本の問題は、個々の裁判官が『良心にしたがうこと』『独立していること』『憲法及び法律にのみ拘束されること』この憲法三原則が厳格に守られていない、あるいは形骸化している、ということにつきる」　渡辺［2-3］

　この状況は、本書において、裁判所の現実の姿でもある本件高裁の判決およびその前後の判決そしてそれ以外の判決を検証する中で論証される。また、安倍〔2001,84〕から、裁判官の中に次の考えを持っている者が居ることにも着目しよう。

　「ある先輩裁判官は、『法的安定性は憲法より上だ』と私を諭された」
　　　　　　　　　　　　　　　　　　　　　　　　　　　　安倍［2-4］

　法的安定性は、裁判官の判断・行為と関連した概念である。ゆえに、裁判官の判断・行為が憲法より上であると認識している以上、渡辺［2-3］が述べ

ている憲法の非遵守・形骸化という結果を導くものである。

　ところで、裁判官は、憲法第76条第3項において「すべて裁判官は、その良心に従ひ独立してその職権を行ひ、この憲法及び法律にのみ拘束される」と規定されているので、憲法の方が司法よりも上であるが、司法の現場では、この上下関係が逆転することがあるというものである。このような状況下では、裁判官が法律の解釈・適用に論理上統制のある判断をできるわけもなく、本書で論証されるが、判決における（「法」の）論理の欠如・判決間のブレが顕著となるのである。それは逆に、法的安定性の概念を持ち出せる状況にはないことを示唆するものでもある。

　安倍〔2001,21〕に裁判官像が記述されているが、裁判官の実態は、よく耳にする「〇〇官僚」と同じく、「官僚（・役人・公務員）」である。

　　「裁判官としての仕事に従事して、公務員として国から定額の給与を受け、その職務に常時専念する公務員、すなわち役人としての立場でこの職業についていた『官僚』……」　　　　　　　　　　　安倍［2-5］

　そして、「官僚的」の意味するものも同じく安倍〔2001〕で言及されており、筆者も参照したが、ここでは同一書における一定個所からの引用が連続することを避けるため[4]に、『明解国語辞典』を参照しよう。解説を付け加える必要のないものでもある。

　　「官僚一般に見られる、事に臨んでの独善的な考え方や行動の傾向を持っている様子。〔具体的には、形式主義・事なかれ主義や責任のがれの態度などを指す〕」

第2節　裁判において必要な常識

　「法」の目的とするところは、社会秩序維持であり、その判断尺度は「常識」である。「常識」とは、「一般の社会人が共通にもつ、またもつべき普通の知識・意見や判断力」（『大辞泉』）と定義されており、また、この定義に「社会」が挿入されているように、「社会常識」ともいうことができる。そして、「もつべき」という言葉が添えられているように、それは、社会秩序維持のためのある種の規準ないし規範として認識できるものでもある。

ところで、最高裁判決では、「司法に対する国民の信頼」について、次のように述べている。

「司法に対する国民の信頼は、具体的な裁判の内容の公正や裁判運営の適正はもとより[5]……」(最大決平 10.12.1 民集 52.9.1761〈寺西裁判官事件〉憲百選Ⅱ［4 版］189、『判例六法、平成 17 年版』有斐閣、36 頁)
　　　　　　　　　　　　　　　　　　　　　　　　　　　最判 [2-6]

国民は、司法を信頼するかどうかは、「社会常識」に従った裁判をしているかどうかを尺度とするものである。そこで、ここにおいて、論理的には「国民の信頼」を至上命題とする旨が明記されている以上、最高裁自体が、司法を支配すべきものは「社会常識」であるという表明をしていると認識できるものである。

また、裁判官には「社会経験・社会常識」の必要性があることに関して、裁判官から弁護士に転じた秋山〔2005,63〕は、次のように述べている。

「それ以上に根本的には、実務家として未熟な上に、社会的経験が決定的に不足していたわけであるから、苦しかったのも無理もなかったのだろう。また、能力不足や生活経験の不足の上に、市民と隔絶した生活スタイルであったために、社会常識に欠けることも随分とあったとも思う……。

こうして、閉鎖的な組織構造・裁判構造の中で裁判が行われているわけであるから、どんなに優れた裁判官[6]でも、不可避的に誤判を犯す可能性は確実にあるように思う」　　　　　　　　　　　　　秋山 [2-7]

さらに、宮本〔1999,108〕は、次のように、「常識」に基盤を置く総合的判断力の必要性を説いている。これも、解説を付ける必要のないものである。

「先頃裁判官のある会合で私が多忙のために読書の時間がほとんど取れないと発言した際、その会合に出席されていたある財界人の方から、『本もロクに読めないような裁判官に判決されるのは困る』と言われた……裁判官にとっては健全な常識[7]とそれに支えられた総合的な判断力が重要である」　　　　　　　　　　　　　　　　　　　　　　　宮本 [2-8]

次に、上記最判 [2-6] および上記法曹が重視する「社会常識」と「法」との関係を鮮明にすべく、渡辺〔2005b,2〕における「法」に関する論を参照

しよう。なお、東地判［2-14］をも合わせて参照されたい。
　「法とは何かを考える場合、まず、法という言葉の使い方がいろいろあることに注意しよう。狭い範囲で使う場合には、国家がつくる『法律』のことであることはだれでも知っている（制定法）。しかし、その他に、判例法とか慣習法、あるいは条理＊というものもある。後にくわしくのべるが、これらは国家の活動を支え、その根拠となっているものである。……

　　＊　条理とはひらたくいえば、『ものごとの道理』のことである。私たちの社会生活の中での基本的考え方で、『社会通念』とか『信義誠実の原則』などである。判決文の中にもよく引用されるが、法律も慣習もないときに、裁判官の判断基準として使われている」　渡辺［2-9］

　一見して、判例法を除き、民意を反映している（概念である）ことが明らかである。また、「判例法」といっても、「国民の信託」（憲法前文）を受けた裁判所であるがゆえに、「民意」に従わなければならないものである[8]。その「民意」は、「常識」に置き換えることができる。ゆえに、裁判・判決は「国民の常識」とするものの範囲内にあるべきものである。

第3節　裁判において必要な論理

　宮本［2-8］が「（常識に支えられた）総合的判断力」の重要性を述べているが、それは、事件を体系的に認識するとともに、判断要素間の論理の一貫性の必要性を述べたものと理解してよかろう。高等教育の目的の1つは、「論理性の訓練」であり、大学・大学院では、状況判断能力、創造力そして論理性のある思考等を求めているはずである。企業でも「ディベート」に力を入れている。
　「論理力」と「法律・法」との関係について、渡辺〔2005a,15-19〕を参考にしよう。
　「他方で、市民もまた、論理的思考を、もっと身につけるよう努力すべきであろう……法律学を学ぶ一つの目的は、この種の論理的思考と整理能力を身につけることである。いやしくも、大学で法律学を勉強した法学

士ならば、ものごとを論理的に考え、発言し、また論理的に整理された文章を書く能力を、他の人以上に身につけていなければならない。……論理は人間の知性の産物である。」　　　　　　　　　　渡辺［2-10］

　しかし、前章で述べたように、裁判所組織は、法廷・判決文で「論理性・理路整然性」を認めた証拠を一転して排斥して判決文を書き上げることもあるのである[9]。これは、民主主義社会の「法」を排除したものである。この「(『法』の) 論理」に背を向けた行為の原因が、裁判官の大学入学前の社会経験不足にあるとしても、大学入学後の「民主主義社会の思考・論理」に関する教育を徹底しておく必要性を明確にするものでもある。

　国民は、他人との接点のなかで生活しており、論理的に説得できるかどうかの検証を行いながら、自らの思考を整理するという手法を採っている。つまり、他人・社会からのリアクションを視野に入れた（あるいは入れざるを得ない）「双方向的思考すなわち客観的思考」を採用している。これが、民主主義的思考である。

第4節　裁判における常識的論理の必要性

　ところで、裁判員制度は、裁判に関する何らかの要素において、国民の方がキャリア裁判官と同レベル以上の能力を有していることが社会的に認知されていることに意義を求めることができる。裁判員制度の意義付けとして、「国民が裁判に参加すること」が説かれてはいても、裁判に関する国民の能力が裁判官より劣る場合には、国民が参加する余地はない。

　プロスポーツの世界を視野に入れれば、理解は容易であろう。例えば、プロサッカーの世界には素人が入れない。その理由は、素人の技量は観客から報酬を受けるレベルに達していないし、かつチームが機能するだけの技量を有していないためである。また、モータースポーツの世界にも素人が入ることはできない。スピードの限界を競うがゆえに、素人は邪魔者にすぎない。時速300キロを超えるスピードが出る世界で、かつ一握りのプロにのみ資格が与えられる世界での素人[10]の走りは、観客にとって、見るに耐え難いものであることはもちろん、（本人にとってもそうであるが）プロにとって、危険

極まりない存在にすぎない。素人の入る余地は皆無である。

　裁判員制度では、国民には何が期待されているのであろうか。国民は、司法試験にパスすることもなく、かつ司法修習を受けていないので、法解釈という点で劣る可能性[11]は否定できないにしても、裁判官よりはるかに豊かな社会経験・社会常識に（よって研鑽を積んできた「論理に」）裏付けられた事実認定能力である。そのヒントは、秋山〔2005, 196〕に述べられている常識に基づく事実認定の必然性にある。

　　「事実認定においては、当り前の普通の市民の一般常識（それは、法的には『経験則』と名付けられている）が、終始、支配しなければならない。市民常識にのっとり、全証拠を虚心に評価することこそが事実認定の根本である。」　　　　　　　　　　　　　　　　　　秋山 [2-11]

　かくして、常識に基づいて、裁判に関する意見を表明することは、国民の能力の範囲内にある。さらに、渡辺〔2005a, 206〕は、それが権利であると述べている。

　　「裁判が国民のための裁判であるならば、国民が裁判について自由に発言し、批判[12]し、大衆運動を起こすことも国民の憲法上の権利である。むしろ裁判を一部の専門家の独占物にしないで、国民の一人ひとりが関心をもって自分の意見を言えるようになってこそ、法治国家といわれるにふさわしいのではなかろうか。」　　　　　　　　　　　渡辺 [2-12]

　以上の観点のもとに、本書では、本件裁判における事実認定を中心として論を展開するが、次に、裁判官の心理面・知性面・論理面等を律する裁判官が従うべき憲法上の「良心」に関する考察を先行させることにする。

第5節　最高裁判決における「良心」の解釈の不成立

1　最高裁判決における憲法上の良心の説明

　裁判官が「良心」に従うべきことは周知の事実であるが、憲法第76条第3項において、「良心」に関して、次のように規定されている。

　　「すべて裁判官は、その良心に従ひ独立してその職権を行ひ、この憲法及び法律にのみ拘束される。」

ここに、職権を行うに際し、2つの要素が使用されている。
① 「良心」に従うこと。
② 「独立」していること。
　以下、「良心」について詳論した後に、「独立」について論じることにする。この「良心」に関しては、最高裁大法廷判決において次のような判断が行われている。

> 「裁判官が良心に従うというのは、裁判官が有形無形の外部の圧力や誘惑に屈しないで自己内心の道徳感に従うという意味である。」(最大判昭23.11.17[13] 刑集2.12.1565、憲百選Ⅱ［4版］188、『判例六法平成17年版』有斐閣、55頁)　　　　　　　　　　　　　　　最判［2-13］

　しかし、結論を先に述べれば、一応失礼だがという用語を挟んでおくが、この文そのものが論理的に成立する可能性はない。
　最初に、論理上の基本的な問題点について述べておく。それは、(裁判官の)「自己内心」という用語が挿入されている点である。渡辺［2-9］および注8の渡辺〔2005a,70-71〕から明らかなように、裁判官の判断基準である「法」は、裁判官の外にある。
　「公正な裁判」を受ける権利を有する主権者たる国民の立場が明確ではなく、「公正な裁判」をする義務を負う裁判官に対して、「あなたの内心（……）に従いなさい」と述べている。平たくいえば、責務のある当事者に対して、その内心に委任するような「法」があろうか。例えば、借金返済の義務がある当事者に対して、返済に際しては「内心（の道徳感[14]）」に従いなさいという「法」がないことも事実である。
　以下、この判決文の論理的欠陥を分析しながら、「良心」が本来持つべき意味へと論を進めることにする。

2　論理的枠組み上不要な文字の挿入

　「有形無形の外部の圧力や誘惑に屈しないで」と記述されているが、憲法により、国民は「公正な裁判」を受ける権利を有し、それとの裏返しで、裁判官は「公正な裁判」をすべき義務を負っている。ゆえに、裁判官が「不公正な裁判」に導く（はずの）「有形無形の外部の圧力や誘惑」に屈してならないことは、当然のことである。しかし、当該裁判官が、(意識的であれ、無意

識的であれ)「不公正な裁判」をしようとしている(あるいはした)場合には、「圧力」があってしかるべきものである。「三審制」「再審制」「合議制」そして「裁判官が(基本的には)判例に従うこと[15]」も、法理念上は、国民に「公正な裁判」を受ける「権利」を保障するとともに、反面では、裁判官に「公正な裁判」をすべき「義務」すなわち「一種の圧力」を加えているのである。

ところで、視点を変えてみれば、「有形無形の外部の圧力や誘惑に屈しないで」という記述は、基本的には「公正な裁判」を志向していると考えることができるので、その観点からは、さしたる問題とすべきではなかろう。

しかし、末尾近くに出てくる用語である「道徳感」に従っておけば、最判[2-13]が本来意図して書かれたと推測される不公正な裁判へと導く「有形無形の外部の圧力や誘惑に屈しない」ことになるので、その意味を認めるとしても、単に「具体的事象をあげること」による理解の容易さ(への補助)というものである。また、権利義務関係の論理展開に必要なのは、その秩序性にあり、具体的事象は、一般化した論証には不可欠なものではない。

上記の判決文から、この表現を除き、「自己」を「裁判官」に置き換えれば、次のようになる。

「裁判官が良心に従うというのは、裁判官内心の道徳感に従うという意味である。」

ところで、この文が成立する可能性はあるのであろうか。このうちで基本的な欠陥を導いている「内心」および(その前の)「裁判官(すなわち、自己)」を一旦横に置き、「良心」と「道徳」との関係から論を進めよう。

3　個別行為主体だけを挿入したことによる不合理性

「良心」とは、「道徳的に正邪・善悪を判断する意識」(『大辞林』)そして「善悪・正邪を判断し、正しく行動しようとする心の働き。『―がとがめる』『―の呵責(かしゃく)』」(『大辞泉』)と定義されている。また、「道徳」とは、「ある社会で、人々がそれによって善悪・正邪を判断し、正しく行為するための規範の総体」(『大辞林』)と定義されている[16]。

次に、「良心」と「道徳」との前後関係を捉えるために、これらの辞書の定義から肝要な要素を抜き出して、「道徳」を「正・善に基づく社会的行為規

範」、そして「良心」を「道徳に基づく正・善の心」と考えることにする[17]。思考上、人の「心」は、「行為」(言動)により判断されるので、「行為規範」である「道徳」が「正・善の心」である「良心」の認識基準となる。そこで、これらの前後関係を考えながら、最判[2-13]の表現の形にはめ込めば、次の文が得られる。

「良心に従うとは、道徳感に従うという意味である。」

ところで、ここでは、行為主体は入っていない。そこで、最高裁判決の筋に沿い、裁判官という個別行為主体をこの定義に挿入すれば、

「裁判官が良心に従うというのは、裁判官の道徳感に従うという意味である。」

となる。正解の気がしないでもない。しかし、この文は２つの面において妥当することはない。

第１に、この文は、「良心」が意味するものを国語辞典の定義に従って捉え、そこに裁判官という「個別行為主体」をはめ込んでいるだけである。そこで、それが最終的な正解かどうかは別にして、例えば、個人、会社員、警察官、夫、妻等どのような職業等によって識別された個別行為主体でもはめ込むことができる[18]。ゆえに、判決文を参照する必要はなく、国語辞典があれば十分である。国語辞典は、用語の定義をしているものであり、「法」に必然である行為主体間ないし行為主体の集合体(国・社会)に対する個別行為主体の権利義務関係に言及しているわけではない。

第２に、上記の判決の文体(の筋立て)に従えば、「道徳感」は、各行為主体へ判断が委ねられることになるが、各行為主体(最小単位は、個人)がそれぞれの「道徳」を認識していた場合、個別行為主体の集合からなる「国民」での「道徳」が収束しない。

このような不合理な結果をもたらす原因は、「道徳」という「行為規範」は、「個別行為主体相互間ないしその全体の集合で成立する規範」であるという認識を落としたためである。

『広辞苑』における次の「道徳」の定義を参照すれば、上述したことは、より明確になるものでもある。

「ある社会で、その成員の社会に対する、あるいは成員相互間の行為の善

悪を判断する基準として、一般に承認されている規範の総体[19]」

この定義でも、「道徳」が、個別行為主体（『広辞苑』では「成員」、例：裁判官）内部で成立することがないことを認識できるものである。

第6節　最高裁判決に見られる「裁判官の内心」の重視と国民の無視
　　　　―最高裁判決と相反する東京地裁判決の合理性―

1　裁判官の内心と「道徳」との関係

これまでは、「良心」と「道徳」との関係を考察するために、最判［2-13］で用いられている「内心」という用語を除いてきたが、次に、「内心」とその帰属主体となっている裁判官を挿入して考察を続けよう。そうすれば、

　　「裁判官が良心に従うというのは……裁判官の内心の道徳感[20]に従う……」

となる。そして、この文に、「道徳感」に代えて『広辞苑』の「道徳」の定義の一部を挿入すれば、

　　「裁判官が良心に従うというのは……裁判官の内心の一般に承認されている規範の総体に従う……」

ということになる。

「裁判官の内心」は、裁判官にとって「内部的要素」であり、「一般に承認されている規範の総体」は、裁判官にとって外部的要素である。判決文は、これらの内部的要素と外部的要素を「の」を用いて連結している。ところで、「の」については、『明解国語辞典』では、「後に来る言葉の内容や状態・性質などについて限定を加えることを表す。『私―本』」と定義されている。ところが、「一般に承認されている規範の総体」は、「規範」であるがゆえに、裁判官が従うべきものであり、限定を加えることはできない。ゆえに、判決文中の「内心（の）」と「道徳」とは、概念上相容れることはないことから、論理上の背理が明らかである[21]。

次に、本来できるものではないが、仮に、「道徳」から社会規範であるという認識をはずし、思考上、「道徳」を裁判官内部に限定して、「感」を入れて「内心で道徳と感じたもの」（いわば、裁判官個人の範疇にある良さそうだと

いう認識)と理解してみよう。この場合、客観的に検討すれば恣意であっても、裁判官は、「内心の道徳感に従った」と主張すれば、それでよいことになる。それを制御する客観的要素はもはやない。

かくして、最判［2-13］を「内心」に着目して論理的に分析すれば、「道徳感」が付いているが、「裁判官の内心」に拘束され、それが裁判を支配するので、「当事者である国民は、その生命、財産、人生等の判断要素を『裁判官の内心』に委ねよ」ということになる。「公正な裁判」へと制御するものはない。

2　公務員の職務の「適法」の基準たる「客観的正当性」

「国民の信託」(憲法前文)を受けた裁判所であるがゆえに、「裁判官内心(の道徳感)」が当事者を拘束することはできず、逆に、「国民の道徳(感)」が裁判所・官を拘束することになる。最判［2-13］の誤りの原因は、社会規範を決定するのは国民であるという認識を落としたことである。国民の権利に言及していないこの判決は、別の最高裁判決である最判［2-6］における「国民の信頼」を視野に入れている主張とは180度異なっていること(すなわち、矛盾していること)も明白である[22]。

ところで、法律・条理・社会通念等の「法」に反した公務員の行為は、次に引用する国家賠償法第1条第1項[23]に関する東京地裁判決の解釈によって根拠付けられるように、「違法」である。

> 「本条1項にいう『違法とは、厳密な法規違反のみを指すのではなく、当該行為(不作為を含む)が法律、慣習、条理ないし健全な社会通念等に照らし客観的に正当性をも欠くことを包含するものと解するのが相当である。』(東京地判昭51.5.31判時843.67)」(『判例六法、平成17年版』有斐閣、279頁)　　　　　　　　　　　　　　　　　　　　東地判［2-14］

この判決によれば、公務員である裁判官の行為たる裁判・判決は、「法」である「条理・社会通念」等に照らして、「客観的正当性」を有すべきこととなる。最判［2-13］が、憲法上の「良心」を裁判官という公務員の「内心」に限定し、裁判官に強大な権限を付与していることになるのに対して、この東地判［2-14］は、公務員の行為の「違法・適法」の判断に、公務員の外部的要素であり、国民が共有する「社会生活の中での基本的な考え方」(渡辺［2-

⑨])である「条理」等に従わなくてはならないことを説いている。

　ここにおいて、裁判所組織内（最高裁・地裁）での認識の「齟齬」が鮮明である。しかるに、裁判における心証形成は、第１章第２節で論じたように国民の観点での合理性という枠をはめられているので、この東地判［2-14］が妥当することに異論はなかろう。かくして、憲法上の「良心」は、この判決のベクトルのもとに思考し、「国民の良心」と解釈すべきことになる。なお、付言すれば、この東京地裁の裁判官が、職責上当然のこととはいえ、国民主権の立場を明確に打ち出した「良識と理性」のある認識を鑑みた場合、我々はそこに、裁判官としての「良心」を認定することができるものである。

第７節　最高裁大法廷判決の書き換えと独立の概念

１　最高裁判決の書き換え

　ところで、「法」の範疇で「良心」という概念を考える場合は、「法的要素」たる要件を備える必要がある。「法的」という用語が持つ意味を求めて、渡辺〔2005a,54〕の「法的正義」の説明を参照しよう。

> 「法的正義の具体的内容は、一国内部では、それぞれの国における国民的合意の産物としての法律＝国家制定法によってきめられる。」
>
> 渡辺［2-15］

> 「こまかくいえば国民一人ひとりの正義の尺度は異なるとしても、国民社会全体の共通の尺度がなければ法的正義とはなりえない。」渡辺［2-16］

　これらの引用文において、「正義」の代わりに「良心」を挿入すればよい。そうすれば、「良心」という概念が「法的性」を備えるための要件は、「国民的合意」「国民社会全体の共通の尺度」（引用文）であることが求められる。そこで、「法」の範囲で「良心」を考える場合には、「国民の良心」となる。

　このことは、戦後初代最高裁長官・三淵忠彦の言葉（渡辺〔2001c,304-305〕から引用）からも、合理的に導き出すことができる。

> 「（裁判官は）法律の一隅にうずくまっていてはならず、眼界を広くし、視野を遠くし、政治のあり方、社会の動き、世態の変遷、人心の向き様に深甚の注意を払って、これに応ずるだけの識見、力量を養わなければ

なりませぬ。」　　　　　　　　　　　　　　　　三淵・渡辺［2-17］

　ここにおいて、少なくとも「人心（の向き様）」が「国民の良心」という要素を含むことは明らかであるから、置き換えれば、裁判官は、「国民の良心に応ずるだけの識見、力量」を備えていることを求められていることになる[24]。

　ゆえに、憲法上の「良心」に関する解釈は、次のようなものになるはずである。

　　「裁判官が良心に従うというのは、主権は国民にあり、良心は国民の『正・善とする心』であるがゆえに、裁判官は、『この心』に従うということである。」

　　「裁判官が良心に従うというのは、主権は国民にあり、良心は国民の『正・善とする心』であり、その基準となるべき社会（行為）規範たる『道徳』に従うということである。」

２　独立

　「独立」とは、「（法律の拘束を受けるが）他からの干渉・拘束を受けずに、単独にその権限を行使できること。『司法の―』『政府から―した機関』」（『大辞泉』）と定義されている。

　しかるに、裁判官は、その職責に関して、国民の権利の視点から枠をはめられている。末川〔1991,472〕を参照しよう。

　　「裁判の公正と基本的人権の保障を確実にするためには、裁判官が法律以外のいかなる外部的権威にも支配または影響を受けないことが必要である。」　　　　　　　　　　　　　　　　　　　　　　末川［2-18］

　既述のものを含めて、「良心」と「独立」を続けてみよう。裁判官は、「国民が良心と認識するものに従い、『裁判の公正と基本的人権の保障』（末川［2-18］）を順守すべく、それらにマイナスの影響を与える一切の要素に左右されることなく（すなわち「独立」して）、法律を解釈・適用して判断する義務を負うとする。」という意味が妥当するものであろう。

第8節　おわりに

　現行の裁判所は、本件高裁の裁判長の権力を振りかざした発言（第1章冒

頭）および最判［2-13］のように「良心」を裁判官の内心に拘束することといったように、裁判所の憲法・法律の解釈にも、国民の立場が鮮明に見出されるものではない。「裁判とは何か」「裁判官の職責は何か」等に関して、裁判所が国民と正面から向き合い、裁判所自らが研鑽するという課題を真摯に考える時に来ているはずである。

　このことをさらに論証すべく、次章以降で、本件裁判を中心として、裁判・判決の現状を分析・検証することにする。

[1] 高裁裁判が、「法」に基づいていると認識すれば、裁判長は自身の体験にないものは「異常」であるという趣旨の発言をしていることから、「裁判長自身（の体験）＝法」という認識をしていることになる。
[2] 我々が通常予測する不可避の誤判を基準として使用した用語である。
[3] 国民によって雇用されているにもかかわらず、「国民から隔絶」する思考をもっているという不釣合いな姿は、「聖域」というよりも「要塞」という感覚を受けるものである。
[4] 依拠した文献を集中させないことにより、論述の基盤に広さを与えるためでもある。
[5] この判決文には、少なくとも、次の２点から疑問が生じる。
　第１点として、「裁判の内容」のうちの「内容」については、「一定の形式をとって形をなすものの中を満たして、そのものを成り立たせている事柄。物事の実質や価値。」（『大辞林』）と定義されている。裁判を「成り立たせている事柄」（辞書引用文）すなわち「裁判の内容」には、「裁判運営」が含まれるはずである。この場合、判決文では２つの用語を並列させているが、その意味はないことになる。
　第２点として、「司法に対する国民の信頼」を目的として「裁判の公正性」を説いているが、司法として考える順序が逆であろう。民事訴訟法第２条において、「裁判所は、民事訴訟が公正かつ迅速に行われるように努め……」と規定され、司法には「公正な裁判」をすることが義務付けられている。法律の規定に従って、合理的な裁判をし続けること、すなわち裁判所が第１審から「公正な裁判」を（するシステムを構築して）保障・実行し、そして不公正な判決は、上訴ですべて破棄する行為が行われてこそ、国民は信頼するものである。
[6] 著者は、裁判所の組織内でという枠をはめて、「優れた裁判官」と述べているものであろう。国民・外部感覚からみれば、裁判所の「閉鎖的な組織構造・裁判構造」にとらわれずに、社会常識をわきまえ、（民主主義の精神のもとで、合理的な）判断をする裁判官が、「普通の（あるいはそういう者がなるべき）裁判官」であることになるのではなかろうか。
[7] 我々は、「常識・非常識」という用語を用いる。また、常識は「ある社会で、人々の間

に広く承認され、当然もっているはずの知識や判断力」(『大辞林』)であるから、「健全」という要素を備えている。それから離れた場合に、「非常識」という用語を使用する。ゆえに、通常は「常識」に「健全」という用語を付加する必要のないものであり、本書では、単に「常識」ないし「社会常識」と記述する。

[8] 私法と裁判との関係について、渡辺〔2005a,70-71〕において、「市民相互の関係を規律する私法は、もともと裁判官の判断のルールをきめた『裁判規範』であって」と述べられていることが参考になる。

[9] 筆者は、すべての裁判官がそうであると主張しているわけではない。しかし、本件高裁判決を最高裁が支持しているという事実は、これを証明しているものである。

[10] 選ばれたプロ以外の人物と理解されたい。

[11] 法律の解釈に関しては、学んだ者ゆえの優位性を否定できない。しかし、その解釈に際して、常識が大きな役割を果たす場合があることも否定できない。このことを視野に入れ、「可能性」と記述した。

[12] 法学者等が行っている「判決・判例」に関する評論・批判もある。

[13] この判決に関しては、「裁判官が有形、無形の外部の圧迫、誘惑に屈しないで、自己内心の良識と道徳観に従う意味である（最高裁大法廷23.11.17判決）」と紹介されてもいる（野村〔1987,36〕）。表現が若干異なるが、本書で検討する基本的要素に相違はない。

[14] 「道徳感」が付いていることに着目すると別の考え方になりそうな気もする。しかし、「道徳感」が付いていても、「内心」に拘束されることに変わりはない。後述するところでもある。

[15] 基本的な「形」において、そう言えることを述べているだけであって、すべての判決が、現実に判例法と呼ぶにふさわしいものかどうかは別である。

[16] 定義の一部を含む。

[17] 本節で重要な役割を担う概念である「社会規範」が明示される観点から抽出したものである。

[18] この文体が正解なら、次のような文はすべて正解であることになる。というのは、「議員だからダメ」「子供だからダメ」そして「個人だからダメ」等という論拠がないからである。

「議員が良心に従うというのは、議員の道徳感に従うという意味である。」
「子供が良心に従うというのは、子供の道徳感に従うという意味である。」
「個人が良心に従うというのは、個人の道徳感に従うという意味である。」

かくして、「道徳感」は各行為主体へ判断が委ねられ、「行為主体間・社会」という視野からは、収束しないことになる。

[19] 本文中で用いた「個別行為主体相互間ないしその全体の集合」は、『広辞苑』の定義を参照したものである。

[20] しばらくは、この「感」という用語を除いて検討することにする。

[21] なお、「道徳感」として「感」が付いている。「感」は「物事にふれて心を動かすこと

…きもち」(『広辞苑』) のことである。ところで、裁判官の「内心」に拘束された見解ではなく、国民の見解が「法」であることから、ここにおける「感」という文字が意味を持つことはない。

[22] 「法」のもとでの主権者たる国民の位置付けが、裁判所間で相違している以上、司法内部における「法的安定性」の欠如を認識することができるものである。

[23] ここでは、次のように規定されている。

「国又は公共団体の公権力の行使に当る公務員が、その職務を行うについて、故意又は過失によつて違法に他人に損害を加えたときは、国又は公共団体が、これを賠償する責に任ずる。」

[24] 残念なことに、最判 [2-13] が出されたのは、三淵長官の在任中である。

第3章　地裁判決の事実認定における違法性

地裁判決の主文
「1　原告（筆者：筆者注）と被告（相手方：筆者注）とを離婚する。
2　原被告間の長男A[1]（子供の名前：筆者注）（平成×年×月×日生[2]）の親権者を被告と定める。
3　訴訟費用はこれを2分し，その1を原告の負担とし，その余は被告の負担とする。」

この主文を支えるのが、「理由欄」に書かれている文章である。本章では、この欄に記述された事実認定・判断が、筆者の勝敗にかかわらず、合理性のないことを細部にわたって検証する。

第1節　筆者による離婚の請求と親権の主張

　ここから裁判が始まるが、調停を経ていないかぎり提訴できない（調停前置主義）ので、家庭裁判所で調停をすることになった。しかし、調停内容からして何度やっても成立するはずのないものであり、不成立の証明書を要求し、その証明書をもらって地方裁判所[3]における訴訟へと進行した。この訴訟でも、調停と同じく、離婚の請求と親権の主張をした。裁判所は、離婚を認めたが、親権を認めなかった。
　なお、慰謝料の請求はしていない。それまでに数年間の相談をしているために、弁護士（代理人）の考え方は理解できる。離婚は確実であるから、（母親に圧倒的に有利な）親権の主張に焦点を当てることにし、分散する主張はしないというもののはずである。暗黙の了解といったところである。
　代理人が作成した離婚の請求と親権の主張をした「訴状」を提出し、相手方から「答弁書」を受け取り、こちらから、陳述書と（筆者が過酷な負担に耐

え切れず、掃除・片付けを基本的に止めてからの料理を含む）家庭内の状況が証明できる証拠写真を提出する。その写真の衝撃を裏付けるかのように、直ちに裁判所は和解に入り、両者から個別に事情を聴取した。しかし、それが成立するわけもなく、再び裁判へと戻ったのである。1か月半位毎に、口頭弁論が開かれる。なお、相手方が裁判所に提出した書面（証拠）は、この時にかぎらず、自分の代理人である弁護士の事務所を通じて送られてくる。

離婚の請求の趣旨は、生活の著しい改善がない限り、共同生活の継続は無理であり、また生活の改善を放置・拒否した一方的別居をしていることである。そして、親権の主張では、監護に必要な家事能力の欠如と教育を阻害する過保護（特に通園率の低さ）を論点としている。

ところで、地裁判決では、「Aの養育方針を巡って、原被告の夫婦関係は悪化した」と認定しているように、一般にいう「精神面」での「対立」が、「婚姻・家庭生活」破綻の原因である。その内容は、「過保護」対「非過保護」の対立である。筆者が家庭で相手方に求めたのは、特に、「過保護になる（ことを止めて、その）時間を家事に振り向けること」および「生活全般の著しい改善」である。

しかるに、判決は、夫婦関係の悪化のこの原因にそれ以上言及することなく（ゆえに矛盾を呈し）、相手方の「家事不足」と筆者の「（それに対する不満からの）激しい暴言」の構図を認定したのである。相手方の家事の低レベルに関しては、筆者が提出した写真が証明している。しかし、判決で認定した程度の「暴言」であれば、相手方弁護士は当然、その「原因」と「結果」とを認識しており、それを主張するはずであるが、弁護士による激しい「暴言・罵倒」攻撃とは裏腹に、「暴言」を巡る前後の事象が主張されないという不可解なことが起きているのである。もちろん、筆者も法的に問題となる「暴言」の事実はないと主張・立証しているので、その前後関係の主張はしていない。

地裁判決を検証する際に重要な要素は、次のものである。

① 離婚の請求を認めた（すなわち筆者が勝訴した部分の）地裁の判断が、論外である。

② 地裁は、両当事者が主張していないのに、勝手に「（相手方の）家事不

足と（それに対する筆者の）暴言」との因果関係を認定して、それを基本構図としたのである。
③　地裁は、「暴言」の「原因」と認定した「家事不足」により離婚を認めたが、親権の判断では、一転して、「家事」が監護義務に重要な役割を果たすにも関わらず、この「家事不足」と監護義務との関係の判断を避けたのである。
④　地裁は、協力扶助義務・監護[4]義務の判断に重要な「家事不足」に関しては、その「原因」の認定と（「暴言」の原因となったとする[5]以外の）「家庭生活に及ぼした重大な『結果』(筆者の継続的な過重負担等)」の言及を回避したのである。そして、親権の判断では、この「家事不足」に言及することを回避した。
⑤　しかし、「暴言」に関して地裁は、その「原因（家事不足）」を認定するとともに、「結果」も「家族に精神的・心理的重圧」を与えていたと「推測」を用いて認定した。そして、親権の判断では、地裁が認めた因果関係の「原因（家事不足）」の責任はまったく問わずに、「結果（暴言）」の責任をもってして一途に筆者に対する攻撃をしてきたものである。
⑥　地裁は、診断書等から常識的に得られる認識に反して、子供は、幼稚園時に「喘息」の持病があり通園率に影響していたが、小学校ではそれが改善され、通学率が良いと認定した。

第2節　離婚の認定理由の違法性

1　離婚を認めた根拠
　地裁は、夫婦関係が破綻していることを根拠として離婚を認めた。次の2点を中心としている。
　①　別居中であること。
　②　相手方が住所を明かしていないこと。
　しかし、「法」に基づいて判断すれば、離婚を認めた根拠（に関する文）は論外であり、勝訴したものの、極めて後味の悪いものである。
　筆者側からの離婚の請求を認めた判決文では、次のように記述している。

「……このような被告の家事に対し，原告は再三怒鳴りつけるなどしていたことは上記(1)エ，カから明らかであり，その結果として，被告は，2度にわたって家を出て，現在も原告と別居中であること，原告は，被告との離婚を求めて調停を申し立て，さらに，本件訴訟を提起していること，他方，被告も，平成×年×月×日[6]に別居してから本件訴訟の口頭弁論終結までの間，原告に対し，同居を再開しようとするなど，夫婦関係の修復に向けた前向きな行動は何ら取っていないのみならず，被告とAの住所も原告に明かそうとしていないのであり，被告が原告との婚姻関係の継続を望んでいるとは窺われないことを総合すると，原被告間の婚姻関係はもはや破綻しているものといわざるを得ない。

(3)被告は，原告は有責配偶者であり，原告からの本件離婚請求は認められない旨主張する。

たしかに，前記(1)のとおり，原告は被告の家事能力の低さに不満を感じて，被告を罵倒したり，暴言を吐いたことが認められ，原告も認めているこれらの発言[7]が正当な行為として許されるかは疑問である。しかし，前記認定の家庭内の乱雑な状況が日常的に繰り返されていたと推測されることを考慮すると，原告が上記発言に及んだことも全く理由がないとも言い難いのであり，暴言がなされた経緯をも考慮すると，原告に離婚請求が許されないような有責性があるともいうこともできない[8]。

よって，被告の上記主張は採用することができず，原被告間には婚姻を継続し難い重大な事由があると認められ，原告の離婚請求には理由がある。」

判決は、筆者が「暴言」をはいたと認定したものの、相手方が主張する有責配偶者である点については、「暴言」の原因が相手方の「家事不足」にあるとして、退けている[9]。

2　論外の離婚の認定根拠（その１）

地裁は、両当事者とも基本的に主張していない「家事不足」と「暴言」との因果関係を認定して、繰り返すが、次のように書いている。

「このような被告の家事に対し，原告は再三怒鳴りつけるなどしていた……結果として，被告は，2度にわたって家を出て，現在も原告と別居

中であること」

これを読めば、社会通念上は、離婚を認めなかった理由と認識するはずである。第2節の判決文で確認されたいが、離婚を認めなかった文ではなく、婚姻の破綻により、離婚を認めた文である。そのまま解釈すれば（また、その解釈しか成り立たないが）、次のようになる。

> 「専業主婦の『家事不足』[10]が生じた（あるいは生じている）場合には、夫が『再三怒鳴りつけること』あるいは『暴言』によって、配偶者が家を出て行き、別居中であれば、婚姻関係は破綻していると認定する。」

誰の目にも明らかなように、「暴言・暴力」によって配偶者を追い出すことはできないので、論外の文である。

3　論外の離婚の認定根拠（その2）

また、「別居してから本件訴訟の口頭弁論終結までの間，原告に対し，同居を再開しようとするなど，夫婦関係の修復に向けた前向きな行動は何ら取っていないのみならず……」という判断部分も、論外である。

配偶者から、「生活の過酷さゆえに、著しい改善が見られない場合、離婚の提訴をせざるを得ない」（判決で認定した事実の記述）という趣旨の父親宛ての内容証明郵便を受け取り、その改善を拒否して、別居という行動に出て、訴訟を起こされている身である。常識的に判断すれば、そのような状況下で同居の再開は無理であり、かつ改善を条件とした夫婦関係の修復へ向けた行動は困難である。加えて、「暴言による別居」という前提が付いている。判決文の趣旨は次のようになる。解説の余地のないものである。

> 「暴言による別居であるが、被告は、同居等の夫婦関係の回復に向けた努力をしていないので、離婚は認められる。」

4　論外の離婚の認定根拠（その3）

次に、「被告とAの住所も原告に明かそうとしていない」という部分の検討へと進めよう。この文の前には、「暴言による別居中」を認定した文があり、そして後には、「婚姻関係はもはや破綻している」と結んでいる。そこで、続けてみよう。裁判所は、

> 「暴言による別居中であり、住所を知らせていないことから……婚姻関係は破綻している。」

という認定をしたことになる。しかし、配偶者の「暴言・暴力」から逃れるためであれば、別居という行為および別居中の住所を知らせないことに道理があり、それを理由に、裁判所は、夫婦関係の破綻を認定してはならないはずである。

5　論外の離婚の認定根拠（その４）

　加えて、上記判決文中における「（筆者が：筆者注）被告との離婚を求めて調停を申し立て，さらに，本件訴訟を提起していること」を破綻の理由にしているのも問題がある。「暴言」によって配偶者を追い出した者が「調停・訴訟」をしたからといって、裁判所が破綻を認定するものではなかろう。

　ゆえに、「原被告間の婚姻関係はもはや破綻しているものといわざるを得ない」という判断結果を支えるに値する「法」に基づいた根拠は、判決文において皆無に等しい[11]。逆に、この判断結果を「法」に基づき否定することとなる根拠は、既述のように十分にある。

6　離婚を認めることを正当化する唯一の理由

　破綻に基づいて離婚を認めた後には、相手方の「筆者が有責配偶者である」という主張を「家事不足と暴言との因果関係」から退けた理由が書かれている。この因果関係は、後述するところから明確になるように、判決文自体の分析からも成立しないことが証明される（ので、論理上の意味はない）が、仮に因果関係があるとしたら、「家事不足」が「原因」そして「暴言」が「結果」であり、判決において、「暴言」が「家事不足」を超える責任を負う事実を認定していないので、「有責配偶者であるとはいえない」と認識していることだけは妥当なものである。

　なお、本件は微妙な点を有し、その点では裁判所に同情できる点もなくはないが、その点を考慮しても、読み直して、正当な理由がないことに気付くべき判決文である。判決書では、同居期間に生じた夫婦間・家庭生活に生じた事象、筆者（２回）および代理人（３回）が相手方両親との面談を重ねて努力をしたこと等の事実を鑑みて、民法上の同居義務、協力扶助義務そして監護義務に基づいた判断の論理的過程（法律の解釈・適用過程を含む）が明確に表れた文章を提示すべきものである。

　離婚を認めた文章が論外であることの証明を終えたので、次節以降では、

判決における親権の判断について検討する。結論を先に示せば（両親の生活実態に関して）、裁判所は、監護に必須事項である「家事（の）不足」と監護能力との関係の判断を回避し、「家事不足」の結果であると自らが認定した「暴言」の攻撃にひたすら集中し、親権を相手方に認めたのである。しかし、その判断は、離婚を認めた判断と同様に容易に消すことができるものである。以下、論証する。

第3節　相手方証拠等から否定される「家出の原因としての暴言」の認定事実

　次の高裁も、基本は地裁判決の同一線（延長線）上にあり、同一文さえ書いている。ゆえに、地裁判決の検討過程は、高裁判決を考察する際にも参考になるものである。

　地裁は、筆者の「暴言」に関して、次の事実を認定している。

　a．相手方に、2回の家出をもたらした。

　b．これらの別居の間（約4年）においても、再三暴言を吐いていた。

　c．子供にも精神的・心理的重圧を与えていた。

　本節でa、第4・5・6・7節でb、そして第8節でcについて、論に客観性を保つために相手方提出の証拠等を用いて、認定事実に合理性がないことを論証する。なお、第2節で引用した判決文で認定している「怒鳴りつけるなど」は、家事を対象としたものと認定していることから、判決文の他の個所で、「原告は被告の家事能力の低さに不満を感じて、被告を罵倒したり、暴言を吐いたことが認められ」と記述している「暴言・罵倒」のことと理解される。ところで、「罵倒」と「暴言」との言葉の区別をどのように考えたらよいのかは不明であるが、本書では、相手方がほとんど「暴言、暴言、暴言……」で攻撃してきたので、基本的には、「暴言」で統一することにする。

1　相手方の提出書面により否定される「暴言」による別居

　第2節で引用した判決は、「暴言」と別居（判決文では、家出）との関連について、次の2点を認定している。

　①　第1回目の別居の原因は「暴言」によるものである。

②　(第1回目の別居から約4年後の) 第2回目の別居の原因も「暴言」によるものである。

　第1回目の別居時に、筆者は事情が把握できないので、弁護士に相談して、その弁護士が相手方に内容証明郵便を出した。その返信では、別居の原因は「子供の風邪」と明記されている。それは、当時の状況下での書面であり、当時の真実を伝える客観性のある証拠である。しかも、その書面（のコピー）が筆者側ではなく、相手方から地裁へ提出されている。そこで、相手方は別居の原因を、「子供の風邪」と認定するように求めているのである。それにもかかわらず、そして筆者が陳述書においてその事実を指摘しているにもかかわらず、裁判所は、「第1回目の別居の原因は暴言である」と認定・創作したものである。

2　相手方弁護士の書面により否定される「暴言」による別居

　さらに判決文は、第2回目の別居の原因としても、筆者の「暴言」と認定している。ところで、相手方弁護士が作成し（当然、相手方の承認も得ているはずの）「答弁書」では、次のように記述している。

　　「別居に踏み切った前提としては、原告の度重なる暴言、侮辱があるが、直接的な原因としては、原告が被告に対する訴訟提起を示唆する内容証明郵便を送りつけたことにある。」

　結論をいえば、「暴言」に関する深刻さのない文である。『明解国語辞典』から、ここで使用されている用語の定義を見ておこう。「前提」とは「ある物事が成り立つための、前置き（土台）となる条件」、「原因」とは「ある物事や状態をひき起こすもとになったもの（事柄）」と定義されている。また、「前置き」とは「本論に入る前に述べる言葉・文章。『―は省いて／―が長くなりましたが』」と定義されているので、見方によっては、省略しても実質的には大して問題がないものである。

　それを証明するかのように、『日本国語大辞典』（小学館〔2001〕）では、「前提」について、「推論の際、結論を導く基礎となる命題」とされているものの、上記弁護士の文において、「前提」（すなわち、小学館〔2001〕による「基礎となる命題」）である「度重なる暴言、侮辱」（以下「暴言」と記す）という事実からは、(家庭生活へ及ぼした影響ないし別居を正当化する影響に

関して）何等の客観的結論も導かれることもなく、「暴言」の事実が、単なる（主観的）主張に止まり、孤立しているのである。つまり、弁護士は、「暴言」を強調しているものの、それがもたらした（重大な）結果を認識・主張していないのである。客観的「結論（結果）」が導かれない「前提」に意味はないので、上記「答弁書」の文は、逆に弁護士自らが主張している激しい「暴言」がなかったことを立証していると解すべきものである。

　それを裏付けるかのように、別居の直接的原因を内容証明郵便の送付と主張している。この「直接」とは、「間に隔てる物が何も無く、じかに対象と接することを表す」（『明解国語辞典』）とされている。ゆえに、この弁護士の文を分析すれば、内容証明郵便の送付行為は、何の隔て（る物、事象）もなく（一部『明解国語辞典』を参照）、この客観的証拠をもってして別居の原因として主張するとしているのであり、それは、客観的視点からは、「暴言」が別居に影響しているわけではないことを明確にしているのである。

　この内容証明郵便は、判決文より引用するが、筆者が相手方の父親に対して、「被告に対して適切な対応を取る旨求めるとともに、著しい改善がない場合には、婚姻の解消を求めて早期に提訴せざるを得ない旨通知した」というものである。ここにおける着目点は、弁護士が、この内容証明郵便の内容である相手方の原因による生活の過酷さという筆者が主張している事実に何等の反論をせずに、送付行為そのものを問題にしていることである。

　ところで、この「答弁書」の段階では、筆者側から（料理を含め）家庭内の証拠写真が提出されていないので、実際の家庭生活に関しては、この弁護士は認知していない。ゆえに、離婚を認めていない弁護士であるかぎり、筆者側の訴状における一方的別居の主張に対して、「答弁書」ではこの内容証明郵便に対して、「家事等に関しては問題がないにもかかわらず、いわれのない『暴言』をはかれている状況を鑑みれば、この郵便の内容は不当であり、不当な事実・要求が突き付けられている状況を鑑みれば、冷却のために一時的な別居はやむを得ない」という主張・反論をしていて当然である。しかし、それはなく、単に筆者の郵便の送付行為を問題にしているだけである。しかも、訴訟を提起したという事実に対してではなく、訴訟の提起の可能性という事実に反応しているのである。さらに、相手方にとって、筆者の「訴訟の

提起」は可能性であるに過ぎず、また受身的・防御的要因であるが、「暴言」ならば、事実を主張することになり、かつ能動的・攻撃的要因を意味する。かくして、「答弁書」は、「暴言」が可能性としてあり得る受身的要因よりも重要性が低いというものになり、別居に影響するほどのことはないという証明をしたことにもなるのである。

　ところで、訴訟において、最初から激しい「暴言」を強調している相手方・弁護士からすれば、別居（・家出）と「暴言」とを結び付けることは、親権の主張・離婚の拒否に有利であり、筆者への格好の攻撃材料となる。弁護士であるかぎり、この辺の事情は熟知しているはずである。ゆえに、仮に「暴言」が別居に重要な影響を及ぼしていることを認識していれば、（一時的）別居の「直接的原因」としては、別居に値する「暴言」の事実の存在を主張するはずである。そして、契機という方が正しいと思われるが、「間接的原因」を書くのであれば、それが、「内容証明郵便」であり、その反論としては、送付の事実ではなく、内容の不当さを指摘しなければならないものである。

　かくして、第2回目の別居に関しても、「暴言」が原因ではないことが相手方側の提出書類で証明される。

3　判決文自体が証明する判決文が認定した（激しい）「暴言」の不存在

　ところで、裁判所は、既述のように別居に対する「暴言」の責任を問うことなく、（1つの理由として）「『暴言』による別居中」をもってして離婚を認めている。重要な表現なので、再度、引用する。

　　「被告の家事に対し、原告は再三怒鳴りつけるなどしていたこと……2度にわたって家を出て、現在も原告と別居中であること……原被告間の婚姻関係はもはや破綻しているものといわざるを得ない。」

　しかし、「暴言」（そのもの）によって配偶者を追い出すことは、法律上正当化されることはない。裁判官であるかぎり、そのことは認知しているはずである[12]。本来は書くことができない「暴言による別居は破綻と認める」という認定をしたことは、裁判官が「激しい暴言」という事実を本来的に認識していなかったことを証明するものであり、「別居」をもたらすほどの激しい「暴言」がなかったことを明確にするものである。

　また、第6節で詳論するが、子供が「……けんかをせずに……」と記述し

たメモをリビングに張り出したが、その写真が相手方から提出されている。この「けんか」という事実を裁判所は激しい「暴言」を導き出す証拠として採用した。しかし、社会通念上、「けんか」と「暴言」とは別範疇のものである。このようなものを「暴言」認定の証拠として採用しなければならなかったことは、逆に、本件では激しい「暴言」を認定できるだけの合理的な証拠が、相手方から提出されていないことを示唆しているものでもある。

第4節　成り立たない判決の基本構図：
「家事不足」と「暴言」との因果関係

　判決は、「家事不足と暴言」という基本構図を導き出したのである。「家事不足」に関しては筆者が提出した証拠写真があるが、「暴言」に関しては、基本的に相手方の主張しかない（しかし、相手方の「記録」は別の事実を証明するものとなっている）。「暴言」認定の苦しさを証明するかのように、判決はその前提に2つの事実を認定して、そこから激しい「暴言」を導き出したのであるが、それらの事実からは、この判決の基本構図となっている「家事不足と暴言」という因果関係も、激しい「暴言」も導き出すことは不可能なのである。以下証明する。
　判決文（第2節）において、「……このような被告の家事に対し，原告は再三怒鳴りつけるなどしていたことは(1)エ、カから明らかであり」と記述して、「家事不足」に対して筆者が「再三暴言」をはいていたことを認定している。これは、「(1)エ、カ」という次の2つの認定事実から導き出されたものである。判決で認めたこれらの事実を抜き出しておく。
　① (1)(エ) は、裁判所が認定した事実である子供Aが「『みんななかよくけんかをせずにたのしいせいかつをしよう』と記載したメモをリビングに掲示した」というものである。
　② (1)(カ) は、裁判所が認定した事実である「体調不良を理由にAを幼稚園に通園させない被告の態度は……暴言……」というものである。
　ここで着目すべき点は、次の3つである。
(1)　裁判所は、①と②とから、「明らか」として、「家事不足と暴言との因

果関係」を認定しているが、（エ）と（カ）のどちらにも、因果関係の「原因」と認定した「家事（不足）」に関する言葉が入っていない。
(2) （エ）は「けんか」を証明するが、「暴言」を証明するものではない。
(3) （カ）は、「暴言と『通園』」との因果関係を認定しているが、「暴言と『家事（不足）』」との因果関係には関連がない。

ゆえに、論理上は、地裁が認定した事実である（エ）および（カ）から、「家事不足と暴言との因果関係」を導き出すことは不可能である。それにもかかわらず、「上記(1)エ、カから明らか」として、「このような被告の家事に対し、原告は再三怒鳴りつけるなどしていた」という認定をしているが、それは逆に、裁判所が創作した事実であることの証拠を残したものでもある。

問題は、「家事不足と暴言」という本来認定不可能な因果関係が、判決の基本構図となっていることである[13]。ゆえに、本節の論だけでも、判決の理由欄は内部崩壊することが明らかである。さらなる問題は、親権の判断にあたって、この因果関係の「原因」である「家事」の「不足」についての判断を放置し、そして因果関係の２つの要素の軽重に言及することなく、「結果」である「暴言」攻撃に集中したことである。

以下、細部にわたる認定事実（特に激しい「暴言」認定の事実）をも検証する方向で論を進めることにする。

第５節　経験則・論理則・相手方提出証拠に反した「暴言」の認定

「経験則」によれば、家庭生活に耐え切れず、離婚を必然的に視野に入れざるを得ない者は、各種文献・資料を読んでいるはずであり（あるいは、読まなくても常識的に理解できるものであるが）、「暴言」が裁判離婚にとって不利になることを認識している。そのような状況下において、判決文が認定した事実である「暴言」を「再三」にわたってはくという行為に及ぶことはない。また、「経験則」によれば、困り果て、極度に追い詰められた状況下で、改善の可能性を求めて「暴言となりうる言葉」を数回吐いたとしても、それにより事情が改善されないと認識すれば、使用し続けることもない。無駄なことはしないものである。そして、過酷な生活による苦痛等から解放される

べく、最終的に裁判離婚という解決方法を潜行して探るものである。

　この「経験則」を裏付ける記録（証拠）が、相手方の陳述書の一部に含まれている。それは、「暴言を聞いた記録」として、「日記帳形式」になっているものである。第2回目の別居前の30ヶ月にわたる長期の記録である。なお、筆者側には、第1回目の別居時点から（訴訟までの約5年間）弁護士がついており、相手方の両親との面談を訴訟までに3回行っている。その状況をふまえたものであろうが、相手方も訴訟の2年前頃から弁護士に相談している[14]。相手方弁護士は、「暴言」を記録しておくように指示したはずである。その記録を含む陳述書からは、以下の2点を導き出すことができる。

　第1に、(判決では、『子供の面前』で「罵倒」等の激しい表現を用いていることもあり、伝聞によるものは当然のことながら除き)「暴言の質的側面（内容）」に視野を向けて言葉を選別すれば、大部分は、社会通念上「暴言とはなり得ない言葉」であり、判決文が「暴言」として認定している言葉の類[15]とは、まったく異なる。

　第2に、「暴言の数量的側面」では、判決文が「暴言」として認定している範疇に入る言葉は、30ヶ月という長期にわたる記録には、最大限度抽出するとして3個そして常識的に判断して2個記入されているだけである。その大きい方の数値である3個を抽出して按分したとしても、10カ月に1度である。仮に、相手方弁護士が、自らが書いた準備書面にある「暴言を浴びせ続けて侮辱」という事実を確実に認識しているのなら、自らの主張を自らが否定するこの証拠（すなわち「暴言」は僅かであることを証明する記録）を含んだ陳述書を提出することはない。また、裁判において重要なのは、裁判が始まってからの単なる主張ではなく、当時の記録である（伊東［4-1］参照）。ゆえに、裁判所は、上記記録に記入されている2ないし3個に加えて、常識的にあり得る程度の若干の記録漏れを加味して、最大限2桁に届くかどうかのものであると判断するのが筋である。2回の別居を挟む約4年間に、10個程度の「暴言」を認識したところで、1年に2個程度である。判決が認定した「再三暴言・罵倒」には程遠い。

　筆者のこの判断プロセスの合理性を支えるのが、次の事実である。上記の「日記帳形式の記録」を含んでいる陳述書には、他に、何月何日に（「暴言」

に関連するような）何があったかに関して、3日程度の（「暴言」に関連すると認識されるような）状況が記述されている。ゆえに、上記の記録に3個程度を加算することは可能である[16]。このように数日の状況が陳述書で記述されていることは、「暴言」が継続していないことを証明しているのである。なぜなら、判決文にある「再三怒鳴りつけ」というような状況があれば、数日における出来事を挙げ、その日に何があったのかを記入した陳述書を提出することはなく、加えて、そのようなものでは用を足せるはずもなく、市販の大判の日記帳等を用いて、そこに「暴言」等（の出来事）を記録しておき、それをそのまま証拠として裁判所に提出するのが筋である（ことは自明である）からである[17]。

ところで、訴訟において自己に不利な証拠を提出するはずがないというのが、完全に近い経験則である。ゆえに、相手方が後になってどう主張しようが、その陳述書は、客観的・論理的に判断すれば、「暴言」は僅かであることを証明する証拠として提出されているのである。

しかるべき証拠がないがゆえに、裁判所は「暴言」の認定に苦慮したのであろう。判決文では、相手方提出の証拠のうちで、子供のメモにおける「けんか」という文字をもってしてまでも、激しい「暴言」を導き出さざるを得なかったものであり、さらに、相手方弁護士が書いた書面の文字を借用せざるを得なかった（と理解するのが自然であるべき）ものである。図表3-1において、判決文と相手方弁護士の書面（答弁書・準備書面）における用語の相似関係を明確にしておくことにする。

図表3-1 判決文と弁護士の書面の相似関係

相手方弁護士の答弁書・準備書面	判決文
度重なる暴言、侮辱暴言を浴びせ続けて	再三怒鳴りつけ
罵倒	罵倒したり
Aの面前で母親を罵倒	Aの面前で被告を罵倒

しかし、相手方と3年程度付き合ったこの弁護士は、次の控訴審（高裁）での受任を拒否した[18]のである。筆者が控訴した部分は、地裁で勝訴した離

婚部分を除き、敗訴した親権に関するものである。その親権は、圧倒的に女性に有利であり、「暴言」はそのために極めて有効な攻撃手段であるにもかかわらず、そうしたのである。弁護士の受任拒否は、原則的には、依頼者との信頼関係の崩壊（その主張事実への厳しい不信等）を意味する重大な事情があることを意味するものである。相手方弁護士が、訴訟の進行と共に事件をどう認識していたのかに関しての証左となる。しかし、地裁の裁判官は、相手方弁護士が書いた文字を判決文で用いているのである。

第6節　子供のメモの解釈の歪曲

　再び、子供のメモ「……けんかをせずに……」に戻り、「けんか」と「暴言」との関係の分析をすることにする。結論を先行させれば、世間では、「けんか＝（激しい）暴言」という関係を認知することはない。

1　子供の認識を無視した事実認定

　第三者である「事象発生時における証人」ともいうべき子供が張り出したメモ（その写真が相手方によって提出されているが、それ）には、「けんか」と記述されている。問題は、裁判所がこの「けんか」を判決文で激しい「暴言」に置き換えている点である。

　家庭内事情を知る証人たる子供が、「けんか」があったこと、および「けんか」にすぎないことを認識している書面を残している以上、裁判所には、「けんかを超える事実」そして「けんか未満の事実」を認定することはできないはずである。また、「けんか」であることを裏付ける論理則・経験則としては、子供が、裁判所が認定したほどの激しい「暴言」を認識していれば、「けんか」という双方向における「遣り合い」を意味する用語を用いることはなく、一方通行を意味する「汚い言葉はやめよう」「怒鳴るのをやめよう」「怒るのをやめよう」あるいは「うるさい」の類の文を書くか、（これが最も可能性が高そうであるが）怖くてメモなど書かないものである。

2　けんか＝暴言と認定する非論理性

　我々の普通の生活を思い浮かべよう。夫婦げんかのない家を探すのは困難であろう。裁判所の筋立てに従えば、ほとんどの家庭では、激しい「暴言」

があると認識せざるを得ないものである。そして、離婚に関する事件が裁判所に持ち込まれれば、「暴言」攻撃を受けた当事者は、極めて大きな責任を裁判所によって負わされることになるのである。

しかし、我々はどこかの家庭で「けんか」が生じており、その子供が「うちの両親は『けんか』をしている」と誰かにいったとすれば、それを聞いた人は「けんか」を認識するだけで、「その家庭の夫（ないし、妻）の『暴言』は明らかである」と結論付けることはない。

さらに、「けんか」と「暴言」とをどう認識するのかに関して、弁護士・平山〔1997,65〕の論を参照する。その後、これと本件地裁が認定した事実との比較をすることにする。

　「バカ、ブス、のろま、ひょっとこ、ケチ、かいしょなし！　けんかのはずみで言った程度では離婚原因をつくったことにはならないでしょう。」
　　　　　　　　　　　　　　　　　　　　　　　　　　　平山［3-1］

この引用文で、2つの着目すべき点が明らかになる。第1点は、「けんかのはずみで言った程度」という記述があるように、「けんか」と「暴言」とが識別されていることである。また、第2点として、「暴言」が使用された状況を考慮すれば、問題とされるようなレベルに達しているかどうか、あるいは止むを得ない事情があったかどうか等のフィルターがかかっていることである。要するに2階建ての論理になっているのである。これらは、世間を知っている弁護士の認識であり、我々社会が認知している常識でもある。ゆえに、論理的には、単に「けんか」と記されているメモ[19]から激しい「暴言」という事実を導き出すのは、不可能である。

しかるに、地裁の裁判官は、1階建て（すなわち平面）で、「けんか」と「暴言」との区別をすることはしていない。すなわち、「けんか＝激しい暴言」として認定するのである。「法」の目的は、社会秩序維持である。この裁判所の判断が「法」に基づいているとすれば、妻が何らかの原因でほとんど家事をしていないし、家の中は荒んでいたとしても、第三者が認識した「けんか」に相当する言葉の応酬があった場合、激しい「暴言」を認定するのが法の論理であることになる。裁判所は、夫が裁判所において「暴言」の認定を回避するためには、夫に対して「お前など、過重負担によりどうなってもか

まわない。黙って家事をしろ」、それが「法」であるとでもいうのであろうか。

第7節　因果関係を認定した2つの事象の認定期間の大幅な乖離
　　　―事実関係を把握していない証拠―

　裁判所が因果関係を認定した2つの事象の認定期間に著しい乖離が生じている。「家事不足」の期間については、次のように認定している。
　　「原告との同居期間のうち、少なくとも別居前の1年10か月程度の間、
　　日常の家事が十分にこなせない状態に陥っていた。」
「暴言」の原因たる「家事不足」の認定期間は、このように少なくとも1年10ヶ月（筆者が衣食住すべてに関与しなければならず、過重負担に耐え切れず、掃除・片付けから基本的に手を引いた後の写真を写した期間）である。これに対して「暴言」の認定期間は、第3節で述べたように、2回にわたる別居の原因としていることから、約4年にわたっている。ところで、家事不足の認定期間に「少なくとも1年10ヶ月」と書かれ、「少なくとも」と書かれているので、「それ以上」を意味するものであり、問題はないという見方もできよう。しかし、「暴言」の原因を「家事不足」に求め、「暴言」による第1回目の家出を認定していることから、少なくとも4年程度の家事不足を認定しなければならなかったものである。
　この因果関係を認定した2つの事象の期間における著しい乖離は、その因果関係に確たる証拠・心証がないままに裁判所が事実を認定したことに起因していると考えることに不都合はなかろう。そして、その乖離は、裁判所が認定した因果関係が成立しない証拠を自らが残したものでもある。「暴言」の認定期間が「家事不足」の認定期間に比して、2倍超であることに着目すれば、裁判所がこだわったものが、「暴言」であることが容易に推測できるものである。
　ところで、「けんか」の本来的な原因は、（プライバシーの関係で詳細を回避するが、例えば）特別の理由がないにもかかわらず、子供の通園率が半分程度という子供の教育を巡るものである。判決文では、別の個所では、この

点を認定している。

> 「原告（控訴人）は、少々の熱、風邪でも幼稚園に通園させるべきであるとの信念を有していたため、被告を過保護であるとして、怒鳴りつけることがあった。」

注目すべきは、ここでは、（怒鳴ったことを判決は「暴言」と認定していることから）「暴言」の原因を「家事不足」ではなく、「過保護」と認定していることである。判決の基本構図となった「家事不足と暴言との因果関係」はここでも崩壊するのである。要するに、判決では、激しい「暴言」を認定しておきながら、その「暴言」の相手が定まっていないのである。この認定事実間の齟齬は、「暴言」認定に関しての確からしい証拠と心証がないことを裁判所が自ら立証することとなるものでもある。

第8節　「暴言」の結果的事象を創作

1　「家事不足」の事実を放置・回避

判決は、相手方の家事に関して、次のように認定した。

> 「日常生活を営む上で最低限求められる営みが十分なされていない状況が日常化していたものと認められる。」

ここで、家事の種類毎に識別することもなく、「家事一般の不足」を認定している。家事は、監護（・教育）の要件でもある。ゆえに、論理的に上記の文は、次の事実を認定していると解釈せざるを得ない。

> 「監護（・教育）に必要な家事に関して、その最低限に達しない状況が日常化していた。」

しかし、相手方へ親権を認めた判断では、この「家事不足」と「監護能力」との関係の判断を放置して、次のように「暴言」攻撃に集中するのである。

> 「原告は、日常家事等を巡り、Aの面前で被告を罵倒していたのであり、そのことはAにも精神的、心理的重圧を与えていたと推認されるところ、原告は、本訴訟においても、自己の正当性を主張し、被告を論駁することに終始しており、同居中の原被告の関係がAに精神的、心理的重圧を与えていたことに思いが及んでいるとは到底窺がわれない[20]。」

2 「暴言」を攻撃対象

　最初に、「自己の正当性を主張し、被告を論駁することに終始しており」という文を分析してみよう。次のどの要素をもってして筆者に攻撃をかけているのか、不明である。
　① 自己の正当性を主張していること。
　② 相手方を論駁していること。
　③ それらに終始していること。

　裁判では、自己の正当性を当事者は主張するものであり、何ら問題はない（①）。当然のことながら、相手方は、それに同意していないがゆえに、反論してくる。それに対して論駁することは、「論駁」が、「相手の論や説の誤りを論じて攻撃すること。『反証をあげて―する』」（『大辞泉』）であるから、裁判では当然のことである。これも問題はない（②）。「終始し」というのを問題にしたのであろうか。なぜ、自己の正当性を主張・立証（・反論）することに終始するのが法的に問題なのかを裁判所は明確にすべきであろう。相手方も同じ行為をしている。それなのに、なぜ筆者だけが、裁判所から攻撃を受けるのであろうか。筆者自身の主張・立証に矛盾等の非合理性があることを突いてくるのなら理解はできる。しかし、裁判所が問題にしているのは、主張・立証（・反論）という法律によって当事者に与えられた権利に従った行為に対してである。

　ところで、その後の文から判断して、「暴言を反省していないこと」を問題視していると推測するしかない。そうであれば、これのみを記述すればよい。しかし、判決は、再び引用するが、

　　「暴言がなされた経緯をも考慮すると、原告に離婚請求が許されないような有責性があるということもできない」　　　　　　　　〈X〉

と記述し、「暴言」の経緯である相手方の（監護に必要な）「家事の不足」が問題視されるべきであって、たとえ、判決文で認定した激しい「暴言」であっても、「暴言」に責任を負わせるわけにはいかないことを明確に表明している。

　上の判決文の「暴言がなされた経緯」をそれが意味する「家事不足」にそして「離婚請求」を「親権の主張」に置き換えてみよう。次の文が作成され

る。

「(監護の要件である）家事の不足をも考慮すると、原告に親権の主張が許されないような責任があるということもできない」　　　　　〈Y〉

となる。〈X〉は、離婚を認めた要素となっている文である。ゆえに、〈Y〉は、親権を認める要素となるべき文になる。

3　因果関係の矛盾と事実の創作

次に、判決文における「精神的、心理的重圧を与えていたと推認……同居中の原被告の関係がAにも精神的、心理的重圧を与えていたことに思いが及んでいるとは到底窺がわれない」を分析・検証する。文面からして、これが親権の判断に重要な役割を果たしていることは明らかである。

第1の問題は、裁判所は「原被告の関係」を問題にしている。これは、裁判所の認定事実でいえば、「家事不足」（原因）と「暴言」（結果）との関係のことである。この因果関係のうち、「原因」を不問にして「結果」に集中攻撃を加える（すなわち責任を取らせる）のである。要するに、因果関係上、（民法上の義務に反した）「原因」を作った者がまったく責任を負うことなく、「結果」を作った者が全責任を負うことになるが、我々の常識を超えたものであり、非現実的判断である。

ところで、判決は「Aにも」という表現で、「子供以外にも」暴言による影響を認定している。これは、「暴言」は「相手方にも」影響を与えていたということを意味している。かくして、この文は「（離婚を認めるに足るほどの）ひどい家事であるが、それに関して文句をつけるとはけしからん。親権の判断では、お前の『暴言』に母子への影響を認定して全責任を取らせる」というものになる。民法の（協力扶助義務を含むが）監護・教育義務は、このような意味合いを持つものではなかろう。また、例を変えれば、強盗に押し入られた時に暴力をふるって抵抗したとすれば、強盗と子供に「精神的重圧を与えた」と認定したのと同様である。

第2に、判決文の「精神的、心理的重圧を与えていたと推認……」という記述の特徴は、「推認」という手法を用いて事実を認定していることである。推測を用いなければならなかったことは、確からしさを証明する証拠が提出されていないにも関わらず、裁判所が事実を推測という手法を用いて認定し

た、あるいは認定せざるを得なかったことを証明するものである。

　相手方が提出した証拠等との照合に基づいて、既に証明されているように、裁判所は、激しい「暴言」を「創作」している。さらに、その「創作」された事実から、「推測」という手法を用いて、「事実の創作」を重ねたものである。かくして、事実は裁判所によって二重に創作されたものである。このように裁判所によって（しかも）二重に創作された事実に対して裁判所に反省を求めることはできても、無実に対して当事者である筆者自身が反省をできるものではない。

　では、裁判所に聞くことにする。前記判決文では、「原被告の関係」のうちで「結果」を作ったとする方に全責任をかぶせているが、「原因」であり判決が認定した「日常生活を営むに必要な最低限度に満たない家事」を「原被告の関係」に置換すれば、「荒んだ家事が、家族に体力的・精神的重圧を与え続けたことに思いが及んでいるとは到底窺がわれない」となる。この認定を回避したことをどのように説明するのであろうか。また、この判決は、「暴言を盾にした主婦へのさぼり（夫の酷使）」を（結果的でさえ）容認したものとさえなっているが、どの法律を解釈・適用すればこのような認識が可能なのであろうか。

　ところで、高裁判決は、この精神的・心理的重圧を含む文と同一文を書いている。さらに詳細な検討は、そこに譲ることにする（第6章第3節参照）。以下、監護に関するその他の認定事実に合理性があるかどうかについて言及することにする。

第9節　成立しない子供の病気による生活障害

　判決文では、相手方に対して「日常の家事が十分にこなせない状態に陥っていた」とか、「日常生活を営む上で最低限求められる営みが十分なされていない状況が日常化していたものと認められる」と認定している。後者では、「最低限」という用語を用いて家事不足の深刻さを認定している。加えて、それ未満である。

　ところで、裁判官は法律の枠を超えて事実認定をすることはできない。ゆ

えに、その「最低限」は、本件では子供の居る家庭を対象としているので、民法における（協力扶助義務とともに）監護義務を果たすに必要な最低限度のレベルには達していないと認定していると解釈・理解せざるを得ないものである。しかし、判決は、次の文のようにそれ以上監護に必然的な家事に言及することを避けるのである。

> 「……同居期間のうち、少なくとも別居前の1年10か月程度の間、日常の家事が十分にこなせない状態に陥っていたことは前記認定のとおりである。しかしながら、前記認定事実及び証拠（乙7, 30）によれば、Aには気管支喘息の持病があり、幼稚園時代は通園すべき日数の約半分を欠席していたが、小学校×年の……の欠席日数は、2学期が4日、3学期が1日、×年の欠席日数は、1学期が3日、2学期が1日であり、現在は、日常生活に支障がない状態にまで……の健康状態は改善されていることが認められ……」

「しかしながら」を挟んで、認定事実の対象をそらすことによって、結果的には、「家事不足」が監護の判断に影響しないようにしているのである。その前は「家事不足」を認定しているが、その後は「子供の喘息」である。また、「しかしながら」の前の文は同居時のことであり、その後の文は別居時のことである。「しかしながら」という用語が本来的意味を持つことはない。ゆえに、この文には、単なる文字の並び以上の意味はなく、論理を求められる判決書に書かれるべき文ではない。

また、「しかしながら」の前の文で認定した事実、すなわち長期にわたる「日常の家事が十分にこなせない状態」という事実だけを認定しても、それがどのような原因によって生じたものであり、その結果はどういう影響を長期にわたって家族関係にもたらしたのか、そして認定事実に関してどういう法律の解釈・適用をしたのかが当事者に理解できるものでなければ、判決文としての意味はなかろう。なお、事件によっては、原因と結果の両者を認定するだけの事情が許されない場合もあることと思われる。その場合は、因果の一方だけでも論じるべきものである。ここにおいて明らかになるのは、裁判所が、親権の判断に関しては、「家事不足」に関する法的判断を完全に回避していることである。「原因」も「結果」も創作した「暴言」の認定との間で、

著しい乖離が浮かび上がることになる。

次に、「しかしながら」の後の文は成り立つかどうかの検討へと論を進めることにする。ここで、別居前の幼稚園時には、「喘息の持病」により通園率が低かったが、小学生の時点では、「喘息」は改善され出席率が良いと認定している。この認定事実は、幼稚園時代の通園率の低さの原因（相手方が主張する喘息か、筆者が主張する過保護か）という争点に対して、裁判所は相手方が主張する「喘息」を採用したものである。

幼稚園時代の「喘息」が、通園に支障があるレベルであったかどうかを検証することにする。喘息の発作と通園に関する資料を参照しよう。

図表 3-2　喘息発作の程度と日常生活[21]

小発作	＋	日常生活普通。何となくヒューヒュー、ゼーゼー聞こえる。本人は知らずに眠っている。食事、通園、通学可能。
中発作	＋＋	日常生活障害。ヒューヒュー、ゼーゼーよく聞こえる。夜なら目を覚ます。話しかければ返事はするが、あまり食事をとらず、動き回らぬ。学校に行きたがらないが、無理をすれば行ける。病院へは行きたがる。
大発作	＋＋＋	日常生活不能。ヒューヒュー、ゼーゼー著明。息苦しく床の上に起きあがって、座り込む。話しかけても答えず、動こうともしない。

このうち、裁判所が認定した通園に支障があるレベルである中発作に関しては、次のように考えられている。

「中発作以上では我慢をすることなく直ちに吸入療法などの薬物療法を開始するほうが賢明です。中発作が遷延したり大発作に移行すると入院治療が必要になりますし、発作が長引いたり繰り返したりすると将来寛解しにくくなるからです[22]。」

裁判所は、「日常生活に支障がある」レベルでの「喘息という持病」を認定している。「持病」をクリアするためには、上記引用文の「遷延」という条件を満たさなければならない。また、「日常生活に支障がある」という認定事実をクリアするためには、中発作以上であることも必要である。

仮に、本件において、通園日が半数程度であることを正当化する「中発作の遷延」（上記引用文を圧縮）以上の症状があれば、「喘息」との格闘記ともいうべき記述、すなわち吸入で大変だったとか、医師に繰り返し通園を止められたとか、入院したとかの一種の緊迫感（大変な苦労）をもたらすような深刻な記述が、相手方陳述書あるいは弁護士の書面に書かれていて当然である。しかし、相手方側書面には、その類の主張・立証はない。

それどころか、弁護士の書いた書面も焦点が合わないのである。「答弁書」では、「通園率が低かったのは、Aに気管支喘息の持病があったからである」と主張しているものの、後に、医師の診断書を証拠として提出した際の説明書に「××[23]病院の診断書であるが、再三感冒で通院し体が弱かったことを立証する」と説明している。かくして、子供の病気に関する主張について、ある時は「喘息」、他では「感冒」という主張の大きなブレからは、「喘息」に焦点があっていないことが認識される。このことは、「気管支喘息」も問題にするほどのレベルではないことが、相手方弁護士の書面が証明していることになるのである。

ゆえに、相手方書面から裁判所が「喘息」を認定できるとしても、「小発作」にすぎず、図表3-2から「通園に支障はない」というレベルのものである。加えて、本件では、相手方から子供の診断書・診察記録が数通[24]提出されている。その中に、最も多く行った病院の通院日と病名を記した明細記録がある。それを見れば、「喘息」と診断されたのは、数か月に1回程度である。この程度で、社会通念上は「喘息」を「持病」と認識することはないし、通園に関する支障すなわち半数の通園を正当化する事実を認知することもない。加えて、医師が書いた診察明細書そして相手方書面から証明される小発作のレベルでの喘息は、図表3-2において「通園可能・日常生活普通」と記されていることからも、判決が認定した「幼稚園時に日常生活に支障があった」という認定事実は否定されるものである。

かくして、通園率の低さを「喘息の持病」（ないし子供の病気）とすることを支える証拠はなく、逆に、客観的・論理的には通園可能であるにもかかわらず、通園させなかったことを証明する証拠等が、相手方により裁判所に提出されていると考えるのが論理的であり、それ以外の事実を認定することは

できるものではない。

　それを裏付けるかのように、判決において通園の支障の原因と認定した事実は、一貫することはない。判決には、通園に関して次の記述がある。

　　「原告（控訴人）は、少々の熱、風邪でも幼稚園に通園させるべきであるとの信念を有していたため、被告を過保護であるとして、怒鳴りつけることがあった。」

　ここに、「信念」という用語を用いて「常識」からはずれた思考を表現し、「怒鳴りつけ」でその「（ある種の）異様さ」ないし「暴言」を表現したかったと勘繰っても差し支えなかろう。その偏向した認定事実を証明するかのように、裁判所は事実認定に関して、2点のミスをしているのである。

　第1点として、ここにおいて、判決は、通園に支障があったのは、「（少々の）熱、風邪」と認定している。「理由欄」に書かれているので、主文へ影響するほどの価値のある認定事実である。ゆえに、子供の病気として取り上げるべきものとしては「熱・風邪」となっており、先に認定した「通園に障害がある喘息という持病」という事実は、蚊帳の外に置かれている。裁判所が、「喘息という<u>持病</u>」（特に下線部に注意）を確実に認識していれば、「少々の『喘息』でも通園させるべき」と記述するものである。判決文内部での明白な齟齬であり、逆に軽い「喘息」を認識していることを証明する結果となっている。また判決文は、半数の欠席日は熱・風邪であるとは認定していない。もちろん、相手方もその主張はしていない。

　ゆえに、判決文における認定事実の乖離から、通園に支障があったのは、逆に「子供の病気」（喘息、熱、風邪）ではないという結論に達する。子供に特別な病気もない以上、そして幼稚園に行きたがらなかったという主張もされていないことから、通園率の低さは、親に原因があるものと判断すべきであるという結論に合理性がある。そこで、通園率の低さは、客観的に思考すれば、筆者が主張する「過保護」に求めざるを得ないものである。

　第2点として、判決は、「信念」を強調して、「怒鳴りつけ」に導き出したかったのであろう。しかし、それは「信念」ではなく「常識」というべきものである。それは精神科医・斎藤茂太〔1986,59〕そして小児科医・松田道雄〔1982,515〕が、次のように書いていることでも裏付けられるものであ

る。

> 「父親には、過保護の母親をしかりつけるぐらいの迫力がほしい。そうでなくてよい子が育つものか」　　　　　　　　　　　　斎藤 [3-2]
> 「いちばんいけないのは、子供が主役になってしまって、子供の判断で、規律のない生活になることだ。ちょっとせきがでるからといって幼稚園を休み、今日はだるいからといっていつまでもねている……
> 　少しぐらいせきがあっても、子どもが歩いていける程度なら、幼稚園や保育園を休ませないようにする……
> 　こんなにせきがでるのに、子どもにブレーキをかける、おじいちゃんおばあちゃんに、子どもの自立の必要をとかねばならぬ。」松田 [3-3]

かくして、親権の判断に影響を及ぼした（筆者に不利な）「暴言」、（相手方に有利な）「喘息の持病」そして「日常生活に支障」という認定事実等は、相手方が提出した証拠、社会常識そして判決文自体に基づいて検証すれば、合理性を持たないことが明白になったものである。

第10節　判決が判断を回避した諸事象と認定した事象の非合理性

以上のように、判決文は、すべての認定事実に関してその合理性に欠けるものである。両当事者が主張していない事実である「家事不足と暴言との因果関係」を認定し、加えて、因果関係上の「原因」である「家事不足」を法律上の「（協力扶助義務・）監護義務」に基づいて判断することなく、それを回避して、「暴言」に集中攻撃をかけたものである。

この判決は、既述のように、相手方の（監護義務を果たすのに必要な）家事能力は、民法における（協力扶助義務とともに）監護義務を果たすに必要な最低限度のレベルには達していないと認定していると論理上は解釈されるものであり、相手方の家事の大幅な不足を認定しているが、その不足を補った配偶者（筆者）の貢献は完全に無視しているのである。

また、別の個所では、下のように、「監護に必要な家事能力がある」という逆の前提を置いた文を記述するのである。明白な事実認定・判断上の齟齬である。

「なお日常生活全般にわたる監護が必要というべき……Ａ……被告（被控訴人）を指定するのが相当である」
「なお日常生活全般にわたる監護が必要というべきであるが原告は……として勤務する立場であるし、原告の主張する姉の援助も週２、３回程度である上、これまでのＡ（子供の名前：筆者注）と控訴人の姉がどのような人間関係を築いてきたか明らかでなく、姉の援助で足りるかについても疑問がある。」

これは、筆者だけでも十分であるが、必要ならば姉の援助も受けられると主張したことに対して、裁判所がそれを否定しただけのものである。

第 11 節　おわりに

この判決文には、「法律の解釈・適用」の過程が見えない。またその認定事実は、相手方が提出した客観的証拠、相手方弁護士の書面そして「法の論理」に基づき分析すれば、さらに判決文自体の論理的欠陥により、筆者の勝敗にかかわらず、すべてが消えるべきことも明確になっている。

本件に関しては、敗訴した親権を主張すべく控訴したが、高裁は、地裁判決に比して格段に非現実的な判決文を書きあげたのである。その基本構図は、地裁判決と同じであるから、地裁判決にこれ以上言及することなく、次章以下４章にわたって、司法におけるより上部の組織である高裁の事実認定能力および「法」の認識を明確にすべく論を進めよう。

なお、高裁において、附帯控訴として、相手方は、財産分与、養育費の支払いそして（事実発生までに長期間あるにもかかわらず、）その他退職金・年金の分与に関しても請求してきた。しかし、身分上のことに関連するので、退職金・年金に関する言及は避けることにする。

---

[1] これは、単にアルファベットの最初の文字を抽出しただけのものである。以下、注を付すことなく、Ａと記すことにする。
[2] プライバシーの関係で、伏せることにする。

[3] 当時は、地裁から始まったものである。
[4] 本来的には監護・教育と書くべきものであるが、家事は（しつけの面を除けば）主に監護面に関するものと考えられるがゆえに、監護と記述しておく。本書においては、特に教育面を視野に入れる必要がある場合にのみ、この教育という用語を用いる。
[5] 第1審相手方弁護士は、「家事に対して文句が出た」という類の「家事不足」と「暴言」との関係を滲ませているわけではない。この関係を自主的に認定したのは、地裁である。
[6] 事件の特定を避けるために、日付を伏せることにする。
[7] 筆者は、「家事不足」に対して向けたのではなく、同居生活の継続を可能にするほどの著しい生活の改善の可能性があるかどうかの検証のために向けただけであり、そして僅かであり、状況等からして問題がないことを主張・立証している。こういう意味で認めたものであり、筆者が認めた事実は、判決が認定している事実ではない。「暴言」に関しては、陳述書に加えて、和解の席でも裁判官に説明しておいた。

さらに、判決は、「これらの発言」として具体的な言葉を記述しているが、それらは相手方弁護士の書面における単なる主張に過ぎない言葉を使用しただけのものである。筆者は陳述書において、相手方が主張している言葉との相違について詳論している。

ゆえに、筆者が認めた言葉・事情と判決文に記述されている言葉・事情とは異なるのであり、「原告も認めているこれらの発言」という事実はない。
[8] このパラグラフに関しては、少なくとも、理解に苦しむ点が3つある。

第1点は、「全く理由がないとも言い難い」という認定レベルで「原告に離婚請求が許されないような有責性があるともいうこともできない」と結論付けることが可能かという点である。というのは、「全く理由がないとも言い難い」は、社会通念上、その趣旨からして「ほとんど理由がない」という意味であり、論理的には、「原告に離婚請求が許されない有責性がある」ということになるからである。

第2点は、「暴言」に関して、2つの判断をしていることである。
① 「暴言」に関しては、「全く理由がないとも言い難い。」
② 「暴言」に関しては、「正当な行為として許されるかは疑問である。」

前者は消極的肯定、後者は積極的否定を意味する。当然積極的要素の方が上位にくるがゆえに、①と②の判断を用いた場合には、「暴言に関しては家事不足が原因であり、全く理由がないとは言い難いが、正当な行為として許されるかは疑問である。」という筋立てになる。かくして、筆者が有責配偶者となるものである。

この判決は、「家事不足」と「暴言」との因果関係だけを認定しているだけであり、それら2つの事象の責任の軽重を認定していない。この責任における軽重の判断をしていないことは、「家事不足」を上回る「暴言」の責任を問えなかったことを裁判所が認識している証左である。また、常識的には、因果関係のある2つの事象の軽重を判断できないのであれば、「原因」すなわち「家事不足」に責任があるとするものである。

さらに、判決文が「変」なのである。①では、「暴言」の「対象・原因」である「家事不足」を提示して判断しているのに対して、②では、「家事不足」を放置して、いきなり「正当な行為として許されるかは疑問である」と記述している。
　第3に、この判決は、家事不足と暴言」との因果関係を認定している。もちろん、原因は「家事不足」であり、結果は「暴言」である。結果である「暴言」に関しては、「暴言を吐いたことが認められ」と「断定」しているが、その原因として認定した「家事不足」に関しては、「日常的に繰り返されていたと推測される」と「推測」をしている。因果関係において「原因」となる事実を「推測」しておいて、「結果」となる事実は「断定」しているのである。「推測」から「断定」というプロセスは、論理上あり得ない。
[9] ただし、筆者は、相手方の「家事不足」を特定して不満があるとは主張しているわけではない。プライバシーの関係で詳細を避けるが、大きな家事不足を補う負担とともに、その他の大きな精神的負担（子供の通園等）もあり、あまりの負担の継続に、生活・体（・命）の危険がどうにもならず、著しい改善が期待できない状況を考えれば、共同生活は無理であることを主張しているのである。また、「家事不足」については、監護義務を果たすべき基準より劣ることを主張・論証しているのである。
[10] 妻に責任のある他の原因（例：妻の浮気）で置き換えることも可能である。
[11] 論理的には皆無であるがゆえに、「皆無である」と書いても、不都合はない。少し丸めて記述しておいた。
[12] ゆえに、「暴言」に関して、判決文は「正当な行為として許されるかは疑問である。」という認定文を入れたはずである。しかし、この判決書は、「暴言によって配偶者を追い出すことは法的に可能である」という判断基準を明示したものになっていることも事実である。
[13] なお、第3節の論に付加するが、判決文自らが認定した「家事不足」を「原因」とする「暴言」によって、「被告は、2度にわたって家を出て」という認定事実も、判決文が「家事不足」と「暴言」との因果関係を導き出すことに失敗しているので、誤認であることを裏付ける結果となるものでもある。
[14] 調停の前に明らかとなった事項である。
[15] 判決文は、相手方の主張どおりの言葉を認定している。そこで、配偶者であるかぎり、本来発言しなければならない言葉でも（筆者は詳細な説明をしているが）、裁判官が特殊事情を認識できる状況にないがために、言葉が変えられ、「暴言」と認定しているものがある。その説明は、プライバシーとの関係で回避する。ゆえに、本書では判決文に書かれている具体的な言葉に関しては省略する。また、判決が認定した家事の具体的な様子に関しても、プライバシーの観点から省略する。
[16] 筆者の「発言」の表現が正確に記述されているわけではないが、ここでは、相手方の主張をそのまま受け入れておく。もちろん、これを加算したところで、30か月において、

数個の「暴言」に止まるだけである。

[17] 判決は、「約4年以上にわたって再三暴言を吐いた」と認定しているわけであるから、数百回以上は、筆者が「暴言」をはいたことになる。このような事実を証明するためには、陳述書における記入では間に合うものではないことを視野に入れれば、本文中の結論が出てくるものである。

[18] 「解任」されたのではなく、「受任の拒否」である。これは、控訴時において高裁から得られた情報である。

[19] 写真で提出されたそのメモは、数か月間リビング・ルームに掲示してあったものである。筆者は陳述書で記述しておいたが、写真では、メモの上部のセロテープの曲がり方が鮮明であり、長期にわたって掲示されていたことを裏付けるものである。筆者も毎日見ていた。夫婦関係が悪化している時のことであり、客観的に見て筆者に不利なものであれば、筆者が剥がしていると考えるのが妥当である。当時、筆者は記録・写真をとり続けていたので、諸事情には注意していた。実際のところ、それは筆者に有利に作用している。子供のメモが証明しているのは、(相手方が主張する)「暴言」ではなく「けんか」という事実であるからである。

[20] 別の側面から見れば、このような文章を書いたところで論理的意味はなかろう。「暴言」に代えて、裁判所がその原因とみなした「家事不足」を挿入しよう。次のようになる。

「被告は、極めて低い家事しかしておらず、Aの健康等にも悪い影響を及ぼしていたにもかかわらず、かつ、原告に家事の多くを委ねたにもかかわらず、被告は、本訴訟においても自己の正当性を主張し、原告を暴言の事実によって攻撃することに終始しており、協力扶助義務とともに、監護義務がどのようなものであるかを到底認識しているとは窺われない。」

ところで、因果関係的には当然のこととはいえ、地裁は「家事不足」が「原因」で、「暴言」が「結果」であると認定している。そして、因果の責任の軽重に言及していないことから、当然のことながら、「原因」が問題視され、これのみが合理性を持つこととなる。

[21] http://homepage3.nifty.com/kodomoER/astma/asthma.htm（2011年4月3日）

[22] http://www.hospital.asahi.chiba.jp/kenkoukouza/doc/kenkoukouza_20021207_01_02.html（2010年2月9日）

[23] プライバシーの関係で明記することを回避する。

[24] 病院を数か所行ったがために、数種の診断書が提出されたものである。

第4章　高裁判決の心証背理・暴言の認定における違法性

高裁判決の主文
「1　本件控訴を棄却する。
　2　控訴人（筆者：筆者注）は，被控訴人（相手方：筆者注）に対し，控訴人・被控訴人間の長男A（平成×年×月×日生）の養育費として，本裁判確定の日の属する月から同人が満20歳に達する日の属する月まで，毎月末日限り，1か月13万円の割合による金員を支払え。
　3　控訴人は，被控訴人に対し，1300万円を支払え。
　4　（プライバシーの関係で省略）
　5　控訴費用及び附帯控訴費用は，控訴人の負担とする。」

これが、高裁で敗訴した当事者である筆者が履行すべき事項である。しかし、本章以下4章で証明されるように不正[1]判決ゆえ、履行しなければならないという屈辱感が残る。以下、この主文を支える認定事実（理由欄）を論理的に分析し、その不正性（・違法性）を論証する。

第1節　高裁判決が認定した筆者の陳述書等（証拠）の「理路整然性」

高裁裁判において、筆者の陳述書等（裁判所の用語では「陳述書およびそれに類する説明書」）には、裁判所と相手方弁護士により、下の3つの評価がされている。なお、当然（高裁において重要な意味を持つ）控訴理由書[2]を含んだ結果の評価である。
　①　裁判長は尋問時に、「論理性」がある旨の発言をしている。
　②　判決書では、「あたかも学術論文のような理路整然性」を認定している。
　③　高裁における相手方代理人も、筆者の陳述書等に関して、「理路整然

性」を認めている。相手方への尋問時においてその発言をしているので、次に尋問調書における記録を引用しておく。

「(筆者が：筆者注) 文書を……[3]書いて……ああいうふうに理路整然と……」

裁判所が「論理性[4]」を認めたことは、「論理」が主観に左右されないことから、裁判官が従うべき「法」に基づき、筆者が提出した証拠を精査・検証した結果得られた「心証による評価[5]」を表明したものである。

ところで、「論理」が「考えや議論などを進めていく筋道。思考や論証の組み立て。思考の妥当性が保証される法則や形式」(『大辞泉』)であることから、筆者の陳述書等における主張・立証には、「思考および論証の妥当性」を認定したことを裁判長が表明したものである。それは、裁判長が、相手方の書面の主張・立証のうち筆者を攻撃している基本的ないし重要な事実(・争点)については、妥当性を欠くことを表明したものでもある。

さらに、筆者の書面に対して判決書および相手方代理人が認めた「理路整然」とは、「物事が道理にきちんとあてはまっているさま。話などの筋道が整っているさま。」(『大辞泉』)と定義されており、ここにおける「道理」は、「１物事の正しいすじみち。また、人として行うべき正しい道。……２すじが通っていること。正論であること。また、そのさま。……」(『大辞泉』)と定義されている。

したがって、高裁および相手方弁護士(ゆえに相手方も)は、筆者が提出した書面が合理性ある証拠であることを認めるとともに、筆者の主張・立証は、「正論」および「正しい筋道に従った論証[6]」として認めているのである。

第２節　両当事者の提出証拠等と裁判所の心証・認定事実との関係

かくして、筆者、相手方そして裁判所の根本的な事実認識は、筆者が提出した証拠で実質的に一致しているのである。

１　証拠採用における重大な瑕疵

しかし、主文へ至る認定事実は、筆者の完全敗訴が証明しているように、筆者の証拠を完全排斥して別の事実となっているのである。錯綜した裁判・

判決であるがゆえに、最初に本件の証拠関係と心証・認定事実とを明確にしておく必要があろう。それらをまとめれば、基本的には図表4-1のようになる。

図表4-1　当事者の主張・立証・証拠と裁判所の心証・認定事実

↓　筆者の主張・立証・証拠　↓		↓　相手方の主張・立証・証拠　↓	
裁判所が、「論理性・理路整然性」を認定し、「真実」という心証表明をしている事実		↓　判決文で主文へ影響した認定事実　↓	
【筆者が提出】 ・相手方とは異なる筆者独自の主張・立証 ・預金通帳・ローンの返済証明書等	【相手方が提出】 ・証明力の高い「記録」 ・子供の病気に関する医師の診察明細書・診断書 ・弁護士の書面・認識		
		・相手方のBの範疇とは異なる単なる主張 ・（好意的に見ても）自作自演の写真 ・相手方弁護士の単なる主張	・相手方が主張してもいない事実
←　A　→	←　B　→	←　C　→	←　D　→

（注）①　BとCとの範疇を区分せざるを得ないのは、（相手方が提出した証明力のある）記録・証明書により導き出される（べき）事実（B）と相手方の主張（C）とが背反しているためである。
　　　②　証拠等に関して、基本的にプライバシーに関するものそして本書の論述の対象外とするものは除いている。

この図表4-1の理解を容易にするために、各範疇の説明をしておこう。
　A：筆者独自の主張・立証の部分
　　基本的に（家庭生活の経緯を除き、）写真、記録そして証明書類等で裏付

けられている[7]。
　B：筆者が相手方の提出証拠および相手方弁護士の書面により主張・立証した部分
　　相手方側が提出した証明力のある証拠等・弁護士の書面は、基本的な部分で筆者の主張・立証を裏付けている。このことを体系的に証明するのが、筆者が相手方および相手方（第1審・第2審）弁護士の提出書面を用いて、家庭生活における事実を立証した第11章第3節における文面である。
　C：相手方が単に主張しているだけの部分
　　相手方および弁護士の単なる主張であり、Bの範疇の証拠等[8]により基本的に否定されるものである。
　D：相手方が主張していない部分
　　高裁が自主的に付け加えたものである。
2　裁判における基本思考に逆行した高裁判決
　ところで、裁判において「裁判開始後の単なる主張」（C）と「裁判開始前の事実の記録」（B）とのどちらを採用すべきかの判断に関しては、答えは明らかである。しかし、念のために伊東良徳弁護士の見解を参照しよう。
　「民事裁判の場合、当事者が裁判が始まってから作った書類は、それだけでは裁判官はあまり信用してくれません。裁判官は当事者の陳述書（さらには法廷での証言）については、客観的な証拠書類とどれくらいあっているかによって判断する傾向があります。また内容が具体的で詳しいかということも、影響します。抽象的な言い方ならいくらでも後から言えますから、陳述書で抽象的な話に終始しているものはほとんど相手にされません[9]。」　　　　　　　　　　　　　　　　　伊東［4-1］
刑事事件についても同様である。裁判官の判断を引用する。
　「このような被告人の上申書の内容はあくまで一方的な陳述ですから、通常の場合、そのまま信用はできません。」（安原、〔1999,19〕）安原［4-2］
　ところが、高裁はこれらの合理的な視点とは正反対に、「自らが論理性・理路整然性の心証」を得たと表明した証拠等すなわち図表4-1におけるAおよびBの（相手方と筆者の主張が一致している）範疇を無視したのである。結

果として、裁判所が主文へ至る証拠として採用したのは、「相手方の単なる主張」（Cの範疇）であり、それで足りない部分は、相手方が主張していない事象（Dの範疇）を自主的に付け加えて事実を認定したのである。

第3節　究極の齟齬

　その結果は、当然のことながら筆者の「完全敗訴[10]」である。これは、高裁自らが「法」に基づいて真実と認定した事実（・証拠）を、一転して完全に排斥したことを証明するものである。この排斥行為も、仮に「法」に基づいているとすれば、「論理性・理路整然（性）という表現をもって真実という心証」を表明した筆者の書面における主張・立証は、高裁が「法」的に判断して「誤り」と認定したことを意味するものである。ゆえに、筆者が提出した証拠に関して、高裁は、「法」に従えば、「正しくもあり、誤りでもある」という認識・表明をしたことになる。裁判所自らが書面に証拠を残した究極の齟齬である。

　ところで、裁判所「自らが真実と認めた事実」を否定して判決文を書いたにせよ、理由欄に書かれた認定事実が偶然であれ、合理性を有していることもあり得ないわけではない。この場合には、判決における「文章上の齟齬」という問題があるとはいえ、判決文を書籍で考察する意義は乏しい。

　しかし、ある人物・組織が「論理性・理路整然性」を認定した書面（証拠）には、その基盤、筋道そして体系について合理性があると認定しているわけであるから、それと同一主体が逆の事実を合理的に認定することは不可能である。しかし、高裁はその行為へと進んだのである。

　このような場合、当事者は、どうするのか、あるいはどうすべきであろうか。渡辺〔2005c,247-248〕の見解が参考になる。
　　「国民が裁判に関心をもち、その意思を裁判に反映させるべく努力するのは、主権者たる国民の権利であるだけでなく、それなくして法治主義を維持することはできないという意味では、義務でさえある。……主権者たる国民の自覚と責任にもとづいて、いっそう多くの人が裁判批判に参加することが切にのぞまれる。」

　　　　　　　　　　　　　　　　　　　　　　　　　　　渡辺［4-3］

また、「批判」を特に意識しなくても、「法」に逆行した地裁判決・高裁判決を受け、それが最高裁で破棄されないことを考えれば、その精神的苦痛ゆえに、筆を執るのが人間としての常識的心理でもある。本書では、本件以外の判決を含めて検討しているが、判決文における論理の欠落・矛盾は、（裁判官が事件を体験していないがために必然的に起こり得る細部の誤認といった）常識的に斟酌されるミスのレベルをはるかに超えていることが明白になるものである。判決文における論理（性の付与をするために、裁判官の思考）の改革が求められるものである。

第4節　高裁が背負った「事実の捏造」への宿命

1　筆者の証拠の「真実性」を認定そしてその否定という不可侵の行為

立論のプロセス上重要であるがゆえに、また、細部に着目するために、参照辞書を変えて繰り返すが、裁判長が筆者の提出証拠に対して認定した「論理的[11]」（第1章冒頭部分を参照のこと）の意味に関して、『明解国語辞典』を参照しよう。「論理」は、「与えられた条件から正しい結論が得られるための考え方の筋道」そして「論理的」とは、「前提とそれから導き出される結論との間に筋道が認められて、納得がいく様子[12]」と定義されている。

また、裁判長（第1章冒頭部分）は、「論理的にきちんと」と発言し、「きちんと」という用語を追加して「論理性」の認定精度を上げ、筆者の主張・立証の「基盤、筋道そして体系」に「納得」（「首肯[13]」）し、真実と認めたという表明をしている。しかし、裁判長の発言では、逆に、「裁判官の体験にない論理的と認定した証拠」すなわち「裁判官の体験にないほど納得した証拠」は、その証拠を排斥する根拠となるのである。

2　職責上の不可侵に挑戦した高裁

ところで、高裁判決が筆者の提出証拠に「学術論文のような理路整然性」を認めたことは、「反論の余地はない」という認識を自白したものでもある。誰の目にも明らかなことは、そのような証拠を排斥して逆の事実を認定するという行為が本来不可能であることである。また、その行為を強行すれば、結果は「事実の捏造」に導くことも確かである。

それにも関らず実行する場合、どのような手法が視野に入るのであろうか。最初に、対象物（本件でいえば筆者の証拠）の「弱点」を突くことを考えるものである。しかし、「学術論文のように理路整然性」すなわち「壁」を認識した対象物に、「弱点」は見出せていない[14]。残された手法は、合理性のない証拠を採用するか、事実を勝手に補充するか、「場当たり式」に「言いがかり・因縁」を付けて「理路整然性」を認定した証拠が証明する事実を否定するか、単に逆の事実を認定するくらいしかしかない。しかし、このレベルの（判決）文になれば、「法」・論理の基盤をまったく持っていないがために、認定事実が非・不・反合理性を逆に証明してしまうものである。それを裏付けるかのように、高裁判決は、相手方の証明力の高い証拠および弁護士の「準備書面」等にも反するとともに、この世にない事実を認定した行為、すなわち否定の余地のない「事実の捏造（というレベルでの事実の創作）」という証拠を残している。筆者にとっては、裁判所が明白な証拠を残しているのでその論証に困難はなく、その分析を行うことにする。

　また、高裁判決は、「真実」を表明した証拠を排斥しているので、当然のことながら「中立性」と「第三者性」とに背理している。それは、法学者・渡辺〔2005b,19-20〕を参照すれば、「裁判ではない」という表現を用いることができるものである。

　　「だれにでもわかるのは、すべてのスポーツにおける審判員の中立である。審判員はプレイヤーではないから、中立である。社会現象としての中立では、裁判における裁判官の中立が典型である。法廷という土俵において、原告と被告はプレイヤーであり、裁判官が、第三者性を放棄すれば、もはや裁判ではない。」　　　　　　　　　　　　　渡辺[4-4]

第5節　「暴言」に法的問題のないことを論証した書面に「理路整然性」を表明

1　「暴言」に関する筆者の主張・立証を肯定した高裁

　筆者の「控訴理由書」の一部を次に紹介する。なお、プライバシーに関連する部分は略しておく。

「(暴言に相当する言葉を:筆者注)使ってよいかどうかに関して、控訴人は、法律の本を読んだものである。
『バカ、ブス、のろま、ひょっとこ、ケチ、かいしょなし！ けんかのはずみで言った程度では離婚原因をつくったことにはならないでしょう。』(平山〔1997,65〕[15])と書いてあったので、わずかであれば、状況によっては、問題のないことを確認した[16]。
……生活が過酷さを増してきて、『生活と控訴人の体の破壊』を防ぐために残された手段としては、被控訴人（相手方:筆者注）の……改善を強く求めることしかなかったのである。
……のかどうかの確認……のために数回使っただけである。
……原判決（地裁判決:筆者注）は、控訴人がその言葉について甲第20号証15頁で説明しているにもかかわらず、そして使用された『意図』、『状況』および『回数』を考慮せず、一方的に、『控訴人の暴言』と認定している。……控訴人の暴言を聞いたとする被控訴人の日記の記録があるが、この範疇に入る言葉は、平成×年において、2つ出てきているだけである[17]。『意図』、『状況』そして『回数』からみて、『これらの発言が正当な行為として許されるかは疑問である[18]』(7頁)と判断されることはないはずである。」

この「控訴理由書」そしてその源ともなった陳述書に関して、高裁は、「理路整然性」を認定し、「正しい事実認識」という表明を行っている。ゆえに、裁判所としては、「暴言」の数が少なく、状況等を鑑みれば「暴言」の責任を負わせるわけにはいかないという表明をしているのである。

2 「暴言」を「もっとも」と認定した裁判所

さらに、高裁は、相手方の家事能力の低さを考慮して、次のように、「暴言」を「もっとも」と認定し、理解を表明している。

「家事能力の点について検討すると，なるほど，前記認定事実によれば，少なくとも，平成×年×月以降の自宅内の散らかり方[19]は尋常ではなく，控訴人が不満を抱くのももっともと思われるが，前記写真も[20]……」

ところで、不満を持っただけでは、「法」的判断の必要性はない。たとえば、不満をもったので殴ってやりたいという意識があっても、その判断を要

するものではない。問題は、殴ったかどうか、次に、殴ったとすればその原因（・意図）、状況そしてレベル等の評価が行われるものである。ゆえに、本件判決文中における「不満を抱く」というのは、単に「不満を抱いた」ということではなく、「暴言」をはいたことを意味しており、その原因であると裁判所が認定した「家事不足」と対比して判断すれば、「家事不足」を問題視すべきものであり、「暴言」に「もっとも」と認定せざるを得ないとしているのである。そして、「もっともと思われることもなくはないが」等の表現を用いて、部分的に肯定せずに、全面肯定の形を採っているのである。判決で使用されている「もっとも」とは、「受け入れられる理が有るものとして、自分も全面的に賛意を表す様子」（『明解国語辞典』）あるいは「道理にかなうこと。道理至極なこと」（『広辞苑』）ということである。ゆえに、裁判所は、自らが認定した激しい「暴言」に「賛意を表す」・「道理がある」（上記辞書引用文参照）という「全面肯定」をしているのである。

　ところで、判決文に記載されている文字は、裁判官の法律上の義務を反映したものである。元裁判官・弁護士・井上〔2005,26-27〕を参照しよう。

>「現実の判決書に理由欄があるのは、裁判官の趣味や個人的思想[21]に由来するものでもなければ、当事者に対する説得力を判決にもたせようとする動機に導かれてのものでもなく、ただ、裁判官としての職務上の義務が履行された結果と解すべきである。」　　　　　　　　井上［4-5］

ゆえに、高裁が「暴言」に「賛意・道理有」とした判断基準は、子供が居る家庭における専業主婦としての民法上の義務であり、判決が次の２つの義務を区別していないこともあり、両者であると認識すべきものである。

① 【協力扶助義務】「夫婦は同居し、互いに協力し扶助しなければならない。」（民法第752条）
② 【監護・教育】「親権を行う者は、子の監護及び教育する権利を有し、義務を負う。」（民法第820条）

　かくして、高裁は、相手方の「妻・母としての役割」の欠如のレベルを視野に入れれば、「暴言」の責任が「家事不足」の責任を超えてはいないがゆえに、「暴言をもっとも（すなわち法的に理解できる）」と表明したと解釈する以外にない。

しかし、判決はこの認識に背理して、「暴言」攻撃を相手方および相手方弁護士の主張を超えて、筆者に向けてくるのである。

第６節　「暴言」攻撃に集中した荒れた裁判

1　裁判所が認定した「暴言」に関する基本的事象について

高裁が認定した「暴言」のレベルは、以下のようなものである。

① 判決は、第１回目の別居に関して、「控訴人は，平成×年[22]ころから，被控訴人に対し，Ａの面前で，……暴言を吐くようになった……暴言を避け……実家に帰った。」と認定している。しかし、地裁判決の検討個所（第３章第３節）で相手方証拠に基づき論証したように、この別居の原因は「子供の風邪」であり、この点に関しては、高裁が「理路整然性」を認定した筆者の「控訴理由書」で言及している。ゆえに、高裁が「暴言」による別居を認定したことは、事実の創作である。なお、この別居の原因に関する裁判所による事実の創作に関しては、地裁判決についての検討個所で論じているので、以下、高裁判決の検討課題から省くことにする。

② 判決は、(第１回目の別居から次の別居までは約４年間あるが、この間に)「ますます被控訴人に対し，Ａの前でも，暴言を吐くようになった」と認定している。しかし、第１回目の別居頃の「暴言」は、①で否定され、「ますます（暴言）」という事実を認定できる起点はない。相手方の提出証拠により、「暴言」の起点が否定されているがゆえに、その後の「ますます暴言」という事実認定は不可能である。裁判所がこだわっているがゆえに、本章（次節）では、この認定事実に関する検証をする。

③ 裁判所が認定した「ハエがわくような家事」（相手方への補充質問時)・「尋常ではない家事」（判決書）という相手方の「家事不足」の原因を作ったのは、(それを原因とした）筆者の「暴言」であると認定している。しかし、これは、相手方弁護士が主張している事実ではない。裁判所が自主的に補完した事実である。加えて、因果を循環・逆転させており、あり得ない認定事実である。本章（第８節）で検証する。

④ 筆者が、「暴言」により相手方・子供に、「精神的，心理的重圧を与えていたと推認される」と記述している。しかし、それは相手方から基本的に主張されている事実ではない。このことは、相手方から合理的な証拠が提出されていれば、裁判所が「推認」という手法を用いることはないことが証明している。ゆえに、その重圧を認定したことは、裁判所が創作した事実であることを裁判所が明確にしているものである。これに関する詳論は、第6章第3節に委ねる。

2　裁判所・弁護士から「暴論」・「暴言」が飛び出した荒んだ裁判

ところで、第1・2審相手方弁護士は、筆者側から家庭内の写真が提出されてからは、依頼人の家事能力の主張・立証（弁護）はできるはずもなく、筆者への攻撃に集中し、基本的には「暴言、暴言、暴言……」である。既述のように、第1審弁護士はこの事件から手を引き（受任の拒否）、第2審弁護士は「準備書面」において次のように「暴論」を記述している。

「掃除・片付……仮に住居が片付いていなかったとしても……妻を怒鳴るのではなく、夫がきれいに掃除をしてAに清潔にすれば気持ちがいいことを体験させればすむことである。」

なお、「片付け・掃除だけができていないので、それくらいはお前がやれ」という趣旨が見られないことから、共同生活中の家事一般について、筆者が「文句を言わないで負担していれば問題がなかったこと」を主張しているのである。注意すべき点は、弁護士が（専業主婦である）依頼者の「家事の貧弱さを正当化」し、「文句を言わずに（勤務している）お前がやれ」といっていることである。誰の目にも明らかなのは、法律に照らせば、協力扶助義務と監護義務の放棄であり、現実には、これで家庭生活が維持できるはずもないことを弁護士が主張していることである。この弁護士の主張は「法律」の枠外にあり、「暴言」攻撃の上に安住した単なる「言いがかり・因縁」の範疇にあることは明白である。またそれは、この程度の文しか書くことができなかったほど粗悪な家事でしかなかったことを証明するものでもあり、かつその事実を弁護士が認識していたことを証明してもいるのである。

本件裁判では、弁護士からこのような「暴論」が飛び出し、裁判長は、「論理性」のある証拠等は「異常」と認定（ゆえに、排斥）するという趣旨の「裁

第 4 章　高裁判決の心証背理・暴言の認定における違法性

判官にとって不可侵の暴論」(そしてその後で、「あなたは異常です」という「暴言」をはき、侮辱したが) まで飛び出している。相手方が提出した証拠が証明している筆者の僅かな「暴言」は、この「法の論理」に反した裁判長・弁護士の「暴言・暴論・言いがかり・因縁」より劣るものであろうか。

本件裁判では、判決文を含めて、(「法」の) 論理が支配することなく、荒れたものになっている。その実体を認識するには、次の引用文が参考になろう。

「自己の正当性を主張することに急で、自己の弱点をよく見ていないし、相手の急所も押さえていない。相手の主張に対する揚げ足取りが多くなり、簡潔に反論すればよいところで言葉を浪費し、全体の論調が非常にエキセントリックになってくる。居丈高な表現、あるいは罵詈雑言や中傷に近い言葉が混じり始めたら、それは自己の主張が弱いことの反映である場合が多い。」(瀬木比呂志『民事訴訟実務と制度の焦点』判例タイムズ社、矢部〔2007,192〕で引用されているものを参照)

瀬木・矢部 [4-6]

ゆえに、「暴論」が弁護士から飛び出すことは、弁護の苦しさを証明するものであり、かつ裁判所から「不可侵の発言」等が飛び出すことは、筆者の敗訴に苦労した証左でもある。

ところで筆者は、上記の弁護士の「準備書面」における主張は、民法における「協力扶助義務・監護義務」に反する思考であり、「法」の枠を外れていることを陳述書で詳論した上で、無駄な書面のやり取りを回避するために、次のように記述した。

「本書面 (相手方弁護士の準備書面に対する上述の趣旨の文を含む筆者の反論書：筆者注) に対しては、被控訴人代理人弁護士自身が一連の書面をよく読み、本件を理解した上で、反論することを要望するものである。その際に、無駄な議論を避けるために、『暴言』に関して整理されることを要求する……被控訴人弁護士には、形骸化した『暴言論』に基づくことなく、また、準備書面のように弁護士自身の主張が多いものではなく、『法の論理』[23]、『社会通念』そして『(空論ではなく) 現実的適合性』に基づいた体系的・論理的な書面を書かれるよう強く要望するもの

である。」

　既述のように、筆者は相手方の証明力の高い「記録」を含んだ陳述書にもとづいて、「暴言」が僅かであることを証明し、そして「暴言・暴言、暴言……」の書面が繰り返されることを回避すべく努力している。それは、繰り返される無駄な「暴言」攻撃に対して、筆者も反論しないことには相手方の主張を認めたことになるので、同様の反論書を作成しなければならなかったからでもある。このことについて、裁判長は筆者に対して、第1章の冒頭のように、「数」が異常であると文句をつけたのである。反対に、自らが提出した「暴言は僅かです」ということを証明する記録を提出しておきながら、激しい「暴言」攻撃を続け、多くの書面を提出し続けた相手方は不問である。

第7節　「ますます暴言」という認定事実の不成立

　判決は以下のように、「ますます暴言」なる事実を認定している。それは、高裁の尋問時において、相手方に対する相手方弁護士による尋問（主尋問）時に、第1回目の別居から帰って以後そのような事実があったと主張したことに基本的に基づくと考えるべきものであろう[24]。

　　「控訴人は，ますます被控訴人に対し，Aの前でも，暴言を吐くようになった」

　しかし、経験則によれば、そのような事実認定をすることはできない。裁判で用いられる『経験則』（普通、物事はこのような経過で進んでいくものだとか、普通、人間はこのような行動を取るものであるとかいう法則）」（伊藤〔2005,120〕）に関しては、「経験則に反する主張事実を真実と認めることはできない……」（伊藤〔2005,121〕）のである。

　前章で述べたように、「過酷な共同生活」から開放されるために、裁判離婚を視野に入れて弁護士との打ち合わせを重ね、その弁護士が相手方両親との面談を重ねている。その状況下で資料[25]を作成している当事者は、このように数年間にわたり、レベルを上げながら、離婚に不利になる「暴言」をはき続けるような「愚かなこと」を避け、かつ、極限まで「自制」するのがその心理である。ゆえに、高裁の「ますます暴言を吐いた」という認定事実は、

「経験則」にも反している。

　高裁の「ますます暴言」という認定事実は、地裁判決の「再三怒鳴りつけ」に相当する。地裁判決の検証部分が参考になるものについては言及を回避するが、この経験則を裏付けるのが、次の事項である。

① 　高裁は、そのような事実がないと（相手方の書面を裏付けとして）主張・立証した筆者の書面に、「論理性・（相手方弁護士とともに）理路整然性」を認定している（一部は、第6節①を参照のこと）。両当事者および裁判所の認識が一致しているので、基本的には、「暴言」に関しては、これで終わるはずのものである。

② 　裁判所が認定したほどの激しい「暴言」が約4年（以上）にわたっているのなら、相手方弁護士は、それに必然的である「激しい暴言に耐えてきた」「別居せざるを得なかった」「ストレスのために心療内科に通院した」等の「結果」を聴取しており、その主張をするものである。しかし、そのような主張を弁護士がしているわけではない。

③ 　裁判所は、「暴言」の原因として「家事不足」を挙げているが、これは相手方が主張もしていない事実である。前述の弁護士の書面のように、「言いがかり」上、これを掠めてもいるものもあるが、正面から主張されたものはない。「ひどい家事をしていて暴言をはかれました」と主張して、自らが攻撃対象としている「暴言」の原因が自分にあることを明言する当事者も居ないことも確かである。

④ 　高裁において、相手方弁護士は、筆者への尋問時に、「暴言」はいうに及ばず、家庭で何をいったのかさえ質問せず、事件に対する本質的な質問を一切避けたものである。さらに、「法廷は、丁々発止でやりあう知的ゲームの場でもあり、臨機応変に相手方の矛盾をするどくつく技術が要求されるのである」（渡辺〔2005a,168〕）ということからすれば、筆者に対する尋問では、激しい「暴言」攻撃をしている相手方弁護士および高裁の両者が、筆者に対して、「暴言」という用語を使用して質問をまったくしてこなかったことは、奇妙であった。

⑤ 　相手方弁護士は、依頼者の家事能力について基本的に言及できないという極度の家事不足にもかかわらず、附帯控訴において、50％の財産

分与、また事象発生時までかなり期間があるにもかかわらず、退職金・年金[26]の分与要求をするとともに、月に14万円の養育費を請求するという多項目・多額という多大な要求をしている。ゆえに、それほど激しい「暴言」を認識している場合には、「慰謝料」を当然請求するものである。しかし、その請求をしていないという奇怪な事象も生じているのである。

⑥　左陪席裁判官[27]は、相手方への尋問時に、「一種の夫婦げんかと言えば夫婦げんかのような気もするんだけれども、そういうふうにあなたが言う暴言」(「尋問調書」に明記)と発言している。激しい「暴言」を認識するに十分な緊迫感を受ける証拠がなく、「けんかと言えばけんか」そして「暴言といえば暴言かなあ」というレベルのものを認識していることになる。しかも、「あなたが言う暴言」といっていることから、一般的な「暴言」の状況(そして裁判・判決でその通りの事実を認定する要件の充実)の認識に難色を示している。

⑦　当時、子供が認識していたのは、メモから明らかであるが、「けんか」であって、「暴言」ではない。子供のメモをめぐっては、第3章第6節の考察部分に付加して、第6章第4節でも考察される。当該個所を参照されたい。

⑧　判決は、「家事不足」に対する不満により筆者が「暴言」をはいたと認定しているが、その不満の時期に関して約5年間という大きな乖離を呈している(第5章第6節参照のこと)。「暴言」に関する認定事実に疑義が生じるものでもある。

このように、筆者が「ますます暴言を吐くようになった」(判決文)と認定した事実を支えるものは、相手方の単なる主張しかなく、逆に、それを否定する客観的証拠と論理は、数多くかつ十分ある。

したがって、高裁判決は「ますます暴言」なる事実を認定しているが、確たる証拠も心証もない状況下で裁判所が認定したとする事実を書き込んだことが、明らかになるものである。

第8節　「暴言」に的を絞った攻撃

　「家事不足」の原因に関して、判決は下のように述べ、「子供の病気」と「暴言」であると認定している。ゆえに、「家事不足」の責任は子供と筆者にあり、相手方にはないという認識を表明したものである。

　　「自宅内の散らかり方は尋常ではなく、そのような状況に至ったについては[28]、Aの病気による通院や控訴人の暴言による精神的なストレスの影響を否定できないのであって」

　地裁判決が、「家事不足」の原因に言及することを回避したのに対して、高裁はそれに踏み込み、「子供の病気」と「暴言（によるストレス[29]）」と認定している。踏み込んだ点だけは評価できる。しかし、どちらの原因も、認定するには100％不可能な事実である。前者の検証は第5章第3節に回すことにして、ここでは後者に関して検討する。

　判決は、次の2つの相反する因果関係を認定していることが鮮明である。
　a.【本章第5節】「家事不足」が「原因」で、「暴言」が「結果」である。
　b.【上記判決文】「暴言」が「原因」であり、「家事不足」が「結果」である。

　かくして、判決では、「家事不足」と「暴言」とに関しては、それらの因果が循環していることが分かる。理解を容易にするために、次に要点整理4-2をしておく。

要点整理4-2　裁判所が認定した2つの因果関係と因果の循環

「家事不足」（原因）→「暴言」（結果、<u>原因</u>）→「<u>家事不足</u>」（<u>結果</u>）
a ⇑　　　　　　　　　　　　　　b ⇑
「暴言」を「もっとも」と認定した因果関係　　<u>主文へ影響を及ぼした因果関係</u>

　本来、因果関係は1つしかなく、一方の因果関係の認定は「適法」であるが、他方の認定は「違法」である。本件高裁判決では両方の因果関係を認定しているので、これだけでも「違法」な判決であることが証明される。加え

て、主文へ至る因果関係 b はあり得るはずのないものであり、「極度の違法性」を鮮明にしている。

　例を変えてみると、あり得ない事実の認定が鮮明になる。刑事事件における「正当防衛」を考えて、「家事不足」を「強盗に入られたこと」に、そして（高裁が第 5 節で明らかになった「もっとも」という認識を表明している）「暴言」を「正当防衛のための暴力[30]」に置き換えることにしよう。そうすれば、a の因果関係すなわち「強盗に入られたから、正当防衛のための暴力を振るった」は成立する。しかし、判決で主文へ影響したのは、a ではなく、b の因果関係であり、それは、「正当防衛のために、振るった暴力が『原因』で、『結果』としてその強盗に入られた[31]」というものである。

　なお、「暴言」を主張しまくった 2 人の相手方弁護士は、当然のことながら、この成り立つはずのない「家事不足の原因」としての「暴言」を主張しているわけではない。ゆえに、高裁が認定したこの因果関係は、裁判所が「自主的に認定（ここまでくれば、十分に捏造）したものであり、かつ現実にはあり得ない因果関係」である。

第 9 節　おわりに

　ところで、裁判の本質を渡辺〔2005a, 164〕によって、理解することにしよう。

　　「裁判というものは、裁判官が、具体的事実に法規を適用し、論理必然的に一定の結論をみちびき出すものである、と一般的に信じられている。

　　裁判の論理法則とは、まさにそのようなものであり……」　渡辺 [4-7]

　しかし、この判決は、相手方弁護士と高裁とが「理路整然性」を認定した筆者の陳述書等（に記述された事実）を排斥して別の事実を認定したことの証拠を高裁が残しており、基本的（な「法律」上の）欠陥を露呈したものである。「暴言」に関しても、問題視されるものではないという筆者の主張・立証・論証に、「論理性・理路整然性・もっともという理解」を表明しておきながら、一転して激しい「暴言」攻撃を行ったものである。裁判所による「暴言」攻撃は、まだ続くものであり、親権の判断に重要な影響をもたらしてい

るので、第6章でさらに検討する。
　本章では、高裁が親権の判断に重要なはずの「家事の不足」に関して、その原因を相手方に認めず（すなわち、相手方の責任となることを回避し）、子供と筆者の責任にしていること、そして「家事不足」の原因を筆者の「（それを原因とした）暴言」に求めるというあり得ない因果関係を認定して相手方を支えていることが論証されたものである。次章でも、不合理な事実認定により相手方の「家事不足」を擁護していることをさらに鮮明にすべく、論を進めることにする。

---

[1] 「不公正」というレベルを明確に超えているので、「公」を取り払い、「不正」と記述しておく。この表現が適切なことに関しては、本章以下4章の論で明確になる。
[2] 筆者側からは、代理人と筆者の筆になる「控訴理由書」（計2通）が提出されている。筆者の「控訴理由書」は、事実誤認を論証したものであり、また、代理人の「控訴理由書」は、「法」的側面から論じたものである。
[3] 「多く」を意味する言葉が挿入されている。口語であり、地域が特定されるのを回避するために、省略する。次の「……」も地域の関係で省略する。
[4] 高裁そして相手方弁護士も、「論理・理路整然」という用語の次に「性」という字を用いているわけではない。しかし、それを用いても意味合いが変わるという不都合はなく、文意が理解しやすいので、本書を通じて基本的にはこの文字が挿入されている。
[5] 筆者の提出証拠に関して、逆の心証を得ているのなら、裁判所が「論理性（・理路整然性）」を認定・表明することはない。
[6] 特に、判決が使用した用語である学術論文は、「論証」をしているところから、ここで「論証」という用語を使用することに適切さがある。
[7] Aの範疇にある筆者独自の証拠のうちで主文へ影響したものとしては、家庭内を写した写真が、相手方の共有財産への寄与率の認定40％（50％を基準にすれば僅か10％のマイナスにすぎないが）に関係しているだけである。しかし、高裁はこのマイナス部分を認定したとはいえ、この世にあり得ない事実を認定して、結果的として適法に認定された場合の共有財産に基づいて計算すれば、その約90％の財産分与を相手方に認定したのである。ゆえに、この写真でさえ、判決結果に実質的に作用することはなかったのである。詳細は第7章に譲ることにする。
[8] 相手方弁護士の「書面」における主張は、反対側では強力な証拠として用いることができる。
[9] http://www.shomin-law.com/saibansyouko.html （2011年4月3日）

10 というよりも、法律上この世にあり得ない事実等で満たされた判決であるから、その悲惨な結果に「屈辱的敗訴」といった方が適切である。
11 ここでは「論理性」に変えて、裁判長が使用した「論理的」という用語そのものを使用する。本書では、基本的に前者を使用している。その理由は、「論理的」という用語を用いた場合、それに続く言葉が（「論」に必要とされる以上に）多くなるためである。
12 裁判長が発言した「論理的」が重要な役割を果たすので、それが有する「納得」という結末が鮮明になる定義を参照したものである。
13 『大辞泉』では「首肯」について、「[名]（スル）うなずくこと。納得し、賛成すること。」と定義されている。最判［9-4］を参照されたい。
14 逆に、高裁は筆者が提出した証拠に弱点を見出せ（ていない）ないから、「学術論文のように理路整然性」を認定・表明しているものでもある。
15 「控訴理由書」には、書名そして出版社名も明記してある。
16 「控訴理由書」には、裁判所が判断する際の拠り所としても、書き込んでいる。
17 地裁判決を検討した第3章第5節を参照されたい。
18 地裁の判決文である。
19 「平成×年×月以降」と書いているが、筆者が過重負担のために、掃除・片付けが基本的にできなくなり、写真を写した期間の始めのことである。
20 この次には、裁判所が相手方の家事を支えた文が並んでいる。「暴言」に関するものではないので、ここでは省略する。しかし、ここにおける文を含む判決文は、第5章第2節で引用されている。
21 高裁判決は、第1章冒頭部分の裁判長の発言が証明しているように、裁判長の「自己の体験」という一種の「個人的思考」に基づき書かれているものである。
22 第1回目の別居時のことである。
23 この後の2つの概念はこの概念に含まれるが、弁護士の書面を含め、無秩序な書面が提出され続けるので、あえて並べたものである。
24 味方が質問しているわけであり、かつ予行演習済と思われ、いわば出来レースである。高裁は、このようなものに依拠して事実認定をしているのである。しかし、この弁護士は、「問題とされるような『暴言』の事実はない」と繰り返して論証している筆者が提出した証拠に関して、同じ（相手方への）尋問時において「理路整然性」を認定している。
25 詳細で多量に作成した筆者の「資料」の極一部が裁判所に提出されているだけである。
26 これら2つは、身分上のことゆえに、詳細に関しての言及を回避する。
27 判決起案については、左陪席裁判官がしているようである。この件に関して、井上〔2007,68〕は「合議事件は、訴訟記録は厚いし、審理期間は長いし、一件の重みは相当なものです。これを、経験の少ない左陪席裁判官が悪戦苦闘して判決起案するのは、体力勝負というのが実感です。」と述べている。

そうすれば、左陪席裁判官のここでの心証を表した発言内容と判決書の認定事実とは相違する。誰が起案したものか、あるいは誰かが素案を修正したかの証拠はないので、左陪席裁判官の発言の事実だけの指摘に止めおくことにする。

[28] 筆者の陳述書には、これに関しては、詳論されている。もちろん、裁判所の認識とは異なる。

[29] 「暴言」がなければ、「暴言によるストレス」はない。ここでは、単に「家事不足」と「暴言」との因果関係を考察しているだけであり、このストレスという用語を省略して検討を続けることに不都合はない。

[30] 判決は「暴言をもっとも」と認定していることから、「正当防衛」という事象により考察することに適切さがあるものである。

[31] 高裁が異常な因果関係を認定しているがゆえに、強盗が2回入ったと考えてしまいそうである。すなわち、「一度強盗に入ったが、暴力を振るわれたがために頭にきて、2回目も入った」と。そうではなく、判決は「家事不足」と「暴言」との因果関係を単に問題にしているので（すなわち回数には関係がなく）、「強盗に入った（入られた）という事実」と「正当防衛のための暴力」との因果関係（前後関係）だけが考察対象となるものである。

第5章　高裁判決の家事能力の認定における違法性

第1節　はじめに

　高裁判決が親権の判断をした要素は、次の3点に要約することができる。本章では、第1点に関しての検証を行い、後の2点については次章で検証することにする。
　① 相手方の「家事能力」は、親権者のレベルにはないという筆者側の主張・立証を否定する。
　② 筆者の「暴言」は、「精神的・心理的重圧」を与えていたので、親権者としては適当ではない。
　③ 筆者側の監護体制は希薄であり、また、共同生活中に監護してきたのは、専業主婦である相手方である。
　ところで、判決文には、相手方の家事能力と親権との関係に関しては、次の一文が入っている。
　「直ちに親権者としての適格性を欠く程度にまで家事能力を欠いているとは即断できない」
　なお、ここにおいて、裁判所が積極的に相手方の家事能力を認定したものではなく、「即断できない」という用語に象徴されるように、消極的に認めようとしたものであることが明らかとなる。ゆえに、「家事能力が監護義務のレベルにはないこと」に関しては、「消極的否定」を用いているのである。
　しかし、高裁は、次のように記述し、別の認定も行っている。
　「被控訴人の家事の能力については，通常より劣っていたことは否定できない」
　ここでは、積極的に家事能力不足を認定している。「通常」という意味であるが、「特別でなく、普通の状態であること。世間一般にみられる状態である

こと……」(『大辞泉』)ということであるから、裁判所は、「通常より劣っていた」ことを認定することにより、家事の能力に関しては、「特別な状態」にあったことを断定しているのである。裁判所がその状態を認識した基準は、「法的判断」に拘束されるから、民法における（協力扶助義務とともに、）監護義務である[1]。かくして、それらの義務において劣るというものであるから、「家事能力が監護義務のレベルにはないこと」に関しては、積極的肯定を行っているのである。ここにおいて、明確に親権者としての能力の不適格性を「即断」しているのである。

判決文において、判断の基本的な「齟齬」（違法性）が鮮明である[2]。誰の目にも明らかなのは、ある事象の判断に、「消極的否定」と「積極的肯定」という判断が混在していれば、積極的要素が意味を持つということである。そこで、「消極的否定」を支える根拠が第1に問われるものである。高裁は、次節で引用する判決文で明確になるように、この判断根拠を明示している。地裁は、相手方の家事能力と親権との関係に論及していない（回避したはずである）が、高裁は、それに言及したのである。その言及した行為自体は、評価できる。しかし、その根拠が妥当なものかは別である。その根拠が、社会通念に照らして正当性を欠く場合には、逆に、裁判所の事実認定能力が問われるものとなる。さらに裁判所は、論理上自らが行った「積極的肯定」に基づき、「親権の行使に必要な家事能力不足を即断すべきであったにもかかわらず、そうしなかった」ということが明確になるものでもある。

第2節　家事能力と親権との関係についての高裁の判断

高裁判決が、相手方に対して親権者としての資質を欠くとは即断できないと結論付けた部分を中心として、相手方の家事能力を擁護した根拠と認識できる部分を引用する。

「次に，家事能力の点について検討すると，なるほど，前記認定事実によれば，少なくとも，平成×年1×月以降の自宅内の散らかり方は尋常ではなく，控訴人が不満を抱くのももっともと思われるが，前記写真も常時，前記認定のような状況にあったことまで裏付けるものではないし

(現に，被控訴人の提出した乙18の写真では，片付けられている。)，そのような状況に至ったについては，Aの病気による通院や控訴人の暴言による精神的なストレスの影響を否定できないのであって，結婚後10年位は，控訴人も被控訴人の食事や掃除等についても特に不満を持っていなかったことからして，基本的な家事能力に欠けるものではないと判断でき，直ちに親権者としての適格性を欠く程度にまで家事能力を欠いているとは即断できない。そして，被控訴人は，別居後は，従前に比較すると，自宅内を格段に整理整頓していること，Aの成育状況に特に問題は認められないことからすれば，家事能力の点も前記判断を左右するものではない。」

　相手方の親権者としての家事能力の不適格性を否定した根拠がここにおいて書かれている。結論を先に示せば、その合理性はまったくない。以下、この判決文の要点を整理しておき、各判断に関しての細部にわたる検証へと、第3節以下で論を進めよう。

【相手方の親権者としての資質の欠落を即断できないとした根拠】
　　イ　筆者が、料理を含んで、リビング、ダイニング・キッチン、食器棚、冷蔵庫の中を中心として撮影し、提出した写真36枚が立証している事実について、「常時」そのような状態であったということまで裏付けるものではないという結論を出している。また、筆者が提出した写真（判決文中における「前記写真」）が証明する事実を否定する（ないし極端に制限する）証拠として、相手方が地裁に提出したリビングの一部が整理された後の2枚の写真（判決文中における「乙18」）を採用したのである。
　　ロ　「家事（能力）不足」の原因は、「子供の病気と筆者の暴言による精神的ストレス」であると結論付けている。
　　ハ　結婚後10年位は基本的家事能力があったと結論付けている。
【監護に関する面である相手方の整理整頓能力を認定した根拠】
　　ニ　別居後は、格段に整理整頓することができていると結論付けている。
　どの順に検討しても、すべてが消え去るという点で結論は同じであるが、裁判所の事実認定能力に関する検証結果が明確になりやすいという観点から

判断して、ロ、ニ、イそしてハの順に検討することにする。

第3節　「子供の病気と暴言」とを家事能力不足の原因とした奇怪性

　高裁判決は、繰り返すが、家事能力の低さの原因として、次のように判断し、その責任を子供と筆者に負わせて、相手方の責任になることを完全回避している。

　　「Aの病気による通院や控訴人の暴言による精神的なストレスの影響を否定できないのであって」

　第2審相手方弁護士は、「準備書面」で「家事不足」の原因として、「子供の病気と腱鞘炎」と主張している。ところで、左陪席裁判官は相手方への尋問時にこの腱鞘炎について質問していることからも、これが重要な要素であると認識していることは否定できない。しかし、高裁判決は、当事者が診断書という客観的証拠を提出して、「家事不足」の原因としての腱鞘炎を主張しているにもかかわらず、勝手に外したのである。

　ところが、これは病気の間だけ家事の量・（作業量にも依存する可能性のある）質を制約するものにすぎず、回復すれば元の家事の量・質に復帰するので、それと家事不足との関係を認定したところで、通常であれば何ら問題はない。しかしながら、相手方弁護士が主張している「家事不足」の原因としての腱鞘炎ではあるが、本件のように、「家事不足」の質的側面である（高裁裁判長が認識した）「ハエがわくような不衛生・家事」をもたらすものではない。ゆえに、相手方弁護士の主張に正当性はない。なお、尋問調書では、「はえがわく」となっているが、それが家事に関するもので、不衛生にも関連しているので、これらの用語を添付することに合理性がある。

　判決は、家事不足の原因として腱鞘炎を自主的にはずし、それに入れ替わるように相手方（もちろん筆者も）が主張していない「暴言（によるストレス）」を自主的に挿入したのである。しかし、それは前章第8節で論証したように、判決において因果の要素が循環するという結果を招き、かつ因果関係上あり得ない方の（すなわち因果が逆転した）関係を採用したものであり、不当な認定である。

次に、相手方弁護士が主張しており、判決も「家事不足」の原因と判断した「子供の病気による通院」について、その検証をすることにしよう。この病気とは、地裁・高裁判決が認定している「喘息（の持病）」のことである。しかし、第3章（地裁判決の検討）で論証したように、本件では、相手方が提出した客観的証拠・弁護士の書面（の一部）は、「喘息の持病」を否定するものである。ゆえに、「喘息」が「家事不足」の原因と判断することはできない。

　以下、さらに論じるべく、視点を変えて、社会通念上子供の「喘息」という病気（による通院）を原因とした「家事不足」の認定に妥当性があるのかどうかに焦点を当てることにする。

　第1点として、相手方が提出した「医師の証明書（通院日・病名の記録）」から、毎日通院していないことが証明される。また、仮に毎日通院していたにせよ、通院に必要な時間はせいぜい数時間（半日もあれば十分である）に過ぎない。この点に関する尋問を筆者の代理人が相手方にきっちりと行っている。判断のポイントをもらっているのに、なぜ高裁は無視するのであろうか。また、常識的に考えて、フルタイムで働いている母親でも、「尋常でない家事」・「ハエがわくような不衛生」をすることはない。

　第2点として、子供の「喘息」等の呼吸器の病気（そして「健康」）を気遣うのなら、「綺麗・清潔」にし「栄養」を整えるのが（母）親であると認識するのが、医学界・国民の否定の余地のない常識である。さらに筆者は、陳述書等で、「子供の病気（喘息）を気にするのなら、衛生・健康に気をつけて家事をする」ものであり、筆者が提出した写真のような状況を作り出すことはないという主張をしている。その証拠に対して、裁判所は「論理性・理路整然性」を認定し、「真実」であるという心証を表明しているのである。

　高裁は、完全なる社会常識と自らの心証に逆らったのである。その結果、高裁は相手方弁護士の主張を受け入れ、「子供が喘息」であるという「原因」がある以上、「結果」として、「（散らかり放題であり、掃除も行き届かない）尋常ではない家事」および「ハエがわくような状態（不衛生）」は必然的に生じるものであり、これが「法」に基づく判断であることを表明したことになる。誰の目にも明らかなように、論外である[3]。

かくして、判決において、「親権の行使に必要な家事能力がないとは即断できない」と判断した根拠である第2節のロは、社会常識・現実・（「法律」で規定された）心証主義を掠めることさえない認定事実であり、判決書で現れてはならない文である。

第4節　別居後の証明力のない写真を証拠採用

　高裁判決は、相手方の「尋常ではない家事」を認定しておきながら、一転して、次のように整理整頓能力を認定するのである。
　「別居後は、従前に比較すると、自宅内を格段に整理整頓している」
「従前」とは、筆者の証拠写真が証明している家事の貧弱さを呈した「同居時」を意味しており、「別居後」とは「相手方が実家近くに住んでいる時」のことである。なお、この事実の認定は、相手方が高裁で新たに提出した「住居内の様子を写した写真」を証拠として用いたものである。
　その写真に関する基本的な説明をしておこう。
① 別居から1年以上経過後に、相手方が実家近くに住んでいる「住居の内部」を写した写真である。筆者はその家を知らないし、また、掃除・片付けに関しては、両親の協力・業者の作業を得られる状況下で写されたものである。本人の能力を証明するだけの客観性はまったくない。いわば、「(他人の作業を含むことができる状況下にあるものであり、その本質は、好意的に見たところで、)自作自演」の写真である。
② 写真が提出されているだけである。相手方・代理人から「写真の提出意図」そして「写真が証明する事実」についての説明（すなわち、何を立証しようとしているのかに関する説明）は一切ない。

　社会通念上、そのような写真の証明能力を認めるにしても、別居中の居住環境に関してだけである。しかし裁判所は、上記の表現を用いて、その写真によって「掃除・片付け」に関する証明能力を認定して、「整理整頓する能力」を肯定するのである。
　常識外れの認定事実であるがゆえに、理解しにくいかと思われる。そこで、学校における事象に変換することにする。試験の成績の悪い小学生がいたと

しよう。その生徒が家に試験問題と答案用紙を持ち帰り、解答してきた答案用紙を、「何の説明をすることなく」校長に提出した時、それを校長が証拠として採用し、「担当教員は成績が悪いという評価をしているが、学校以外では各段に実力がある」と認定したのと同じ筋立てである。校長がそう言い張り、担任に圧力をかけてこの生徒の成績が加点され、その事実が明るみになると、校長および（担任を含め）学校が責任を取らされ、何らかの処分が行われるものである。

　このような客観性が皆無の写真を用いてまで、高裁は、相手方の家事能力不足を補ったのである。見方を変えれば、そのような写真を用いてまで裁判所が事実認定をしなければならなかったほど、筆者の提出した写真が深刻な家事不足を証明しているということが、証拠を見ていない人物にも逆に理解できるものとなろう。

　誰の目にも明らかなことは、社会通念上は、訴訟が進行して重大な問題点が反対側から写真という動かぬ証拠によって指摘された後に写されたそのようなまったく客観性のない写真をもってして、かつ当事者が主張していない事実であるにもかかわらず、裁判所が自主的に「家事能力」を認定することはできないことである。

　かくして、「親権の行使に必要な家事能力がないとは即断できない」と判断した根拠である第2節の二も、消え去るべきものである。

第5節　同居中における証明力のない写真を証拠採用

　筆者が長期にわたり、掃除・片付け・料理等をしてきたが、あまりの過重負担のために、体調不良・命の危険等で続けられなくなり、また、相手方の生活意識・能力等を最終的に確認すべく、加えて家族の健康を考えて料理に比重を置くために、掃除・片付けの類を原則的に止めてから、約1年10ヶ月にわたって写した約1,000枚の家の中の写真のうち、広範囲な場所（リビング、ダイニング・キッチン、食器棚、冷蔵庫の中等）の様子および貧弱な料理が、「時系列的な様相」とともに認識できるように、最低限必要と考えた36枚が裁判所に提出されている。しかし、高裁は、その写真の証明能力に基

づいて主文へ至る事実を認定することを拒否したのである。次のように述べている。

「前記写真も常時,前記認定のような状況にあったことまで裏付けるものではないし（現に，被控訴人の提出した乙18の写真では，片付けられている。）」

「前記写真」とは筆者が提出した36枚の写真のことである。裁判所はその写真の合理性を認めたからこそ、「法」的判断をして、「尋常ではない家事」・「ハエがわくような不衛生」を認定したものである。そして、その用語からは、家事不足の「長期的・継続的な状態」を認定したことが明白である。

しかし、高裁は、その写真の効力を基本的に否定し、結果としてはその写真が証明する認定事実が（形式上は財産分与の寄与率に影響したことを除いて実質的には[4]）、主文へ及ぶことをなくしたのである。この問題点へと論を進めることにする。

第1点として、相手方が地裁に提出した2枚の写真（判決文中における「被控訴人の提出した乙18の写真」のこと）により、認定事実を逆転させたのである。この写真の特徴の要点だけを整理しておくだけで、高裁の判断の不都合性の指摘には十分である。

(1) 筆者の写真がカバーしている広範囲な場所（リビング、ダイニング・キッチン、食器棚、冷蔵庫の中等および相手方の料理の写真）と異なり、相手方の写真2枚は、2日におけるリビングの一点を対象として撮影されたものである。撮影された場所の範囲、提出された枚数そして時系列的な状況の証明において、格段の差がある。

(2) 相手方の写真に写っている場所の中央部分が片付いていることを証明してはいるものの、写真に写っている周辺部分（食器棚）には、筆者が提出した写真と同一状況が写し出されている。それは、筆者の主張を立証するものとなっている。筆者は、この写真の意味するものそしてどう認識すべきかに関して、陳述書で指摘している。

(3) その写真は、裁判長が「ハエがわくような不衛生」（腐敗するものが室内に「量・質」においてかなり溜め込まれている状況）を認定した場所（キッチン周辺）の写真ではない。

(4) その2枚の写真は、筆者の留守中のものであり、かつ本人が片付けたということを証明する能力はない[5]。
(5) 地裁判決は、この写真について、「一時的なものにすぎない」と認定して、主文へ至る認定事実を支える証拠としては排除している。

　第2点として、高裁判決は、筆者の提出写真が「常時」そのような状態であったことを証明するものではないとしている。裁判所は、一体何枚の写真を用意しろというのであろうか。しかるに、手持ちの写真すべて（約1,000枚）を提出したところで、各写真は断片でしかありえない[6]。ゆえに、判決文が求めている「常時」を写真で証明することは不可能である。この判決の基準を満たそうとすれば、家庭内に数台のカメラを設置して写し続けるしか方法はない。カメラの設置の困難という問題があるが、仮に、数か所にわたってビデオカメラを設置して、2年弱にわたり撮影し続けたものを裁判所に提出したとして、裁判所はそれを見続けるのであろうか。それを見続けるためには、他の仕事を放置して昼間早送りで見続けて少なくとも1年はかかることになろうが、裁判所がそうするのかどうかに関しての答えは明白である。しかし、判決の文では、そのレベルの証拠の提出を求めていることも否定できるものではなかろう。

　ところで、この「常時」にわたる証明は、裁判では基本的に当事者に対して求められていないはずである。例えば、裁判の際の精神鑑定の思考に反する。竹内〔1997,8〕によれば、「精神異常という判断が出たとき、その人の全人格、全機能を異常と見るのはまちがいです。その一部分あるいは一時期異常を示すことが多いわけです」と説明されている。高裁の思考に従えば、「一部分あるいは一時期正常」であれば、「常時」ではないので、精神異常と認定しないことになる。また、精神鑑定で常時異常であったことを証明することは、病気そのものが常時生じるわけではないことそしてその人物を四六時中観察しているわけではないので、基本的に不可能であることから、本件高裁判決は、精神鑑定を証拠として採用する意味を否定するものとなるのである。

　高裁判決の思考が独自のものであることは確かであるが、どこに誤りがあるかといえば、判決のように「あってはならないことが、常時生じているこ

と」が問題ではなく、「(法律を解釈・適用すれば) あってはならない事象が、(法律を解釈・適用すれば) 合理的と認定できる期間において生じていること」を基準にして判断することに従わなかったことである。本来 (社会通念上) は、(婚姻中に)「あってはならないこと (民法における協力扶助義務・監護義務等の基準に劣ること)」が (第三者が家庭生活の継続に困難を認識できるほど)「継続的・長期的に発生していること」が証明されていればよいのである。筆者の写真でそれらの合理的な証明ができているからこそ、高裁は、家庭生活における継続的な障害のレベルを表明するに足る用語である「尋常ではない」・「ハエがわく」という表現を用いて法的に問題のある「家事不足」の事実を認定したものである。

しかし、高裁は、(主文へ至る認定事実の証拠として採用されるためには) 自らが下したその判断を自らが否定し、実質的には、「『あってはならないこと』」が『常時[7]』であることを証拠により証明せよ」と迫るものでもある。期間を1年間と仮定して、「常時」の意味するところを論じるが、高裁の判断に基づけば、主婦が364日にわたり尋常ではなく不衛生な家事をやっていても、夫の出張時に1日だけ身内ないし業者を入れて、家の中のごく一部の掃除・片付け (をしてもらい) そして買ってきた (ないし作ってもらった) 料理の写真を撮っておけばよいことになる。かくして、高裁の思考は、主婦への「暴言を伝家の宝刀とするさぼりの勧め」に完全なる扉を開いており、「法律」の枠を超えているものである。

ところで、高裁は、このように相手方の家事能力を支えるために法律の枠を超えて努力してはいるが、それを否定する主張が相手方弁護士の「準備書面」でなされている。(一部) 繰り返しになるが、論証のために引用する。

「Aに清潔にすることを教えたかったのなら、妻を怒鳴るのではなく、夫がきれいに掃除をしてAに清潔にすれば気持ちがいいことを体験させればすむことである。夫は家事能力にすぐれ、短時間に要領よくできると強調しているのだから簡単にできることであろう。」

ここにおいて相手方弁護士は、明確に、依頼者が「掃除・片付け」はできないし、子供のために掃除・片付けをする意識 (すなわち高裁が認定した「尋常ではない家事」・「ハエがわくような不衛生」のレベルの家事に関して改

善の意識）もないことを主張しているのである。また、弁護士が「一時的には、（掃除・片付けを含む）家事ができた」という含みを持たせていないことから、社会通念上「常時といえるほどの家事不足」が生じていたと読みとるべきものであり、さらに「掃除・片付け以外の家事を十分しているので、その位は手伝ってもよい」という含みを持たせていないことから、そして「夫は家事能力にすぐれ」と記述していることから、「家事一般」を対象としていることも鮮明である。

　ゆえに、弁護士は、論理上は「家事一般」に関して、「依頼者はできないし、かつやる気もないので、文句をいわずにお前がやれ」ということを主張していることになるものである。この相手方弁護士の主張の法的問題点に関して、筆者は、陳述書で数頁を充てて論証しておいた。つまるところ、この弁護士の主張は、高裁が証拠採用し、それを支えに相手方の「家事能力不足」を否定した写真（乙18）の効力を精神面から（ゆえに、実際にも）否定するものとなっているのである。

　また、この弁護士の文章は、貧弱な家事を正当化し、他方では「それに対する文句をいわずに」という視点から「暴言」を攻撃していることを読み取ることができる。これは「暴言に安住した家事の放棄」でもあり、誰の目にも明らかな、「法」の論理に反した「単なる因縁・言いがかり」に過ぎない。この弁護士にとっては、高裁では、この程度のものしか書くことができない状況にあったのである。既述のようにこの弁護士は、筆者の書面に「理路整然性」を認定・表明しているから、正面からの反論はできないので、こういう「言いがかり」レベルしか書くことができなかったのであるが、それが逆に、深刻な家事不足（ゆえに、筆者に家事に関して長期にわたり過重負担がかかった）という事件の本質を明白にしていることを否定できないのである。

　かくして、判決が「親権の行使に必要な家事能力がないとは即断できない」という判断した根拠である第2節のイも、社会通念上妥当することはなく、また、相手方弁護士の「準備書面」によってさえ消滅するものに過ぎないのである。残された検討課題は、第2節のハのみである。

第6節　両当事者が主張していない「基本的家事能力」の認定と通知書に依存

1　認定できない「基本的家事能力」を認定

　判決は、「結婚後10年位は、控訴人も被控訴人の食事や掃除等についても特に不満を持っていなかったことからして、基本的な家事能力に欠けるものではないと判断でき」と記述している。この文の合理性のなさを証明するには、要点整理の形で述べれば十分である。

　第1点としては、筆者の「不満」に基づいて、相手方の基本的家事能力を認定している。これは、筆者側の主張等に基づいていなければならないが、筆者はそのような主張をしたことはない。逆に筆者は、訴状そして陳述書等で、結婚後の苦労について、そしてさらに子供誕生時から増加した過酷さについて、時系列的に詳述している。加えて、判決のいう結婚後10年位経過した時点（第1回目の別居時点）で、筆者の代理人が相手方に送付した内容証明郵便であり、裁判所に証拠として提出したものには、「家の中の掃除をしない等、主婦としての仕事を満足にしない状態が続き[8]」と記入されている。また、相手方の（裁判所へ提出した）返信には、この部分に関する反論はない。

　第2点としては、判決の別の個所で、「Aが生まれるころまでは、（相手方が：筆者注）それなりに掃除等もしており、控訴人も特に大きな不満を感じていなかった」と記述して、この「家事に対する不満の時期」に関して、上記認定の数年前である「子供誕生時」としている。そこで、裁判所が認定した「家事に対する不満の時期」に関して、約5年間の乖離がある。認定事実にこのように大きな期間的乖離が生じていることは、裁判所が、確らしい証拠・心証もなく、単に認定したとする事実を書いていることを証明しているのである。判決は、「家事不足」に対する不満と「暴言」との因果を基本構図としているが、その欠陥を証明したものである。また、それは、「暴言」に関する認定事実に確たる疑義を明確にしたものである。

　第3点目に、「基本的な家事能力に欠けるものではないと判断でき」と書い

ている。この認定は無理である。前節で引用・検討したように、相手方方弁護士の文は、「家事一般に関して、できないのでお前がやれ」という趣旨と解釈される（ことができ、そう解釈する以外にない）ものである。また、その乱暴な文には、時系列的に家事の能力を説明したような要素もない。相手方弁護士が、「基本的家事能力」を認知している場合には、上記の趣旨の文を書くことはなく、「（原因さえ取り除かれれば）家事能力」に関しては問題がないことを主張するものである。しかし、相手方弁護士は、その主張をすることなく、家事不足を改善する意図もなく、「文句をいわずに、お前がやれ（ばよかった）」と主張していることから、その不足した家事を正当化しているのである。それは、言葉を換えれば、判決が認めた「基本的家事能力」を明確に否定するものである。また、その特徴は、弁護士の書面でありながらも、配偶者の勤務による負担に加えて、（実際にも生じていたことであるが）家事の過重負担を求めているものであり、それによる健康・生命への影響にはまったく配慮することのないものであり、筆者は陳述書で、その思考は民法に反するのみならず、「未必の故意」に関連するものであると主張しておいた。

　裁判所は、相手方弁護士でさえ主張していない「基本的な家事能力」を認定することによって、監護に必要な家事の潜在的な能力を認定しようとしたものであろう。結婚生活の後[9]の方で家事能力不足になっているが、それまでは基本的能力があったと認定することによって、潜在的な力の回復を期待・意図して将来の能力を推測することは社会通念上無理である。

　第1に、小・中学生の時の成績をもってして、大学の入学の合否を決めていないことからも、過去の能力の復活を期待した事実を認定することは、常識の範囲にはない。通常の論理は、時系列的に近い現在の延長線上で思考するものである。また、裁判所の思考では、継続して下落してきた何らかの能力には、適応することができない。人間もいつまでも若くはないことを考えただけでも十分である。第2に、子供が居れば、その健康を支えなければならないので、家事能力が上がると認識するのが、社会通念上の見方であり、この線上で事実認定・判断をすべきものである。

　以上論じてきたことにより、判決における相手方の「直ちに親権者として

の適格性を欠く程度にまで家事能力を欠いているとは即断できない」という判断を支える根拠（第2節のイ、ロ、ハそしてニ）で、成功したものは1つもないことが証明されたものである。

2　子供の成育状況

ところで、親権に関する判断の根拠に、裁判所は、子供の通知書に依存したとみられる事実「Aの成育状況に特に問題は認められないこと」を認定している。

これは、周辺人物の助けに依存することができるものであり、かつ子供自身が持つ能力に依存することが大きく、母親の監護能力があることを証明するものではない。この高裁の判断が大きな有効性を持つとすれば、子供の成育状況の一部を証明する通知書の記載事項が、司法判断において重視される場合だけである。

しかし、裁判所組織にそれを重視する思考はない。というのは、第1に、本件高裁判決がまったく妥当性がないとはいえ、既述のように相手方の「家事不足」を補う判断を並べていることは、親権の判断には子供の通知書ではなく、監護の要件である家事能力の有無が重要な役割を果たしていることを証明しているものである。第2に、第6章第5、7節において引用する東京高裁判例では、親権の判断に際して、離婚後の監護状態に重きを置いていないことでも証明される。ゆえに、第2節で引用した判決文で、完全否定されないこの通知書に依存した部分が重要性を持つことがないから、裁判所が相手方の家事能力を支え切れなかった（あるいは、まったく正当性を持たない事実を認定することによって支えた）事実だけが残るのである。

第7節　料理をめぐる相手方証拠に相反

次に、親権判断の根拠としては、本件判決において表に出てくることが少ないが、家族の健康を左右する重要な家事の要素であり、協力扶助義務・監護義務に関連する料理についての高裁の認定事実を検証することにする。高裁判決は、「控訴人は、平成×年ころからは、被控訴人の作った料理が食べられないとして、自分の分やAの分を別に自分で調理して作った。」と認定し

ている。しかし、このような事実は、筆者が主張・立証しているものではない。ところで、これを書いたとしても何の意味があるのであろうか。

この認定事実は、次のように、筆者に有利にも不利にもなるのである。
① 相手方が、それほどひどい料理をしていた。
② 筆者が、相手方の料理がよいにもかかわらず、嫌味をして食べなかった。あるいは、筆者が作った料理を相手方に食べさせなかった。

さらに問題点は、「平成×年ころからは」と認定している点である。筆者は、それまでから料理に関しても負担しており、陳述書で詳しく論じている。また筆者は、自分が作った料理の献立の詳細な記録を長期にわたりつけていたが、多くを出す必要がないので、第2回目の別居の年初から3か月間にわたる記録であり、朝・昼・夕の料理の種類（仕事の関係で、空欄がある）、食材、子供が食べた分、相手方が食べた分[10]の記録を裁判所に提出したものである。そこで裁判所が、「平成×年頃からは」と認定したものであろう。その記録によれば相手方も食べており、「自分の分やAの分を別に自分で調理して作った」という事実は否定される。

筆者の提出証拠を排斥した高裁が認定した事実であるが、相手方証拠等によっても否定されること（ゆえに裁判所による創作）が証明されるものでもある。料理に関して、筆者に負担がかかったことの論証をしておこう。

第1に、相手方は家事ができなかった原因として、腱鞘炎をあげている。料理を作る上で障害となる原因を主張している以上、不十分なものしかしていないことを認めたものである。この腱鞘炎は、相手方の説明では育児によるものとされているので、少なくとも子供誕生時から長期（10年弱）にわたり、（その他の家事に加えて）料理が不十分であることを、相手方自身が主張しているのである。ゆえに、相手方の主張で否定されるものである。

第2に、地裁において、筆者側から（相手方の料理を含む）家庭内の写真が提出されてからは、相手方弁護士は、家事に関する能力の言及を基本的に回避しており、第2審相手方弁護士は、第5節で述べたことを繰り返すが、「掃除・片付けができていなければ（不十分なものでも何とかできていれば、弁護士がこの表現を用いることはないので、実際にできていないことを意味しており）、文句をいわずに、お前がやれ」という趣旨の文を書いている。そ

こに、料理はできているので、筆者に対してそのくらいの援助はしてもよかろうという意味に結び付くような表現は皆無である。ゆえに、「掃除・片付け」に加えて、「料理」をはめ込むことに妥当性がある。

第3に、相手方から、上記判決文に認定した「平成×年ころ」より前の3カ月にわたる料理を作った記録（朝・昼・夕の献立）が提出されている。これに関しては詳細を避けるが、本節冒頭部分の判決文の事実を否定するものであることは確かである。裁判所が特に料理を区別して「尋常ではない家事」（・「不衛生」）という事実を認定してはいないことが裏付けている。

かくして、判決が認定した「（筆者が）自分の分やAの分を別に自分で調理して作った。」という事実そのものはなく、筆者の「（相手方の食べる分を含めて料理をしたこと等の）家事の過酷な負担」が相手方の証拠等によって裏付けられるものでもある。ゆえに、裁判所が認定した本節冒頭部分の判決文における事実はない。

さらに、高裁の裁判官の現実性に欠ける不可解な事実認定は続き、筆者によるその論証も続行するが、一旦ここで我々が認識しておく必要があることは、このような裁判所による事実の創作がいとも簡単にできる原因を認識しておくことである。現行の判決文には、合理的な証拠等からの立論とは関係のない小学生の日記・作文並みの「誰々が〇〇をした」の類の文が書かれており、そこには論理性が完全に欠落しており、これが裁判官による事実操作（「虚偽」の事実の認定）を阻止する機能をまったく持たないことである。

第8節　おわりに

以上のように、判決で、「直ちに親権者としての適格性を欠く程度にまで家事能力を欠いているとは即断できない」（第1節において引用）という文における「即断できない」という判断の根拠付けは、正当性のないものであることが明白になる。ゆえに、判決において、「被控訴人の家事の能力については, 通常より劣っていたことは否定できない」（第1節において引用した判決文）と判断した事実に基づき、「親権者としての適格性を欠く程度にまで家事能力を欠いている」と即断すべきであったことになるのである。

なぜ、第2節の判決文が役に立たなかったのであろうか。それを探ってみることにする。判決は、相手方の「家事不足」の原因として、「子供の病気と筆者の暴言によるストレス」（第2節ロ、第4章第8節の判決文参照）と認定している。そこで、これら2つの「家事不足」の原因が訴訟時点において取り除かれているのなら、その時点で「家事不足」は解消したことになる。我々の日常生活で考えてもわかることであるが、例えば、「進行性の病気（あるいは放置することはよくない病気）」（原因）で「調子が悪い」（結果）のであれば、「その病気」を治さなければならないし、治せばよいだけのことである。

　ゆえに、裁判所としては、現在では子供の「喘息」は治り、（高裁では離婚を争っていないので）離婚によって「暴言」という「原因」はなくなるので、「家事不足」は解消する（している）という認定すればよいだけであり、論理上はそうしなければならなかったのである。もちろんこれは、単なる論理上の因果関係による理屈であって、現実の家庭生活では、高裁判決が認定した「家事不足」の「原因」としてそれらを認定することは、既述のように100％無理である。

　なお、付言しておくが、高裁は筆者の激しい「暴言」を認定して、「家族に精神的・心理的重圧」を与えていたと推測を加えて事実を認定するとともに、「家事不足」の「原因」であると認定しているので、それほどの「暴言」を本来認識していれば、離婚によってこの「暴言」はなくなることを認定していないこと自体完全に変なのである。ここにおいて、激しい「暴言」が、意識の上から飛んでいることが明白である。そこで、高裁が、「家事不足」と「暴言」との因果関係を明確に認識していたわけでもなく、「暴言」も問題にするほどのことがないレベル（ゆえに、高裁は「もっとも」と認定したのである。第4章第5節参照）を本来的に認識していたことが裏付けられることになるのである。

　この判決の特徴は、本来的心証で理路整然性・論理性を認定した証拠（が証明する事実）を排斥して、別の事実を恣意で認定したものであるから、民法の義務・現実・論理に基づいて、大きな要素で展開せずに（あるいはできずに）、合理性の欠けた単なる「言いがかり」ともいうべき細かい要素を並べ

ざるを得ず、実際にそうしたことにある。

　本判決のこの種の特徴は、次章で検証する（残りの）親権の判断に関しても鮮明であり、次々章で論じる財産分与で極めて鮮明になるのである。

[1]　例え個人的見解を書いたにせよ、当事者は、裁判所が法的判断をしたと解釈せざるを得ないものである。
[2]　なお、「尋常ではない家事」・「通常より劣る家事」を認定したのは共同生活中のことであり、「家事能力を欠いているとは」と現在形を用いているので、裁判時点では、「即断できない」と分析することもできよう。しかし、後に述べる「即断できない」と判断している根拠は、基本的に共同生活中の事象を用いていることから、その分析は正解ではない。
[3]　裁判所の歴史において、社会常識に基づいた判断を徹底してこなかったがために、弁護士等が社会常識・倫理に背理した主張をする（してしまう）と理解することを妨げるものはなかろう。
[4]　第7章参照のこと。
[5]　どういう事情かは、筆者は日記をつけていたので心得ているが、プライバシーに関する部分であるので言及は避けることにする。
[6]　これをすべて提出すれば、高裁は、「かつてこれほどの写真を提出した者はいない。お前は異常である」というものと思われる。第1章の冒頭部分の裁判長の発言を参照されたい。
[7]　裁判所がこの立場を採るかぎり、「法」に基づけば、「常時」が意味する期間はどの程度であるかを明確にすべきものである。
[8]　「続き」という表現に注意されたい。なお、代理人は刺激を避ける意図から、表現を和らげて書いている。
[9]　時間的に「後（あと）」を意味しているに過ぎず、「後半」という意味ではない。
[10]　裁判になる可能性もあり、弁護士への説明も視野に入れ、できるだけ詳しく記録していたものである。

第6章　高裁判決の親権認定の違法性

第1節　親権認定の根拠事項（追加的要素）

　既に、高裁判決において親権の判断要素となった「（裁判所が攻撃した）筆者の暴言」そして「（裁判所が擁護した）相手方の家事不足」に関して、その認定事実には論理性がないことを論証した。本章では、親権に関する裁判所の残りの判断に関して、筆者にとって不利に作用した次の3点に焦点を当てて検証する。
(1)　筆者の「暴言」について
　　これまでに、「暴言」そのものの認定事実が法的に問題視すべきレベルで成立しないこと、そして判決の基本構図である「家事不足と暴言」という因果関係が成立しないことを論証した（第4、5章）。本章では、この「暴言」に関する認定事実について、親権との関係で追加的に検証する。
(2)　子供との交流・子供の意向について
　　判決は、筆者が別居後に子供との交流に関して積極的な行為を行っていないことをマイナスの判断材料に上げ、また子供から直接事情を聞くこともなく、相手方の主張に沿って、相手方と暮らすことを希望していると認定した。
(3)　筆者の監護能力に関して
　　現実性のない筋立てで相手方（しかも、相手方弁護士の主張から明白な事実に反して、そ）の「家事不足」を擁護した事実は、既に裏付けられている（第5章）。また判決では、母親・専業主婦という父親側にとっては絶対的な壁をもってして判断したものである。

　以下、この順序で論を進める。最初に、本章で検討対象とする判決部分を引用しておくことにする。どちらも筆者にとって不利であり、相手方にとっ

て有利なものである。
① 暴言と監護能力に関しての判断
「前記認定事実によれば，控訴人は，日常家事等を巡り，Aの面前で被控訴人を罵倒していたのであり，そのことはAにも精神的，心理的重圧を与えていたと推認されること，控訴人は，本件訴訟においても，<u>あたかも学術論文のように理路整然とした陳述書[1]を多数提出して自己の正当性を主張し</u>，被控訴人の主張や陳述等を論駁することに終始しており，Aと積極的に交流を図る努力をしている形跡も窺えないこと，控訴人は○○○[2]の職にあり，多忙であると考えられること（控訴人主張の姉の援助を考慮しても，被控訴人自身による監護に比較すれば，相当希薄である。）が認められる。」（下線は筆者）
② 監護能力の判断
「Aの気管支瑞息は，別居後改善傾向にあり，Aの欠席日数は，小学校×年生[3]の2学期が4日，3学期が1日，×年生の1学期が3日，2学期が1日，×年生の1学期が1日，2学期は0日である。また，Aの学業成績は，……全体的にもバランスのとれた状態にある。」
「前記認定事実によれば，Aは，当審の口頭弁論終結時において，小学校×年生（満×歳×か月）であり，なお日常生活全般にわたる監護が必要であり，未だ母親による監護の重要性を軽視し得ない時期であること，Aは，控訴人との同居中も，専業主婦である被控訴人が中心になって監護養育に当たっていたものであり，平成×年×月×日の別居以降は，専ら被控訴人が監護養育に当たっていること，A自身も被控訴人と暮らすことを希望していること，別居後，Aの気管支瑞息も改善状況にあり，その他，被控訴人による監護養育状況に特に問題視しなければならない事情も見当たらないこと，被控訴人は，Aと共に，○○で生活しており，控訴人が応分の養育費を負担すれば，経済的にも特に問題はないことが認められる。」

第2節　地裁判決を誤判と認定した事実と正当と認定した事実との同居

　判決は、前節のように、筆者の親権の主張を否定する要素として、筆者は「日常家事等を巡り，Ａの面前で被控訴人を罵倒していたのであり，そのことはＡにも精神的，心理的重圧を与えていたと推認される」と記述している。第3章第8節で引用した地裁判決と同一文である[4]。

　「暴言」に関しては、相手方が提出した証明力の高い証拠（記録）・経験則等に基づき、かつ状況・回数を鑑みれば問題がないことを幾度も論証した筆者の陳述書（証拠）、そして地裁判決の誤認を指摘した「控訴理由書」等に対して、相手方弁護士そして高裁（第4章第1節参照）は、「理路整然性」を認定・表明をしている。また、前節において引用した判決文では、「理路整然性」の前に「学術論文」という用語を用いている。裁判官は、学説を無視することはできない（原田［1-7］参照）ので、「理路整然性」が学説という外部的基準に基づいてさえそう判断されるということであるから、裁判所がそう記述した法的な重みはさらに加えられている。かくして、論理上、高裁は「暴言」が主文へ影響した地裁判決の事実認定・判断の誤りを認めているのである。しかし、一転して、高裁は地裁判決を踏襲して、同じ文を書いたのである。なお、本節では、判決の基本的な合理性のなさに関して論じ、細部については後に論じることにする。

　ところで、自らが「理路整然性」を認定した証拠を完全排斥した本件高裁とは異なり、通常、裁判所は次の引用文にあるように、「理路整然性」を認定した証拠に従うと理解してよかろう。

　　「我が国の裁判官には……供述調書を読んで心証を形成することに慣れているために、自白を録取した供述調書が『理路整然と』『迫真的に』書かれているとして、被告人がした公判の供述よりも供述調書の方を信用してしまい……」（秋山〔2005,15〕）　　　　　　　　　　秋山［6-1］

　なお、筆者はここで、この供述調書が理路整然としていることを主張しているわけではない。裁判所が供述調書に依拠して判決を下したがために、誤判・冤罪が生じてもいることを我々は認知している。

この段階において認識できる重要なことは、秋山［6-1］にあるように、裁判所は、「理路整然性を認定・表明をした証拠」に基づき主文へ至る認定事実とする場合もあれば、本件高裁のように、証拠に「論理性」があれば「異常」とみなすという認識のもとに、判決文で「理路整然性を認定・表明した証拠」であっても、それを完全に排斥して、逆の（しかも非現実的）事実を認定する場合もあることである。後者は、最高裁が支持しているものでもある[5]。かくして、「理路整然性」を認定した証拠について、その採否に関して、裁判所の認識が大きく分かれていることが理解されよう。

第３節　裁判所による２回にわたる事実の創作

　第１節において引用されている判決文から、高裁判決の重大な問題が認識される。それは、「暴言により罵倒していた事実を『認定』」して、そこから、「暴言」がもたらした結果である「精神的・心理的重圧を『推認』」する方法を用いていることである。次の形で表わされる。

　　暴言・罵倒という事実を「認定」　→　精神的・心理的重圧を「推認」
　　　　　　　原因　　　　　　　　　　　　　　　　結果

　繰り返すが、法的に問題視される「暴言・罵倒」の事実がないことは、相手方が提出した証拠を分析した筆者の陳述書で証明されており、加えて、第４章第５節で引用した筆者の「控訴理由書」でそのような「暴言」の事実がないことを論証している。それらの書面に対して、本件高裁判決は、本章第１節で引用した判決文のように、「理路整然性」（すなわち真実性）を認識し、その旨を表明しているのである。ゆえに、激しい「暴言・罵倒」という判決が認定した事実は、裁判所が創作したことが明確になるが、本章では追加的検証を行うことにする。
　裁判所は、相手方の証明力の高い記録という証拠そして相手方弁護士の基本的認識とは異なる相手方・弁護士の「暴言・罵倒」という主張だけを認定して、事実を創作して、その創作した事実からさらにそれがもたらした影響

である「精神的・心理的重圧」という事実を相手方が主張していないにもかかわらず、「推認」という手法を用いて導き出したのである。かくして、事実は二重に創作されたものである。ところで、判決がこの結果的事実を「推認」したことを表明していることは、当事者の（確からしいという心証を持つほどの）主張・立証がないことを明確にしたものである。

　また、高裁が「精神的・心理的重圧」という事実を、証拠により確かな心証として認識している場合には、法的に問題視される「暴言・罵倒」という事実がないことを論証している筆者の書面に「論理性・理路整然性」を認定することもなければ、「暴言・罵倒」という事実に「もっとも」という納得したという認識（第4章第5節）を表明することもない。

　加えて、「推認」の手法が強引過ぎる。通常、事実認定に「推認」を用いる場合、合理性が付与される可能性[6]があるのは、基本的に、裁判所（高裁・地裁）のように「原因」から「結果」を導き出す場合ではなく、「結果」から「原因」を導き出す場合である。

　「当日雨が降った」（「原因」）時に帰宅した事実をもってして、「傘をさして」（「結果」）帰宅したと直ちに推認することはできない。雨に濡れながら帰ったかもしれないし、合羽を着て帰ったかもしれないし、タクシーで帰ったかもしれないし、自宅から車で迎えに来てもらったかもしれない。ゆえに、「原因」から「結果」を推認することの不合理性は明白である。

　ところが、「傘をさして帰宅した」という「結果」からは、「雨が降っていた」という「原因」をかなり合理的に推認することはできる。しかし、裁判における認定事実としてそのまま使えるわけではない。紫外線をカットするために傘をさしていたとか、たまたま強風であったので、傘の強度を調べるために傘をさしていたこと等も否定できないからである。

　しかるに、本件裁判所が用いている「推認」の手法は、それ自体の合理性が問われる「原因」から「結果」への方向性を持つ前者であり、その「推認」の手法の採用に合理性に疑いがあるものである。次節において、子供のメモを分析することにより、本節の論を強固にすることにする。

第4節　判決文において証明される問題となる「暴言・罵倒」の事実の不存在

　判決文は既述のように、筆者が「日常家事等を巡り、Aの面前で被控訴人を罵倒していた」という事実を認定している。この認定を受けて、次の事実を認定している。

　「控訴人は，ますます被控訴人に対し，Aの前でも，暴言を吐くようになったが，Aはそれを嫌がっており，平成×年×月×日，小学×年生のAが自ら『みんななかよくけんかをせずにたのしいせいかつをしよう』と記載したメモをリビングに掲示したこともあった。」

　これら2つの判決文の認定事実を順序立てて、文にしてみよう。「夫が妻を罵倒している（あるいは、『暴言』を吐いている）現実を見て、子供がけんかを認識した」ということになる。この文が成立するかどうかを「罵倒・暴言」と「けんか」との定義に基づき検証しよう。

　「罵倒」とは、「口ぎたない悪口を相手に浴びせかけること」（『明解国語辞典』）・「はげしくののしること」（『広辞苑』）であり、また、「暴言」は、「相手の立場や実情などを全く無視するような乱暴な言葉」（『明解国語辞典』）であり、一方的に雰囲気を悪くしているものである。これに対して、「けんか」とは、「互いに、自分を正しいとして譲らず、激しく非難し合ったり、殴り合ったり、すること」（『明解国語辞典』）であるから、双方がやり合っていることを意味している。

　そこで、高裁判決は、「夫が妻の実情を全く無視して、一方的にはげしくののしっていたがために、子供は、互いに自分を正しいとして譲らず、激しく非難し合った状況を認識した」（上記辞書一部参照）という趣旨の文を書いたことになる。裁判所が認定した「暴言・罵倒」は一方向の行為を意味するが、子供が認識した「けんか」は双方向の行為を意味する。ゆえに、高裁の認定事実は、つじつまが合わない。

　裁判所が子供のメモを証拠採用したということは、子供が十分事実を判断することができる年齢に達していることの認識を表明したものであり、また、

その内容も信じるに足ると認定したからこそである。ゆえに、事件の証人としての資格があると裁判所が認定した子供のメモを採用していることからすれば、それ以外の事実を認定することは、本来できるものではない。子供のメモに基づいても、「けんか」であって、法的に問題視すべき「暴言・罵倒」という事実はないことが証明されるので、激しい「暴言・罵倒」を原因とする「精神的・心理的重圧」という事実（前節参照）もないことも証明されるのである。

　裁判が始まってからは如何様にも主張できる。高裁が問われるべきは、相手方が提出した客観性の高い証拠（「数個の暴言」を聞いた記録）そして子供のメモ[7]（事実は「けんか」）という客観的な証拠が証明する事実を排斥して、後に受任を拒否した第1審弁護士、そして筆者の書面に「理路整然性」を認定している（し、筆者の尋問時において「暴言」に関して一切質問をしなかった）第2審弁護士の単なる主張にすぎない激しい「暴言・罵倒」の事実を採用し、加えて、相手方弁護士が主張してもいないその結果的事実である「精神的・心理的重圧」を「推認」という手法を用いて認定したことである。

第5節　論理矛盾、無理難題の認定そして東京高裁判決との齟齬

1　「暴言」認定の論理矛盾

　次に、「暴言」に続いて親権判断のマイナスの要素となった「Aと積極的に交流を図る努力をしている形跡も窺えないこと」について論じる。これは、もちろん筆者の親権の主張を否定する一要素として認定された事実である。それは本判決が、相手方に完全に偏向していることから、相手方弁護士が相手方に対する尋問時に、「別居してから後、お父さんから子供さんあてに手紙が来たことがありますか、……例えば誕生日のカードとかは……要するに、一切の交渉がないということなんですかね」という質問をした時の発言を受けて書いたものと推測して間違いはなかろう。

　ところで、ここから即座に認識できることは、高裁は、ここでも「暴言」の事実の認定に矛盾を呈したことである。既述のように「暴言・罵倒によ

り、子供に精神的，心理的重圧を与えていた」と高裁が認定したことは、筆者が、子供の近くにいることが「害」であり、交流（・接触）を望ましくない人物として認定したものである。ゆえに、激しい「暴言」を主張した相手方弁護士そしてその事実を認定し（さらに、子供に「精神的・心理的重圧」を与えたと「推認」し）た裁判所であれば、裁判所そして弁護士ともに、筆者を子供と交流することを回避すべき人物と主張・認定しているわけであるから、交流をしなかったのは、妥当な行為と認識しなければならないのである。

　しかし、弁護士の主張および裁判所の主張・判断は逆である。相手方弁護士は、「誕生日のカード」等での交流の有無に関して質問しており、高裁は、積極的な交流をすべきだったと認定している。しかし、筆者がそれをしていないことを筆者に対する攻撃要素としていることから、逆に、両者自らが主張・認定した「(問題にすべき) 暴言・罵倒」という事実もなければ、それに導かれた事象であり、高裁が「推認」した事象すなわち筆者が子供に「精神的・心理的重圧を与えていた事実」もなかったということを相手方弁護士と高裁がともに、証明するものとなっているのである。

　ところで、第1審相手方弁護士が書いた「証拠説明書」には、(提出した通知書の一部を伏せていることに関連してであるが)「小学校名等は、原告が連れ戻しにやってくる恐れがあるので隠した」と述べられている。ここで、本件高裁が求めた父子間の交流自体を拒絶する意思表明が、弁護士の手で行われていることが明確になる。また、相手方が、子供が自らの手元から離れることを恐れている一心で、かつ自らが親権を行使したいがためだけの一方的手法を用いていることを表明してもいる。注意すべき点は、この「証拠説明書」には、筆者が子供に悪影響を及ぼしたがために、(そして、相手方は筆者の「暴言」を恐れてということをも加えて) 子供を守らざるを得ず、そのために住所を明かしていないと記述していないことである。しかし、自らの依頼者の親権を主張して、筆者の激しい「暴言・罵倒」の事実を主張しているかぎり、弁護士であれば、住所を明かしていない理由は、筆者の「暴言」(による子供への悪影響等) を恐れてのことであると記述していて当然のものである。しかしそれはなく、書かれているのは、自らの依頼者が親権を行使し

たいがためであるという趣旨である。

　この「証拠説明書」では、「暴言・罵倒」という弁護士自らが主張した事実に関して緊張感のなさが鮮明であるが、それは、激しく攻撃したものの、実際にはそのような事実がないことを証明しているものである。弁護士であるがゆえに、ポイントを心得たうえで文を走らすものである。ゆえに、父子間の交流の拒否の姿勢が「暴言・罵倒」という事実ではなく、相手方の親権行使の希望によるものであることが、弁護士の書面から動かしがたいものになるものである。

　「暴言」に対して、「法」的ポイントが絞られていない弁護士の上の一文は、真実が代理人へ伝えられなかったので、実際には依頼人の責任ではある。しかし、結果的には、弁護士の事情聴取の失敗であることを意味している。この弁護士は、控訴審での受任を拒否しているが[8]、その主張の根拠に、訴訟の進行とともに、極度の違和感を認識したがために、親権という圧倒的に自らの依頼者に有利な控訴をされていようが、弁護士として受けるべきではないという確たる認識を持ったことに否定の余地はなかろう。

　次に、父子（親子）の交流に関する「法」的側面に焦点を戻すことにする。

２　本件高裁が押しつける無理難題と矛盾

　高裁は、相手方が筆者と子供との交流拒否をしている事実を知っている。このことは、判決書で、「控訴人がこのような郵便（内容証明郵便：筆者注）を送付したことを知り……その直後の……家を出た。被控訴人とＡは，以来，控訴人と別居しているが，この間，被控訴人は控訴人に住所も明らかにしていない。」という事実を認定していることで証明される。

　しかし、父子間の積極的な交流がないことを高裁は親権判断のマイナスの材料としている。それは、前記の誕生日のカード等の送付を意味しているものであろう。しかし、既述のように、第１審相手方弁護士は、交流の完全拒否の姿勢を貫いている。それにもかかわらず、第２審相手方弁護士は、前記のように、筆者がその交流をしたかどうかを尋問しているのである。ゆえに、「自らの依頼者が完全拒否を貫いていることをやったかどうか」を質問しているわけであるから、この質問の意味はなく、弁護士の質問は、合理性のまったくない単なる「言いがかり」と理解されるべきものである。

子供をガードしている相手方へ、(尋問時での質問である)子供の誕生日にカードを送付したところで、(子供にわたされるかどうかは確かではないことに加えて)その意味もなかろう。加えて、それが事件の本質の判断にどのような影響を与えるというのであろうか。面接交流という「法」的権利・義務を拒否している行為と比べれば、カードの不送付という行為は、判断において極めて軽いものに過ぎないものであろう。しかし高裁は、住所を知らせず、かつ子供との交流拒否をすることを正当化し、その条件下で(相手方弁護士にならって)カードの送付をしていない行為を攻撃するのである。

住所は、調査機関に依頼すれば、すぐわかることである。しかし、子供との交流は相手方の事情で不可能であるし、弁護士を含め相手方が、筆者に有利な証拠(ないし筆者の主張を裏付ける書面等)を提出していることが証明しているように[9]、証拠からして絶対的に有利な裁判である。そこで、摩擦を起こすことが必然というべき相手方のガードを突破するという無理な交流の必要もないことは明らかである。本来は、筆者が楽に勝てる裁判であることおよび勝訴して当然の裁判であることは、裁判所および相手方弁護士が裏付けてくれている。それは、結果が証明してもいるように、筆者の主張・立証(証拠)に、高裁は「論理性」と「理路整然性」とを認定し[10]、そして相手方弁護士は「理路整然性[11]」を表明していることにある。反対側弁護士(ゆえに相手方)そして裁判所が筆者の証拠の正当性を認定しているものであり、裁判において、これ以上の好条件は望むことができないものである。

本件高裁は、「法律」を解釈・適用して、親子間の交流(面接交渉)の維持という「法」的基点に基づき、その交流を拒否している相手方の行為に関する判断をすべきであったのである。下に引用する東京高裁判例は、面接交流そのものから立論しており、本件高裁とはまったく逆である。

3 東京高裁判例との面接交渉を巡る背反

東京高裁判例は、「父母双方との交流を維持することができる監護環境が望ましい」という法的基盤から立論している。

> 「子は,父母双方と交流することにより人格的に成長していくのであるから,子にとっては,婚姻関係が破綻して父母が別居した後も,父母双方との交流を維持することができる監護環境が望ましいことは明らかであ

る。
　しかし，抗告人は，1で認定した原審審判期日に合意した被抗告人と事件本人らとの月1回の面接交渉の実施に対して非協力的な態度をとっている。これについて抗告人は，事件本人らの都合ないし希望によるものである旨主張するが，事件本人らが抗告人に気兼ねして本心を表明することができない心情に対する配慮に欠けるものである。
　そして，本件記録によれば，抗告人が合意に反して面接交渉の実施に非協力的な態度をとり続けるため，合意に基づいて面接交渉の実施を求める被抗告人との間で日程の調整をめぐって頻繁に紛争が生じ，そのため抗告人と被抗告人の対立が更に悪化するという事態に陥っており，抗告人のこのような態度が早期に改善される見込みは少ないことが認められる。」(東京高等裁判所・平成15年1月20日決定〔家庭裁判所月報25巻9号91頁〕[12])　　　　　　　　　　　　　　　東高判 [6-2]
　これに対して本件高裁は、子供を手元に置いておきたいがために、親（父）と子の交流を拒否している方の態度を正当化し、もう一方を「積極的な交流をしていない」として攻撃しているだけである。

4　子供の意向の認定に関する東京高裁判例との齟齬
　本件高裁判決では、「Aは、今後も被控訴人と暮らすことを希望している」と認定している。本件では、（地裁・高裁ともに）子供を呼んで事情を聞いているわけではない。そう判断できる要素は、次の2つである。
　①　尋問時における相手方の発言
　②　子供のメモ
　前者に関しては、相手方弁護士が、自らの依頼者に対して質問した時の答えである。これは、尋問までに質問と回答の予行演習を弁護士と当事者との間でしていると推測されるものであり、その結果の表明であり客観性はない。後者は、地裁で出されたものであり、相手方が離婚を拒否していた時に提出されたものである。なお、地裁は、子供の意向を判決文に記述していないことから、この書面を判断材料にしていない。その程度の書面であるが、高裁が単なる主張を採用していないとすれば、この書面を採用していることは確かである[13]。

そこには、「もう父とは会わない」という旨の記述がしてある。趣旨ではなく、「父」という文字に着目されたい。周辺にいる人物が、子供に文章を指示した形跡として、用紙・記入の方法等に関しても、いくつか明確になるものがある。1つだけあげておく。小学生である子供は、この数か月前まで「パパ」を使っていた。普通に考えて、その後数年間は、「お父さん」であり、「父」という言葉は社会を意識しだした大学生くらいになって、対外的に使うものである。なお、このメモには、相手方については「お母さん」と記録されている。「父」と「お母さん」というバランスの悪さだけを考えても、書かせたと判断するのが裁判所であろう。筆者は、これを含めて子供に書かせたことを証明するに十分な数個の事実に関して、陳述書で論じている。高裁が、このメモを採用していたのなら、上記の問題点を認識すべきであり、もし、この書面を高裁が採用していないのなら、相手方の発言だけで、そのまま事実を認定したことになる。極めて主観的判断である。

　ところで、子供との積極的交流を求める本件高裁としては、この書面を子供に書かせた親の行為の適否に関する判断をすべきものである。前に引用した東京高裁の判断[14]を参照しよう。

　　「自分の本心を素直に表現することは事実上困難であり、事件本人らの上記手紙は、その文面からも、事件本人らの真意を表したものとは直ちに認め難いといわざるを得ない……上記手紙を書かせたのは、事件本人らを自ら養育したいと強く望む余り、事件本人らの心情への配慮を欠くものであり、子の福祉の観点からも決して望ましいことではない。」（東京高等裁判所・平成15年1月20日決定〔家庭裁判所月報25巻9号91頁〕）[15]　　　　　　　　　　　　　　　　　　　東高判［6-3］

　この東京高裁判例は、子供を拘束している親が提出し（子供に忍耐を強いて書かせ）た書面そして書かせた行為を問題視し、親権のマイナスの判断要素としている。しかし、本件高裁では、そのような行為を行った当事者の行為を問題視しないのである。東京高裁の方が、常識に適合していることは確かである。

　かくして、「法」の認識に反した本節冒頭部分の本件高裁の判決文は、基本的部分において、消えるべきものであることが論証されたものである。

第6節　監護体制の側面

1　監護体制における判断における問題

判決では次のように述べている。

> 「控訴人は○○○の職にあり，多忙であると考えられること（控訴人主張の姉の援助を考慮しても，被控訴人自身による監護に比較すれば，相当希薄である。）が認められる。」

証拠等から判断して、そのように認定できるであろうか。この判決文は、筆者が筆者自身の監護体制で十分であるが、加えて、姉の協力を得ることができると主張したものを否定しただけである。特徴的なのは、両当事者の監護能力の比較をする判断過程を経ることもなく、いきなり結論的事象を書いていることである。その結論の要因は、次の2つである。

①筆者が多忙であること。
②姉の援助を加味しても、監護が相当希薄であること。

順に検証しよう。高裁は、「勤務しているがゆえに、多忙であること」を「監護の希薄さ」の根拠としている。この延長線上で考えれば、共働きの家では、双方ともに著しい「監護の希薄さ」が生じていると認定されることになる。しかし、そのような現実もなければ、そう認識する国民もいないはずである。ゆえに、勤務しているかどうかではなく、本来的に当事者が持っている「監護能力」それ自体を論じるべきものである。社会通念では、時間があるかどうかは、監護能力を左右するものではない。勉強時間の長さが、試験の成績を左右するものではないことからも常識である。

2　現実性のない判断

勤務している夫と専業主婦とでは、確かに、監護の形式面といえる時間の側面において差があることは事実である。しかし、監護に要する時間的な差異は、Aの年齢では問題がないものであり、また、必要であればしかるべき施設・場所で埋めることができるし、成長するにつれて必要なくなるものである。また、そういった場所で（他の子供との）社会経験を積むことによって社会適合能力を養うことができるものであり、そうした方が、（過保護の）

母親との密着した時間から解放され、社会生活への適応能力を培うことができる点で優れているといえるのである。この点を鑑みれば、「多忙」そのものは、理由にならないはずである。

　また、判決は、「多忙でない者[16]（専業主婦）」と「多忙な者（勤務者）」とで監護能力を比較したものである。勤務している筆者の監護能力が相手方よりも相当希薄であると認定しているが、この筋立てで行けば、既述のように、両親ともに勤務している場合に加えて、母子家庭で、子供が小さくて保育園等の施設に預けて勤務している母親も多数いるが、高裁の判断に従えば、「多忙であり、その監護は相当希薄である」と認定することになる。基本的な社会常識・現実に照らして、同意できるものではなかろう。社会通念上は、子供と一緒に過ごす時間よりも、当事者の本来的な生活・監護能力が重要視されるものである。かくして、「多忙であり、その監護は相当希薄である」という高裁の判断は、裁判所の判断能力が現実に適合していないことを明らかにするものでもある。

　要するに、勤務している夫と専業主婦とを比較すること自体おかしいのである。専業主婦といっても、監護に必要な「家事能力に問題がない専業主婦」と「家事能力に問題がある専業主婦」とを識別して判断すべきものである。

　次に、「姉の援助を加味しても、監護が相当希薄であること」を親権判断の条件として挙げている。高裁は、相手方の家事に関して、「尋常ではない」・「ハエがわくような不衛生」のレベルと断定しているが、それは、時間が十分にある相手方の監護に必要な「家事能力の（直接その言葉を使用していなくても、実質的に）顕著な希薄さ」を認定したものである。なお、既述したところから明らかなように、筆者には攻撃を加え相手方を支えている高裁でさえ、相手方の家事に関して、「顕著な希薄さ」を認定しているわけであるから、その「希薄さ」は、普通に推測できる家事不足のレベルよりはるかに劣ると理解して間違いがないところである[17]。

　「ハエがわく」という高裁の判断から明白なように、家事（能力）不足といっても、ほんの少しの家事を丁寧にしていたという家事にとってプラスの方向付けを持つものではなく、「（生）ゴミをため込む」といった家事にとってマイナスの方向付けを持ったものである。しかも、相手方に著しく偏向した

高裁（および相手方弁護士）が特定の家事はできるとは認定・主張していないことが裏付けているように、家事一般に関してそのレベルである。「(生)ゴミをため込む」という事実から、料理に関しても、かなり劣っていることが容易に推測されるものである。このレベルの家事を基準として、判決文が認定したさらに「相当希薄」な人物を男女ともに見出すことは困難であろう。

また、既述のように、判決は子供の病気を家事不足の原因にしているところから、少なくとも10年弱の相手方の家事（能力）不足を認定していることになる。ところで、判決が認定した事実「姉の援助を加味しても、筆者の監護が（「ゴミをため込む」ような相手方よりも）相当希薄であること」があれば、この10年弱の生活が継続していないことは自明である。

ゆえに、生活が継続してきた事実は、筆者が大きく支えてきたことを明確にするものであり、判決が認定した「姉の援助を加味しても、監護が相当希薄であること」という認定事実が、本来はできないことが論理的に証明されたものである。

3　相手方弁護士の書面から否定される判断

別居前は、筆者（2回）のみならず、代理人も相手方両親との面談を2回重ねている。そして筆者は、2回目のＳＯＳの内容証明郵便を相手方の父親に出し、別居後は代理人が相手方両親と第3回目の面談をし、その上で、訴訟に臨んでいる。

第1審相手方弁護士は、「答弁書」より後で提出した「証拠説明書」で、「義理の父親に対し内容証明を送りつける無礼な行為をなして」と記述している。郵便の内容ではなく、郵便を送付した行為を問題視しているのである。筆者側の証拠写真を見た後での記述ゆえ、その家事のマイナス方向へのひどさに同意しているものと判断して不都合はない。弁護士であれば、ある程度のプラスの方向を見出すことができれば、無理をして、内容証明郵便の内容に対して「家事に関しては、若干劣るとはいえ、基本的に劣るというレベルにはないにもかかわらず、不当な主張をしている」という反論をするはずである。しかし、弁護士が筆者に対して批判を向けた対象は、郵便を出したことに対する「無礼」なのである。そこに家事能力に関しては、言及できない苦しさを認識することができるのである。

また、既述のように、第２審の相手方弁護士は、「掃除・片付けがひどければ、文句を言わずにお前がやればすむことである」という趣旨の書面を書いている。料理はできるとも書いていないことから、家事一般に関して、「お前がやれ」と主張しているのである。そこから明確かつ実質的に認識できることは、次の２点である。
　① 監護・教育[18]に重要な家事に関しては、大部分の家事等を筆者が負担していたこと。
　② 監護・教育は依頼者にはできないので、「お前がやれ」と主張していること。
依頼者の「家事能力不足」を弁護できずに、「暴言」攻撃することに意識が集中し、そこに事件に関しての本来的に認識している事実を民法・刑法の意味するところに反してまで書いてしまったというのが事実であろう。よほど注意していても、自らの（本来の心証ともいうべき）本心というものはどこかで出てくるものである。事情はどうであれ、この弁護士の主張は、結果として、自らの依頼者の監護能力不足と筆者の（「暴言[19]」を除く）監護する義務を主張したことに否定の余地はない。しかし、高裁は、この相手方弁護士の主張に抵抗したのである。
　ゆえに、本節冒頭部分の判決文は、現実の社会生活上の論理とこれら２人の相手方弁護士の書面から読み取れる実質的な趣旨の論理に背理していることが証明されたものである。

第７節　問答無用の決め打ち文

１　父親にとって不可侵の事実を親権認定の条件とした裁判所
　判決は、第１点として、「未だ母親による監護の重要性を軽視し得ない時期であること」、そして第２点として、「控訴人との同居中も，専業主婦である被控訴人が中心になって監護養育に当たっていたものであり」記述している。これらは、第５節で検討した東京高裁判決と異なり、両親の監護に関する行為等を法的に比較検討して、結論へと導き出した結果得られた文ではない。その文体からして、「母親」そして「専業主婦」であることが、親権行使

の条件とされていることに疑問の余地はなく、最初からの決め打ち（文）である。

第1点の「未だ母親による監護の重要性を軽視し得ない時期であること」における「母親」そして第2点の「同居中も……専業主婦……監護養育に当たっていた」というのは、両者ともに、「父親との比較上の共通点を持たない母親・専業主婦」であることが親権主張の条件であることを明確にしたものであり、「父親を排斥する」という結論に立脚したものである。

これらの文は、「母親が専業主婦であれば、父親側に親権を主張する権利・資格はない」ことを問答無用に主張しているもことになる。そして、下に述べるが、「別居後に子供が住んでいる方」を条件とするとしている。高裁が、「論理性のある証拠は排斥する」という意向を持っていることに加えて、この判断尺度をもっているかぎりでは、口頭弁論を何度も開く必要も、尋問をする必要もなかったはずである。

しかるに、監護能力そのものを比較しなくても書くことができるこの高裁が出した結論を検討すれば、次のようになり、論理上あり得ない筋立てとなる。

「尋常でない家事・ハエがわくような家事をしている（がゆえに、論理上裁判所が監護能力を否定した[20]）専業主婦が中心になって監護養育に当っていた。」

「尋常でない家事・ハエがわくような家事をしている（がゆえに、論理上裁判所が監護能力を否定した）母親による監護の重要性を軽視し得ない。」

加えて、判決は、「別居以降は，専ら被控訴人が監護養育に当たっていること」ということが親権認定の要素になっている。しかし、「別居以降」を書いて何の意味があるのであろうか。当たり前のことである。これは、別居後、子供が居ない方は、論理上は親権者になる資格はないことを裁判所が表明したものである。また、相手方が家事をしているという証拠はない。

さらに、前記［6-2］・［6-3］を含む東京高裁判決は、別居後の監護に関して、「抗告人が別居後まもなく青山を同居させたことについて，抗告人は，事件本人らの母親代わりの女性が必要であると考えたことによるものであり，

短期間で解消したから問題はない旨主張するが，上記経緯に照らし，事件本人らの心情に対する配慮に欠けているというほかない[21]」として、重要視していないのである。

2　子供の病気をめぐる判断

　　「Aの気管支瑞息は，別居後改善傾向にあり，Aの欠席日数は，小学校×年生の2学期が4日，3学期が1日，×年生の1学期が3日，2学期が1日，×年生の1学期が1日，2学期は0日である。また，A学業成績は，……全体的にもバランスのとれた状態にある。」

　順序立てて、この判決文を検討しよう。この判決文を見てすぐに気付くのは、地裁の判決文と同趣旨であることである（第3章第9節参照のこと）。しかし、大きな違いがある。それは、「別居」という事実を挿入していることである。

　さて、「Aの気管支瑞息は，……」と認定しているが、地裁判決の検証個所で述べたように（第3章第9節）、気管支喘息が通園に支障をもたらす状況にはないことが、相手方提出の証拠等から証明されるものであり、この状況を踏まえると、「気管支喘息は、別居後改善傾向にあり」という事実認定には合理性がない。また、同居中も、幼稚園から小学校に進んでからは、通園率と比較して、通学率が格段に上がっていた[22]ので、「別居後改善傾向にあり」という事実認定も無理である。ゆえに、通園率に比して、通学率が上昇したことは、単に義務教育かどうかが原因であると判断することだけが、合理性を持つだけである。

　ところで、小学校の学業成績等の証明書という証拠に基づいた場合は、その認定事実自体には問題はない。しかし、これを使ったとして、論理上の意味はそれほどなかろう。というのは、「（ある子供の）学業成績は，……全体的にバランスのとれない状態にある」という証明書を担任が書くことは、よほど問題がないかぎりあり得ない。また、そのような自己に不利な判断をされる可能性のある通知書を当事者である親が裁判所に出すことはまずない。例えそのような通知書が裁判所に出されたところで、子供本人に問題があるのか、親に問題があるのかに関して、裁判所が特定できる証拠となるのかは疑わしい。ゆえに、この通知書は、親権の判断を左右するだけの客観的要素

をもっているものでもなかろう。このことを裏付けるかのように、高裁判決は、「学業成績は，……全体的にもバランスのとれた状態」ということを根拠にしているが、地裁判決はその類の認定を回避し、通知書からは、単に出席日数を抽出しているだけである。そして、本節で引用した東京高裁判例は、別居後の監護に重点を置いて判断しているわけではない。

　かくして、本節で検討した高裁判決部分は、父親には手が届かない「専業主婦」、「母親」そして「別居後」という材料による問答無用の決め打ち文と認識できるものである。仮に、これらが、判断において重要であれば、地裁・高裁において長々と口頭弁論を開いていないはずである。裁判所が口頭弁論を続けさせたのは、これらが判断材料として重要ではないことを認識・表明している証拠である。ここにおいて、裁判所の思考上の問題が鮮明である。かくして、本節の冒頭部分で引用した論理性を保持できない判決文は、「理由」としての資質を有するものではない。

第8節　養育費について

　養育費に関する判決文を引用しておくことにする。
　　「養育費（争点(2)）について
　　　前記認定事実によれば，当事者双方の収入は，控訴人の平成×年度が×万×円であるのに対し，被控訴人が×万円であることが認められ，このほか，Aの年齢（満×歳×か月），その他諸般の事情を考慮すると，控訴人が支払うべきAの養育費の額は，月額13万円[23]と認めるのが相当である。
　　　また期間については，本裁判確定の日の属する月からAが満20歳に達する日の属する月（平成×年×月）までとするのが相当である。
　　　なお，被控訴人は，大学卒業予定の平成×年×月までの支払を求めているが，前記のとおり，Aは現時点ではまだ小学校×年生であり，大学進学の可能性等については不確定要素が多いから，現時点においては，満20歳の時点を終期とするのが相当である。」
　養育費の期限は、成人を基準においたものと思われる。成人を基準におく

か、(大学全入時代を認識して) 大学卒業を基準におくか、あるいはそれ以外にするかに関しては、価値判断によるものであり、あえて議論の対象としても意味はなかろう。

　そこで本節では、養育費の金額自体に焦点を絞ることにする。相手方の要求額は、14万円である。裁判所は13万円を認定しているので、ほぼ満額を認めたことになる。相手方に偏向している高裁らしい認定額であるといえよう。

　なお、本件判決文で、双方の収入・年齢に加えて「その他諸般の事情を考慮すると」と記述しているが、それら以外の「その他諸般の事情」とは何かを (せめて客観性を持つ1要素位は) 明示すべきものである。それができないというのなら、この「その他諸般の事情」という本件高裁のような証拠と論理をもってして否定の余地なく証明される恣意的・非現実的判決に自由自在な判決を制御できない記述を止めることである。説明のできない文を避ける。それが、東地判［2-14］が公務員に求めた「客観的に正当性」のある行為すなわち判決理由欄における本来的記述を保障することになるものである。

　しかるに、常識的に考えて、「暴言」と「家事不足」(のうちの特に前者) で彩られた本件判決書の認定事実から、収入・年齢以外のもので、養育費に関連しそうな「その他諸般の事情」を見出すことができるものはない。契約書を見れば明らかなように、法的文書であれば細部まで詰め切ることから、判決書では、「客観的に正当性」のある事項が前面に出た記述をすべきものである。

第9節　おわりに

　以上のように、親権認定に作用した「暴言」に関しては、事実を二重に創作し、子供との交流に関しては、面接交渉に関して「法」が本来持っている意味を無視し、筆者の監護 (能) 力に関しては問答無用の形で否定しているだけである。それらは、客観性を求められる判決書に書かれるべき文章とは無縁のものである。また、養育費の月13万円に関しては、突出しているはずである。

[1] 本書で、繰返し論及されている「筆者の証拠が証明する事実の真実性すなわち証拠の合理性・信頼性を高裁が認定した文」はここに入っている。同じ趣旨は、第1章冒頭部分で引用した筆者の陳述書等に関して「論理性」を認定した裁判長による発言に表れている。しかし、主文へ至る認定事実はまったく逆である。
[2] プライバシー等の関係で伏せておく。
[3] 学年に関しては伏せておく。
[4] ゆえに、以下、論が重なる場合があることを了解されたい。
[5] この点に関しては、「上告理由書」で視点を変えながら、数回論じた。しかし、最高裁は、筆者の主張を拒否して高裁を支持したのである(第9章参照のこと)。
[6] あくまで、「可能性」に過ぎない。
[7] これらの証拠をどう理解するかに関しては、陳述書・控訴理由書で繰り返して、論じてある。それに対して、裁判所は「論理性・理路整然性」を認定している。しかし、認定事実は逆である。
[8] 油断があったものと思われるが、受任の拒否という事実は、筆者側の主張・立証が正しいと認識していると理解することに不都合はないものであろう。
[9] 弁護士が依頼者のために努力したところで、それが真実でなければ、慎重に分析すれば、その書面から容易に真実が見出すことができるものである。それは、反対側の当事者にとっては、自己の主張を立証するに動かぬ証拠となる。
[10] 高裁では、最後に「和解か、判決か」のどちらを求めるかを聞かれた。相手方は答えなかったが、筆者側の返答は、「判決」というものである。その理由は、敗訴の判決を本来的には書けるはずがないという認識があったからである。高裁のこの認識と軌を一にしているものである。
[11] 裁判所の認識と比して「論理性」が足りないが、「理路整然性」だけでも十分である。
[12] http://www.asahi-net.or.jp/~ZI3H-KWRZ/risingen-2.html (2011年4月3日) 以下、この東京高裁判例に関しては、河原崎弘弁護士のホームページからの引用である。
[13] どちらも採用している可能性はあるが、結論に相違はない。
[14] なお、筆者は証拠に接していないので、この東京高裁判決を事実に基づけば正当であるかどうかの判断をしているわけではない。面接交渉そして監護(したいがために、子供に書かせた書面)を法的に、(本来、裁判所としての義務があるものであるが)立論してあることは評価できるとしているものである。
[15] http://www.asahi-net.or.jp/~ZI3H-KWRZ/risingen-2.html (2011年4月3日)
[16] 高裁判決が、勤務しているがために「多忙」と認定しているがゆえに用いただけで、筆者は、専業主婦の仕事そのものが「多忙ではない」と主張しているわけではない。
[17] なお、繰り返しておくが、それまでは筆者が家事一般をしていたが、過重負担(が継続してきたこと)により不可能となり、料理に比重を移したため、裁判所が認定した相手

方の家事不足が客観的に表面化したものである。

[18]「教育」に関しては、家事がしつけに関連することもあるので、ここではそれを入れた。

[19] なお、この「暴言」に関しても、筆者が「問題になるレベルにはない」と陳述書で繰り返して主張・立証しているが、それに関してこの弁護士は「理路整然性」を認定しているので、結果的には、重要視すべきものではない。

[20] 判決では、「被控訴人の家事の能力については、通常より劣っていたことは否定できない」と認定している。通常の下限未満（すなわち、特段の事情のあるレベル）ということであるから、監護能力に必要とされる最低限未満（すなわち、監護能力の否定）という解釈が成り立つことになる。

[21] http://www.asahi-net.or.jp/~ZI3H-KWRZ/risingen-2.html（2011年4月3日）

[22] 通園率は約50％である。同居中の小学校の低学年でこの程度の通学率であれば、判決において何らかの言及があってしかるべきものである。しかし、それはないので、同居中の通学率に問題がないことが明らかになるものである。かくして、証拠に接していない者にも、通園率に比して、(同居中の) 通学率が格段に上昇したことが認識できるものである。その原因は、義務教育かどうかによると認識することに合理性があるものである。

[23] 次章で述べる財産分与額は支払ったし、この養育費は支払い続けてきた。

第7章　財産分与に関して事実の捏造

第1節　財産分与に関する基本的事項

　高裁は、「財産分与」の判断では、ローンの返済証明書（原本）が証明する事実でさえ無視し、この世にあり得ない事実認定を行ったのである。その意味では、「違法性」の指摘は容易であるともいえるが、我々の思考にまったくない事実が認定され、そこに矛盾も見られ、その論証の文章表現に苦労するものでもある。繰り返しも用いて、多方面から分析することにする。

　なお、誰でもそうであるはずであるが、筆者も本来、金額の明示を好むものではない。しかし、金額を明示してこそ、この不正判決の実体をより明確にできるので、金額を含めて論じることにする。財産分与に関する判決文は本章第4節で開示する。

1　本来の財産分与計算

　本件の別居・訴訟[1]（離婚）時点における家庭の資産とその資金源泉は、図表7-1の内容である。なお、預貯金、不動産（土地・建物であり自家という用語を用いることがある）そして固有の資金[2]の家庭への投入額は、判決で認定した金額を用いている。

図表7-1　家庭の資産とその資金源泉

家庭の資産	家庭の資産の資金源泉	
預貯金　2,252万円 不動産　2,500万円	①ローン（借入額）	ゼロ
	②筆者の固有の資金（投入額）	3,305万円
	③（分与対象となる）共有財産額	1,447万円

　ここでの「家庭の資産[3]」とは、名義にかかわらず、家庭生活（に何らか

の関与をしているという意味で、そ）の範囲内にある資産という意味で用いられている。その資産の資金源泉として、基本的に考えられるものは、次のものである。
① ローンによる資金
② 夫婦どちらかの固有の資金
③ 夫婦が共同して形成した財産額

ところで、図表7-1において、右側の共有財産額は左側の金額から、共同して形成した金額ではない①と②を差し引いた残額として計算されるものであるから、左右は金額的に一致する。共有財産は、残余にすぎないことについて、もう少し認識しておくことにする。

a．家庭の資産
　最初に、別居時点における家庭の資産が確定される。それは家庭生活に何らかの関与をしている資産であり、預貯金の金額に不動産等の換金価値（売却価値）が加算されたものである[4]。

b．ローン（家庭の資産からの控除要素）
　家庭の資産の資金源泉であるローンは、返済の義務があり、共通の債務である。ゆえに、分配対象となる共有財産額を求める際には、この金額を差し引かなければならない[5]。

c．固有の資金（家庭の資産からの控除要素）[6]
　例えば、夫婦のどちらかが先祖から受け継いだ資金のように、独自に取得した資金であり、それを家庭生活へと投入した金額である。これは、共同して形成した資産ではないので、この金額に相当する家庭の資産は分与対象とはならない。そこで、この金額も共有財産の計算において差し引かれ、固有の資金提供者に戻されることになる。

d．分与対象となる共有財産[7]
　ゆえに、分与対象となる共有財産は、次の計算によって求められる。
　分与対象となる共有財産（の金額）＝ a − b − c

e．寄与割合（貢献割合、寄与率）の確定
　上記dの財産額に対する双方の「寄与割合」が決定される。

f．双方の財産分与額の決定

上記 d の金額に「双方の寄与率」(e の数値) を掛けた金額が、双方の分
与額となる。

　普通に考えれば出てくる計算である。また、その普通であるがゆえに、社会秩序を維持できるものであり、「法」に基づく計算と認知されるものである。しかし、第4節で公開する判決文は、c の認定にあたり、この世にない事実を認定したのである。それを検証する際におけるポイントを述べておく。

　第1点として、ローンと固有の資金との代替関係を認識しておく必要がある。財産分与の計算では、図表7-1 における左側の家庭の資産（上記 a の金額）が最初に決まる。共有財産 d（③）は残余額に過ぎないので、その計算に当たっては、家庭の資産から固有の資金とローンとが差し引かれなければならない。また、図表7-1 のように、筆者の固有の資金 c の 3,305 万円の投入（②）があったがゆえに、ローン b（①）がないのであり、逆に、この筆者の固有の資金の投入がなければ、その家庭の資産を維持するためには、ローン 3,305 万円があるものである[8]。このように、図表7-1 の右側において、ローンと固有の資金とは代替関係にある。この関係は、どちらも同じく、共同して形成したものではないという意味で共有財産にとっては外部の資金であるから、必然的に導き出されるものでもある。

　第2点として、固有の資金 3,305 万円および共有財産 1,447 万円が、左側の家庭の資産の形成に寄与しているものの、どの種類の資産（預貯金か不動産か）の形成と関連があるのかは、資産種類別に識別できないことである。ゆえに、図表7-1 の右側の資金源泉の各項目と左側の運用形態の各項目との個別的な対応関係はない。全体的すなわち合計額での対応関係があるだけである。

2　本件高裁の財産分与計算

　しかし、高裁は、ローンと固有の資金との代替関係を認識することなく（第1点に背き）、資金源泉と特定の資産との関係を認めて（第2点に背き）、次のような事実認定を行ったものである。

　　α　家庭の預貯金（2,252 万円）の形成・維持は、筆者の固有の資金投入との因果関係はない（高裁判断）。ゆえに、家庭の預貯金は共有財産となる[9]。

β　筆者の固有の資金は、(ローンとの代替関係を認定せず、)何時投入されようが、不動産(本件では、自家)に出捐されたものである。これは高裁の思考であり、次のγ-aの計算に関与する。

γ　離婚時の不動産価格(換金額)は、次のa、bのように分与対象額を認定する(万未満は、切り捨て[10])。

a　筆者の固有の財産に相当する部分(筆者に戻される固有の資金)の計算

$$固有の資金の全投入額（3,305万）× \frac{不動産の時価（2,500万）}{不動産の取得価格[11]（5,395万）} = 1,532万$$

高裁は、固有の資金3,305万円を家庭へ投入したものの、それは自家への出捐であり、自家が約半額になっているから、固有の資金のうち戻される金額は約半額であると認定する。

b　共有財産に相当する部分(両者に分与される金額)の計算

$$不動産の時価（2,500万）-不動産に関する固有の財産相当部分（上記1,532万） = 967万$$

この結果、裁判所は、下の図表7-2のように事実を認定していることが明らかになる。

図表7-2　家庭の資産とその資金源泉

家庭の資産	家庭の資産の資金源泉
預貯金　2,252万円 不動産　2,500万円	①　ローン（借入額）ゼロ ②　離婚に際して戻される固有の資金〈a〉 　　　　　　　　　　　　　　1,532万円
	③　（分与対象となる）共有財産額〈b＋α〉 　　　　　　　　　　　　　　3,219万円

そして、相手方に4割の寄与を認定して、この3,219万円の約4割に相当する1,300万円の分与を認定したのである。プライバシーの関係で詳細は省略するが、家計の多額の支出状況、給与額そして共有財産から返済されるべき4,500万円程度のローンを完済している事実から判断して、離婚時にこれだけの共有財産額の残高(3,219万円)が生じることは不可能である。しか

し、家庭生活での事実によってそれを証明しなくても、判決文の分析のみによって論を進めただけで、十分にその非現実性に裏付けられた「違法性」を証明できるものであり、本書では、この方向付けに基づき論を展開する。

なお、判決で認定した相手方への分与額1,300万円は、「適法に認定されていた（と仮定した）場合の分与対象共有財産額（前記dにおける計算のa－b－c、図表7-1における右側の金額）1,447万円」の約90％の金額である[12]。長期にわたり、過酷な家事等の負担を担った筆者の場合、この共有財産から分与されたのは、わずか約10％の147万円であり、ほとんど丸裸である。なお、筆者の固有の資金を家庭に投入してローンを完済しているので、結果として、この147万円を超える（利子の支払額を減額することができ）家庭の資産形成に寄与していることからすれば、精神的には、丸裸よりかなり堪えるものである。

なお、財産分与に関しては、石原・有吉・内海〔1997,57〕によれば、次のように、共同して形成した資産以外も考慮される可能性がある。

　「財産分与は基本的には結婚生活中、夫婦二人で作った財産を離婚に際して分けることです……

　　結婚以前からの一方の財産（又は一方だけの相続財産）は二人で築いた財産とは言えませんが、相手を無財産で放り出すことは酷でもあり社会の迷惑でもあるので、これも考慮に加えます。」

石原・有吉・内海［7-3］

しかし、本件判決書（第4節）から明白なように、この「無財産で放り出すことの酷・社会の迷惑」という扶養的要素を加味した認識・斟酌の文面は見られない。そこで、「結婚以前からの一方の財産（又は一方だけの相続財産）」（石原・有吉・内海［7-3］）は、当事者に戻すという立場で判決書は書かれているものである。問題はその計算の仕方にある。

第2節　家庭の資産とその資金源泉

家庭の資産、ローンおよび固有の資金をめぐる時系列的な諸事情に関しては、文章で記述されたものよりも理解しやすいと思われるので、金額を含め

て図表 7-3 でまとめておくことにする。なお、判決文自体の非現実性を明確にすることを目的とするものであるから、金額は、判決文に合わせておくことにする。

図表 7-3　家庭の資産、ローン、固有の資金および共有財産（円は省略する）

	結婚時	自家取得時 （結婚の後 3 ヶ月）	ローン完済時 （自家取得後 5 年）	別居・離婚裁判時 （自家取得後 15 年）
家庭の資産	預貯金：600 万	預貯金：僅か* 自家：5,395 万	預貯金：僅か* 自家：不明	<u>預貯金：2,252 万</u> <u>自家：　2,500 万</u>
↑資金の運用（図表 7-1 の形式で、左側）				
↓資金の源泉（図表 7-1 の形式で、右側）				
ローンの金額		4,550 万	完済	
固有の資金の投入額	600 万**	205 万	2,500 万***	<u>合計額 3,305 万</u>
分与対象となる共有財産額				4,752 万−3,305 万＝1,447 万

　*　自家取得時とローンの完済時には、生活上必要な金額に余裕を持たせたものが残されている。
　**　当時の財形貯蓄の金額である。実際には、他に普通預金の残高がある。しかし、裁判当時の忙しさに、筆者がこの金額を見落としたものである。この図表において、自家取得時に、資金源泉の金額が自家の取得価格＋（*の金額）よりも小さいのはこのためであることを理解されたい。
　***　自家取得から約 5 年後であるが、ローンの完済をする目的で筆者の固有の資金が家庭へと投入されている。

　共有財産は、この図表 7-3 の複線の枠内にある金額を用いて残余額として算出すべきものであるが、裁判所は、下線部の金額を用いて算出したのである。

第3節　財産分与に関する両者の主張と裁判所の判断

1　筆者の主張と相手方の主張

(1)　筆者（・代理人）の主張[13]

　筆者側の主張は、別居時の家庭の資産は預貯金と自家の換金価値との合計額（図表7-1の左側の金額4,752万円）であり、本件では、ローンは完済されており（図表7-1の右側のローンの金額ゼロ）、ここから筆者固有の資金の投入額（図表7-1の右側の金額3,305万円）を差し引いた金額が分与対象となる共有財産となり、相手方の寄与率は最大限2割であるというものである。判決文は、この筆者側の主張を次のように記述している。

> 「上記合計額4752万0733円から控訴人の出捐額3305万円[14]（被控訴人が認めている2500万円のほか，控訴人の婚姻前の財形貯蓄からの支出600万円，××[15]からの贈与金100万円，姉からの贈与金50万円，父からの贈与金55万円の合計805万円がある。）を控除した残額1447万0733円に2割を乗じた289万4146円となる。なお，控訴人が本件不動産取得の際，前記のとおり，自己資金等から3305万円出捐したことにより，他の預貯金等の財産が形成・維持されたのであるから、夫婦の共有財産の総額から、上記3305万円を控除すべきである。」

(2)　相手方（・代理人）の主張

　相手方弁護士の主張を要約したものが、判決文にある。次のように認定している。

> 「(ア)控訴人名義の証券，生命保険解約返戻金，債券，控訴人及び被控訴人名義の銀行預金……その合計額は2252万0733円である。
> 　(イ)　不動産
> 　　土地・建物（以下「本件不動産」という。）は，平成×年[16]に，控訴人名義により，諸費用を含めて5395万円で取得されたものであるが，そのうち2500万円については，控訴人の固有財産から借入金を返済する形式で出捐されているから，共有財産部分は，それを除いた全体の54%ということになる。

そして，本件不動産の現在の評価額は，2500万円であるから，共有財産部分の評価額は1350万円である。」

ここにおいて、筆者の固有の資金のうち戻される金額は、2,500万円（不動産の時価）− 1,350万円（不動産のうちの共有財産）＝ 1,150万円であると計算されているので、投入額3,305万円の約1/3に圧縮されていることが明らかになるものである。なお、預貯金はすべて共有財産として計算していることにも注意されたい[17]。

2　提出書類について

あまりの過酷な生活ゆえに別居前から離婚が視野に入っており、財産分与のことを考えれば正直言って隠したくなり、その気持ちがよぎらなかったわけではないが、筆者は隠してはいない。その理由は次の3点にある。

① 共同生活時の過酷な生活に起因する（精神的疲労を含む）体調への影響は、そうする気力を削いだこと。

② 裁判を視野に入れてはいたが、親権が争われるはずなので、財産隠しという策略的要素を排除しておくほうが良いと判断したこと。

③ 財産分与額が争われるにしても、相手方の家事のレベルからすれば、極めて少ない分与額になるはずのものであり、それをしたからといって、金額にほとんど相違はないはずであること。

ところで相手方弁護士が「財産分与・子の監護処分申立書」において、「金融資産については調査嘱託の申し立てを準備しているが、勤務先に対する調査嘱託は控訴人の好まないところであろうから〇〇〇[18]等の資料の提出を求める」と主張していることから、本来は、財産分与を受ける方が、分与対象額に関する証拠書類を整えるべきものであるという認識が「法」に基づくものであることになる。筆者側は、「どうぞ何でも調べてください」ということで、相手方が欲するすべての（金融機関・職場での）調査に関して、全面的に了解をしている。

しかし、相手方の意識・意欲の不足のせいであろうが、給料の振込口座、給与の金額等が整えられない状況が生じたものである。この状況下で、相手方弁護士は、準備書面で「……控訴人のメインの給与振込口座が提出されていない事からも明らかである。控訴人の誠意ある対応を求める次第である」と

記したものである。相手方弁護士の意向を受けたのであろうが、裁判所は、それらに関する資料等の提出を筆者側に指示してきたものである。筆者側はそれに応じ、既提出分に加えて、預金通帳・給料の証明書・その他の指示された（退職金の）関係資料等の提出をしている。

ところで、筆者側は、財産分与関係の証拠書類（結婚時以降の預金通帳、自家取得・ローンに関連した各種証明書等を含む）に基づき、代理人の事務所で、原本との照合ができ、かつ裁判所が理解しやすいように、詳細かつ明確に整理された書面（・資料）が作成され、提出している[19]。加えて、財産分与および固有の資金について法的に認定すべき事実を含め、簡潔かつ合理的な主張が、裁判官と同じ教育を受けた代理人の書面によってなされている。しかし裁判所は、それらを全面否定しただけの事実を認定したのである。

第4節　判決文の公開と自明の事実を否定したことの基本的論証

相手方のプライバシーに関連する事項は極僅かなので、その部分を除き、判決文の該当個所を全文公開する。財産分与に関して、2個所にわたって次のように判断している。

1　高裁の判決文の公開

「財産分与（争点(3)）について
(1) 実質的共有財産の評価額について
ア　本件預金等について
　別紙「実質的共有財産一覧表」記載のとおりの評価額（2252万0733円）であることについては、当事者間に争いがない。
イ　不動産について
　証拠（甲47ないし56, 57の1ないし3, 58ないし63の各1・2, 64ないし69, 77ないし79, 80の1ないし3, 81）及び弁論の全趣旨によれば、本件不動産は、購入時、諸費用を含め、5395万円で取得されたものであること、控訴人は、このうち、2500万円（控訴人所有の山林売却代金）、600万円（日本興業銀行における財形貯蓄解約金621万1650円の一部）、100万円（××[20]からの贈与金）、50万円（姉からの贈

与金），55万円（父親からの贈与金）の合計3305万円を自己の固有財産から出損したこと，本件不動産の時価は，2500万円であること（争いがない。）が認められる。

そうすると，本件不動産のうち，実質的共有財産の割合は，次の計算式のとおり，38.7％（0.1％未満は切捨て）となり，現在の時価に対応する金額は，967万5000円となる。なお，控訴人は，上記3305万円の出損がなければ，他の財産も形成・維持できなかったとして，夫婦共有財産の総額から控除すべきである旨主張しているが，上記3305万円はあくまで本件不動産取得に際して出損されたものであるし，それと他の財産の形成・維持との間には直ちに因果関係を認め難いので，控訴人の上記主張は採用できない。

　（53,950,000-33,050,000）÷53,950,000≒0.387[21]
　25,000,000×0.387＝9,675,000」（判決文Ⅰ）

「前記のとおり，本件預金等及び本件不動産の評価額を合計すると，3219万5733円となり，その4割の1287万8293円（円未満切捨て）から……を控除した1281万7742円を基本として，その他一切の事情を考慮すると，離婚時に控訴人が被控訴人に支払うべき分与額は1300万円とするのが相当である。」（判決文Ⅱ）

判決文Ⅱにおける3219万5733円というのは、財産分与の対象となる共有財産の金額である。それは、図表7-2の共有財産として計算された金額であり、第1節で紹介した裁判所の計算に基づく金額である。

2　自明の事実を否定した裁判所

この金額を算定する際に基づいた思考が、判決文Ⅰの下から8行目の「なお」以下に書かれている。しかし、それはこの世にあり得ない事実である。最初に、例を用いながら、裁判所によるこの事実の捏造行為を裏付ける基本的な2点を指摘し（本節）、その後、財産分与全体にわたる認定事実が現実へまったく適合していないことを論証する。

(1)　預貯金と固有の資金との関係について

家庭の資産が預貯金だけであった場合を考えよう。判決は、別居時の資産等の状況が図表7-1のような状況であっても（不動産＜固有の資金、預貯金

＜固有の資金）、筆者固有の資金である「上記3305万円はあくまで本件不動産取得に際して出捐されたものであるし，それと他の財産（本件における預貯金：筆者注）の形成・維持との間には直ちに因果関係を認め難い」と認定している。

この世にあり得ない認定事実であり、分析の仕方が難しい。玉ねぎの皮をむくような形で分析を進めていくしか方法はないが、最初に、要点だけここで認識しておくことにする。

① 筆者の固有の資金に関して、裁判所が「上記3305万円はあくまで本件不動産取得に際して出捐されたもの」としている。この中には、自家取得の約5年後に家庭生活へと投入した固有の資金2,500万円が入っている。しかし、誰の目にも明らかなように、不動産取得後に支払っているのはローンの返済額と利子であり、「不動産への出捐」という事実はあり得ない。この判決は、ローンの存在・返済という事実を蚊帳の外に置き、虚構の事実を認定したものである。

② 筆者固有の資金に関して、「上記3305万円は、他の財産（本件における預貯金：筆者注）の形成・維持との間には直ちに因果関係を認め難い」と認定している。夫婦のどちらかが1,000万円を家庭へと投入すれば、家庭の資産1,000万円の預貯金が増加して、家庭生活上の余裕が生まれることは否定の余地のない事実である。しかし、裁判所はその関係はないと認定するのである。これも虚構の事実である。

この段階で、判決が「虚構の事実すなわち起こり得ない事実[22]」を認定していることが明確になるものである。しかし、この段階で終えることなく、以下、裁判所の事実認定をさらに詳細かつ慎重に明確にすることにする。以下の本節では、固有の資金と預貯金形成との因果関係を否定した事実の検討を続ける。

ある新婚家庭で、将来自家を取得する目的で、夫婦のどちらかが3,000万円を家庭へとつぎ込んだとしよう。図表7-4のような状況になる。

図表 7-4　家庭の資産とその資金源泉（その１）

家庭の資産		家庭の資産の資金源泉	
預貯金	3,000 万円	固有の資金	3,000 万円

　この時点で、急に夫婦関係がこじれて離婚することになったと仮定する。固有の資金は、（どちらの名義になっていようが）家庭の預貯金（と認識される）口座にある。裁判所の判断は、その資金が家庭の預貯金形成と直ちに因果関係がないというものなので、現実に生じている預貯金の増加額は、共有財産と認識していると考えざるを得ないものである。そうすれば、固有の資金の投入があれば、図表 7-5 のような状況を裁判所が認定することになる。

図表 7-5　家庭の資産とその資金源泉（その２）

家庭の資産		家庭の資産の資金源泉	
預貯金	3,000 万円	共有財産	3,000 万円

　そして、これが双方に分与されることになる。この時点で共同して形成した財産はないので、固有の資金の共有財産への単なる振替が裁判所によって行われているにすぎないことは自明である。しかし、本件高裁が認定し（最高裁が支持し）た財産分与計算では、図表 7-4 の関係が、直ちに図表 7-5 の関係へと置き換わることになるのである。

(2)　不動産、ローンそして固有の資金の関係について

　次に、家庭の資産に不動産が含まれる場合を検討しよう。結婚後すぐに自家を 3,000 万円で全額ローンを利用して取得したものと仮定しよう。ローンにより資金調達をした後には、家庭の資産とその資金源泉は、次の図表 7-6 のようになる。

図表 7-6　家庭の資産とその資金源泉（その３）

家庭の資産		家庭の資産の資金源泉	
預貯金	3,000 万円	ローン	3,000 万円

次に、その預貯金で自家の取得に要する支出をしたものとする。家庭の資産とその資金源泉は次の図表7-7のようになる。

図表7-7　家庭の資産とその資金源泉（その4）

家庭の資産		家庭の資産の資金源泉	
自家	3,000万円	ローン 共有財産	3,000万円 ゼロ

その次に、ローンの返済とはいうものの、最初5年間は利子の支払いだけであり、ローンが減少することはなかった[23]ものとする。この間に、2,000万円の預金ができたが、自家が半額まで下落したとしよう。そうすれば、家庭の資産とその資金源泉は、次の図表7-8のようになる。

図表7-8　家庭の資産とその資金源泉（その5）

家庭の資産		家庭の資産の資金源泉	
預貯金	2,000万円	ローン	3,000万円
自家	1,500万円	共有財産	500万円

ローンを返済しなければならないことは自明なので、この時点で離婚すれば、分与対象額は、家庭の資産額3,500万円からローンの金額3,000万円を差し引いた500万円である（河原崎［7-2］を参照のこと）。

ここへ自己資金の要素を入れてみよう。夫婦のどちらかが固有の資金3,000万円を投入して、家庭の預貯金が5,000万円になり、資金的余裕が出てきたので、このうちの3,000万円でローンを完済したが、離婚するものとする。ローンの完済前後で、共同して形成した資産である共有財産が急に変化するわけもなく、共有財産は500万円のままである。そして、ローンが返済されてゼロになり、ローンに置き換わり、固有の資金が家庭の資産の源泉を担うことになる。そこで、次の図表7-9の状態になる。

図表 7-9　家庭の資産とその資金源泉（その 6）

家庭の資産		家庭の資産の資金源泉	
預貯金	2,000 万円	固有の資金	3,000 万円
自家	1,500 万円	共有財産	500 万円

　しかし、裁判所の判断では、本件において、自家取得から 5 年後に投入された固有の資金を含む「上記 3305 万円はあくまで本件不動産取得に際して出損されたものである」（判決文 I）という認定のもとに、固有の資金 3,000 万円は、5 年さかのぼり、不動産の取得に対する出損とされ、自家の下落率に合わせて、半額の 1,500 万円に減額されるのである。ゆえに、裁判所は、固有の資金の投入があれば、直ちに図表 7-10 のような状況を認定するのである。

図表 7-10　家庭の資産とその資金源泉（その 7）

家庭の資産		家庭の資産の資金源泉	
預貯金	2,000 万円	固有の資金	1,500 万円
自家	1,500 万円	共有財産	2,000 万円*

　*　左側の換金価値から、右側の自家の下落に合わせて減額させられた自己の資金を差し引いた金額である。

　高裁の判断では、この固有の資金の投入とローンの返済という事実が生じれば、瞬時に、共有財産は 1,500 万円（図表 7-9 の 500 万円から図表 7-10 の 2,000 万円）も増加し、固有の資金は 1,500 万円（図表 7-9 の 3,000 万円から図表 7-10 の 1,500 万円）も減少するのである[24]。
　ところで判決は、結果的には、上の事実に導くものであるが、本件判決文 I において明白なのは、ローンと固有の資金との代替関係を認知していないことと、自家取得時に約 4,500 万円ローンがあり（図表 7-3 参照）、それが返済されている事実を蚊帳の外に置いていることにも着目する必要がある。
　まとめておくと、本件高裁（そしてそれを支持する最高裁）の判断に従えば、共有財産が共同して形成した資産という本来の意味を持つことはない。

これだけでも十分に「違法性」は証明されるものであり、この判決における財産分与に関する判断部分も、消失すべきものとなる。
　以下、この財産分与に関する裁判所の判断の全容解明へと論を進めることにする。

第5節　固有の資金を減額した違法性

1　自明の事実の否定と非現実的事実を認定
　固有の資金の投入と家庭の預貯金との関係について、さらに論じることにしよう。裁判所は、共有財産の算定にあたり、固有の資金の投入があれば、それだけ預貯金[25]という形で家庭の資産の増加をもたらすという自明の事実を否定し、不動産への出捐を認定している。その事実認定が正当化されないことは、既述のところから明白であるが、判決内部においても、奇怪な事象を生じているのである。裁判所が認定した次の2点に着目されたい（判決文Ⅰ）。

（ア）　固有の資金の投入と家庭の資産である預貯金の増加との因果関係はない。

（イ）　固有の資金は、不動産へ出捐されたものである。

（イ）において、裁判所は、(個人的支出と認定していないので、)家庭の預貯金からの不動産への支出を認定している。その前提には、固有の資金による預貯金の形成[26]という事実がなければならない。しかし、裁判所は、固有の資金による預貯金形成の事実を否定している。逆に、(ア)から(イ)の方向へと考えると、固有の資金の投入による預貯金の増加を認定していないのに、その預貯金から不動産へ支出した事実を認定したものである。
　また、夫婦のどちらかが、固有の資金を何らかの事情で家庭の生活に関する預貯金口座[27]に振り込めば、その家庭の預貯金が増加することは自明であり、(ア)が成り立つことはない。そこで、(イ)の検討へと論を進めよう。

2　資産とその資金源泉との特定の不可能性
　第1節で、筆者は次のように述べたものである。「図表7-1の右側の資金源泉と左側の運用形態との個別的対応関係はない。全体的対応関係があるだけ

である」と。しかし、高裁は（相手方弁護士の主張もそうであるが）、固有の資金を不動産への出捐と認定して、固有の資金という源泉（図表7-1の右側の項目）とその運用先としての不動産（図表7-1の左側の項目）との因果関係を特定したのである。

ところで、離婚時における不動産の価格2,500万円は固有の資金の投入額3,305万円よりも少ない。裁判所は、固有の資金は新築時の自家5,395万円に支出したというものである。この手法によって固有の資金を圧縮することの反合理性は図表7-10（およびその説明）で明らかになっている。

また、不動産とそれを賄った資金源泉とを結び付けることは本来的にはできるものではない。例で考えよう。ある夫婦の給与から形成されたと認識される（ゆえに、共有財産であるべき）預貯金が3,000万円ある状況の下で、何らかの事情で夫婦どちらかの固有の資金[28]3,000万円が家庭へと投入され、この後に、3,000万円の自家を取得したと仮定しよう。この条件下で、「自家に出捐した資金の出所について答えなさい」という問題が提出された場合、誰もが困りはてて、解答できるはずのないものである。もちろん、出題者が正解の存在を前提に問題文を作成しているとすれば「問題文の誤り」が正解であり、そうでない場合には「正解がない」というのが正解である。

より身近な例に置き換えてみると、次のようになる。例えば、メンバーがお金を出し合って、何らかのパーティーをした場合、テーブルの上に並べられた料理・飲料に関して[29]、誰が資金を提供したかを項目毎に特定・認識できるものではない。企業についても同じである。各資産項目について、株主からの出資金、銀行からの借入金等によってまかなわれたかどうかの識別は不可能である。しかし、本件高裁・最高裁は、その識別ができるという前提そしてその識別をしなければならないという前提に立った判断をしているのである。

3　固有の資金の思考上のフローを仮定して判決を検証

実際には、本件高裁・最高裁の認識とは異なり、ある源泉の資金がどこへ使われたかの特定はできない。しかし思考上は、使途を仮定して、固有の資金をどのように考えるべきかの検討をすることは可能である。

判決とは異なり、固有の資金の家庭への投入は、まず家庭の資産である預

貯金を増加させる。この自明の理によって認識される預貯金について、下の4つの使途を仮定することができる。
① 預貯金（判決でいう「他の資産」）で据え置かれる。
② 生活費に用いられる。
③ 不動産（例：自家）の取得に用いられる。
④ ローンの返済に用いられる。

預貯金で据え置かれている場合を考えよう（①）。固有の資金の投入があったからこそ、それだけの預貯金が増加しているわけである。また、これは共同して形成した資産額ではないので、離婚時には、投入者に返されるべきものである。次に、生活費に使用されたと仮定すれば（②）、本来生活費は、共同して形成した資金から支出されるべきものであるがゆえに、固有の資金から支出していれば、離婚時にはその金額が減額されることなく、投入者に返されるべきものである。さらに、裁判所が認定した事実である自家の取得に固有の資金が用いられた場合には（③）、自家は家庭生活のために共同して利用しているので、本来は、共同して形成した資金から支出すべきものである。ゆえに、固有の資金から支出したとすれば、これも離婚時には、投入者に減額することなく、返されるべきものである。最後に、相手方弁護士が一部認定した事実であるローンの返済に用いられた場合は（④）、共同生活している場所である自家に関連したローンであれば、共通して負担すべきものであるから、共同して形成した資金から返済すべきものである。そこで、固有の資金でもってローンが返済されている場合[30]、離婚時には、その固有の資金額を投入者に返すべきものである。

本節で明らかになったように、固有の資金を何に使ったかは、特定できるものではなく、特定する意味もなく、また、固有の資金の減額を正当化する理由もなく、その投入額だけが意味を持ち、その全額が家庭の資産から控除されることにより、分与対象となる共有財産が計算される。ゆえに、図表7-3において、別居・離婚裁判時の欄の計算項目が合理性を持ち、第3節で紹介した筆者（・代理人）の主張が法的妥当性を持つものである。

第7章　財産分与に関して事実の捏造

第6節　権利義務関係の認定に関する違法性

1　不動産への出捐を二重に認定

高裁は、筆者固有の資金3,305万円の全額を自家への出捐と認定している。図表7-3から明確になるように、この固有の資金には、「自家取得以前に所有していた資金」と「自家取得の約5年後に得た資金」とが含まれるのである。ゆえに、裁判所は、固有の資金の全額は、何時[31]家庭に投入されようが、自家の取得時に用いられたものと認定することが明らかになる。

この3,305万円のうちの大半を占める自家取得から約5年後に投入された2,500万円に関して、判決の事実認定を検証することにする。

判決文は、「あくまで本件不動産取得に際して出捐された」と認定していることそして本件ではローンに一切言及しない事実認定を行っていることから、論理的には、筆者固有の資金は、売主に対して支出されたと認定しているとしか理解できないものである。しかし、所有者は、その約5年前の取得時点で、「ローンで調達した分を含めた資金」で自家の代金の支払いを済ませている。裁判所が否定できない事実である。クレジットカードを使用した時には、カード会社から売主に支払われる。カードの使用者はカード会社にその債務の返済をするだけである。住宅ローンでも、同じことである[32]。

ゆえに、自家取得後約5年経た時点で、所有者が売主に対して2,500万円を追加払いすることはなく、この時点で裁判所（および相手方弁護士）が認定した「自家への出捐」という事実はあり得ない。ところで、裁判所は、この時点での「自家への出捐」を認定しているがゆえに、それに従えば、所有者は自家取得時点とローンの返済時点で、「自家への出捐」をしていることになり、二重の支出を認定したことになるものである。

なお、自家取得時・以前における固有の資金の投入額805万円についても、詳しく論じる必要もなく、資金源泉と特定の資産との関連付けが不可能であることを鑑みれば、固有の資金が、「不動産取得に際して出捐された」という認定はできないことが明白であることを指摘しておけば十分である。

ゆえに、筆者の固有の資金3,305万円が不動産の取得に出捐されたとする

裁判所の判断が非現実であり、「違法」であることは動かし難い。
2　ローンの返済の事実と未返済の事実を認定

また、高裁が、代替関係にある2つの事象間の関係すなわち筆者固有の資金によるローンの返済という事実を認定せず、自家への出捐と認定した段階で、必然的に固有の資金3,305万円に近い金額（以下、細部にわたる金額は重要ではないので、3,305万円と記述する）のローンが残っているという事実を認定したことになる。しかし、この残っているはずのローンは、財産分与の計算では考慮されていない。そこで、結果的には、このローンは返済されているという事実を認定しているのである。ゆえに、裁判所は、ローンに関して、「返済されていない」という事実と「返済されている」というまったく逆の事実との双方ともに、結果として認定したことになるのである。

加えて、裁判所は、固有の資金の行き着く先に関して相反した事実を認定していることにもなるのである。筆者の固有の資金は、既述のように、全額が自家への出捐であると明言している。ところが、裁判所は、3,305万円のローンが残っている事実を認定していないので、筆者固有の資金で返済したという前提を置いていることになる。かくして、文面上から容易に読み取れる事実は、筆者固有の資金3,305万円は、ローンの返済に支出され、かつ自家へ出捐されたという二重に支出された事実を認定しているのである。

なお、相手方弁護士は、「土地・建物……諸費用を含めて5395万円で取得されたものであるが、そのうち2500万円については、控訴人の固有財産から借入金を返済する形式で出捐されている」という事実を主張している。判決文と異なるところは、金額の相違を除き、「借入金を返済する形式で」という事実が挿入されている点である。判決も、この線で書いた部分もあるかもしれない。しかし、自家取得以前に所有していた固有の資金（3,305万円－2,500万円）はこの形に入らない。なお、弁護士はこの固有の資金805万円に関する言及をしていない。その主張に内在する基本的欠陥ゆえに、主張できなかったと考えるのが当然である。

また、「法律」上の範疇にある権利義務関係に基づけば、所有者は、自家取得後にローンの貸主に対して返済する義務があるが、売主には資金上の義務を負っているわけではない。ゆえに、弁護士が主張する「（貸主に：筆者注）

借入金を返済する形式で（売主に：筆者注）出捐」という事実は、法理論上はあり得ない。「不動産への出捐」は、売主と所有者との権利義務に関係するのに対して、「借入金の返済」は、ローンの貸主と借主との権利義務に関係するものである。

本件では、自家取得時にローンを組んで数年後、その利子が高くなり負担が大きいので、返済のために、先祖から譲渡された財産を売却して得た筆者の固有の資金 2,500 万円が家庭に投入され、ローンを（共同で形成した財産に該当する預貯金額をも用いて）完済したものである。また、ローンを完済した時点で、家庭の預貯金は、低い状態である[33]。

ゆえに、仮に、筆者の固有の資金の使途・行き着く先を売主か貸主かを認定するのであれば、ローンの貸主とされるべきものである。文字通り「認定するのであれば」ということであって、個々の資金の行き着く先を厳密に認定することはできないし、その必要もない。もちろん、図表 7-1 で明確になるように、ローンにしても、固有の資金にしても、共同して形成していないという意味で、共有財産にとっては外部資金であることに関して共通しており、家庭の資産が決まれば、それらの代替関係が認識され、固有の資金が減額されることはない。

3　自家の下落分の負担者としての受益者の認識不足

では、高裁判決が筆者の固有の資金に負担させた自家の下落額は、どのように考えるべきものであろうか。自家から得られる経済的便益は、受益者（夫婦）が平等[34]に享受している。そこで、受益者である夫婦が共に負担すべきものであり、判決のように固有の資金投入者が負担するものではない。これは、固有の資金投入者が共通して生活の手段として使用している自家への投資を行っているのではないことを視野に入れても、当然認識されるべきことである。

さらに、一般的にみても、物品の価値減少額は、資金の投入者ではなく、便益の受益者[35]が負担しているのである。支払家賃には、賃借物件の価値下落額（減価償却額）が含まれ、賃借人がそれを負担している。また、製品であれば、それを製造する際の機械・工場の価値減少額（減価償却費）は、製品の原価に転嫁され、受益者である消費者が負担している。企業への資金投

入者（株主、債権者）が負担しているわけではない。

ゆえに本件では、自家の新築時の価格 5,395 万円から 2,500 万円まで価格が下落した金額は、受益者である両者が負担すべき金額である。共有財産の計算に必要なのは、離婚時の時価である。そこで、高裁そして相手方弁護士が共有財産の計算に用いた新築時の価格 5,395 万円は、本来財産分与計算に関与する余地はない。

このように、裁判所が行った計算は意味不明であり、説明できるとすれば、固有の資金の圧縮に貢献したということだけである[36]。

第7節　税法の論理とクレジット・システムに反した高裁判決

税法の例を検討しながら、法律が資金源泉と資産との関係の特定をしていないことを検討することにする。

1　税法の論理に背反

企業であれば、債権者が企業に対する債権（企業にとっては債務）を放棄することによって、企業の債務負担を軽減し、再建への道筋が敷かれることがある。企業は債務を免除されたことにより、それだけの返済のための資金負担がなくなり、資金が蓄積され、その資金を「設備の投資」等に充て、利益の獲得のための活動を行なうことができるのである[37]。これが、債務免除益であり、企業にとって資金の流出を防ぐことができたという点を考えれば、一種の資金提供である。

税法では、当然のことながら、債務免除によって蓄積された資金[38]がどの資産に投下されたかには関係がなく、この債務免除額自体を「益金」として課税対象としている。「税法」の論理は、企業にとっては、債務が免除されたことによる一種の資金受領を認定するというものである。税法は、債務免除によって企業に留保された資金が投入された不動産を特定し、不動産の取得後数年経過した時の価格下落を考慮して課税をすることはない。

また、個人の場合には資産の贈与を視野に入れれば、預貯金での贈与を受けた者は、それ以前（例：数年前）に保有していた不動産へその資金を使用したものであり、その不動産の価格は半額になっているので、贈与された金

額の半額に対して課税されるべきであると税務署に主張するなど、考えないはずである。

2　社会秩序を乱す高裁判決

　ここで、財産分与計算において固有の資金の認識に関する最高裁が支持した高裁判決の基本的問題点を整理しておこう。

　ア　固有の資金の投入と家庭の預貯金形成との絶対的・自明の因果関係を否定した。
　イ　本来認定できない自家の取得と固有の資金との連結性を認めた。
　ウ　自家取得後に投入された固有の資金について、過去へと時間を遡及して、自家取得のために支出されたものと認定し、次に、時間を進めて資産の価値下落に応じて固有の資金を減少させた。
　エ　自家取得以前に投入された固有の資金は、逆に時間を進めて、後に取得された不動産取得のために支出されたものと認定し、次に、さらに時間を進めて、その資産の価値下落に応じて固有の資金を減少させた。

　これらに関して、次のようないくつかの疑問を浮かべただけでも、答えられるはずもなく、法の目的たる社会秩序を維持できない判決（「違法判決」）であることが明らかになるものである。

　①　固有の資金の投入による家庭の預貯金形成・維持の因果関係を否定する根拠は何か。
　②　固有の資金を（預貯金の増加ではなく）不動産への使途に限定する根拠は何か。
　③　固有の資金投入があり、その家庭の資産が預貯金だけであれば、離婚時に固有の資産（金）が認定されないこと（すなわち、すべて共有財産）になるが、その理由は何か。
　④　離婚時に不動産があるかどうかで、返されるべき固有の資金の金額が左右される理由は何か。
　⑤　固有の資金投入から何年前に取得した不動産まで、また、固有の資金投入の何年後に取得した不動産まで両者の関係を特定するのか。

第8節　初歩的な社会常識にも背反

　次に、事例を（少々理屈っぽい）小学生レベルに合うものにして、彼らの反応を予測してみよう。

　これから毎月、両親から1万円の現金を小遣いとして手渡されることになっている小学生が、10万円のパソコンを両親（本件のローンの貸主に相当する）から10万円の借金[39]をして買ったとしよう。その後で、祖父母（本件の固有の資金の提供者に相当する）が、孫に資金的余裕ができるようにとの配慮から、両親への借金を支払うようにいい、10万円の現金を手渡し、この小学生がそのお金で両親への借金を返済したとしよう。この小学生は、祖父母に対して、「お父さん・お母さんにお金を返さなくてもよくなったので、毎月の1万円を預金することができ、うれしい」というものである。

　さて、パソコンの価格が半額になった10ヵ月後の時点で、祖父母のどちらか（あるいは、どちらも）が、病気になったとしよう。高校生の兄ないし姉[40]（本件の高裁裁判官の思考に相当する）が、「おじいちゃん・おばあちゃんがくれたお金はあくまでパソコンに支出されたので、後からできた預貯金10万円とは因果関係がないので、見舞いはもらった10万円ではなく、今のパソコンの価格5万円を基準として考えないといけないよ。」といったとしよう。この小学生は驚き、「それはおかしいよ。パソコンを買ったお店には、お父さん・お母さんから借りたお金で支払っている。おじいちゃん・おばあちゃんからもらったお金で支払うこともない。だいいち、そのお金でお父さん・お母さんに返したじゃないか。お父さん・お母さんには、お金を返さなくてもよくなった。おじいちゃん・おばあちゃんからもらったお金のおかげで、毎月の小遣を貯金できているんだ[41]。パソコンだけではなく、物は使っていれば当然価格は下がるよ。そこで、もらった10万円を基準に考えて、見舞いをすべきだよ。」と反論することは容易に予測できる。

　このように考察すれば、「認定事実が現実の範疇にない」・「普通の判断が普通にできない」というこの事実は、裁判官・裁判所のどこかに、思考力において国民と共有することのない空洞あるいは国民を拒否するという意識を

内包していることが原因であると推測せざるを得ないものである。その証拠に、次節（および最高裁の判決の決定文）で検討するが、「当事者の主張・立証を否定しただけの文」を「理由」として用いていることである。しかし、民主主義そして国民の思考に基づけば、当事者の主張を否定しただけの文が「理由」になることはない。

　高裁が、自らの結論へと導くべく手段として用いた用語が、「あくまで」である。

第9節　「あくまで」を用いることによる結論への執着

　判決文では、（筆者の固有の資金は）「あくまで本件不動産取得に際して出損された」と認定している。しかし、既に論証されているように、本来裁判所がすべき法的判断は、逆に、「〈注：相手方弁護士の主張を本章で述べた論理に従って否定した後に〉あくまで本件不動産取得に際して出損されたとは認定できないものであって」である。なお筆者は、判断の結果について述べているのであって、この記述自体をすることを求めているのではない。

　ところで、国民は、「〇〇という証拠により、〇〇という事実が証明されるので、『あくまで』〇〇と判断せざるを得ない」というように、「あくまで」の前に、合理性のある理由・根拠を挿入するし、論理上はそれが必要とされている。しかし、裁判所は異なる。高裁判決をもう一度振り返ろう。「夫婦共有財産の総額から控除すべきである旨主張しているが，上記3305万円はあくまで本件不動産取得に際して出損されたものである」と述べている。次の2点が鮮明になる。

　「あくまで」の前は、筆者側の主張を述べているだけであって、「あくまで」を使用できるための根拠・理由が書かれているわけではない。「あくまで」の後は、すでに明確になったように、筆者固有の資金の使途を自家へ拘束するという法的かつ現実にはあり得るはずのないものである。

　また、「あくまで」の用い方を誤っているのである。一般の社会生活においては、「あくまで」が用いられる状況は、「あくまで」の前の部分の理由・根拠の合理性のレベルが高いことを「強調する」程度に用いるものであり、論

証過程に必然的なものではない。合理的根拠・理由が見つかっている場合には、経験則として、「あくまで」を用いることなく、それを説明するものであり、その説明をすればよいだけのものである。ゆえに、理由付けに「あくまで」は不要であり、判決のように「当事者の主張……〈「あくまで」を挟んで〉……裁判所の主張」となっている場合には、異なる主張の間に「あくまで」が挟まれているだけで、文章としての論理性はない。

　かくして、「あくまで」を挟んだところで論理的な意味がないことは、判決における「お前は、〇〇であると主張しているが、『あくまで』〇〇である」という記述が、客観性・論理性等を付与されるべき民主主義社会の「理由」となる文ではないこと、そしてその認定結果が、非現実の事実であることが裏付けている。

第10節　「尋常でない」家事を認定した当事者に4割の分与を認めた奇怪性

　判決は、次の文を用いて、相手方の寄与率を4割（40％）と認定している。この判断を検証することが本節の課題である。
　「控訴人が〇〇[42]として勤務したことについては，被控訴人の妻としての協力が不可欠であったと考えられるものの，被控訴人の家事の能力については，通常より劣っていたことは否定できないので，夫婦の実質的共有財産形成についての被控訴人の寄与度は4割と認めるのが相当である。」
　第1点として、「控訴人が〇〇として勤務したことについては，被控訴人の妻としての協力が不可欠……家事の能力については、通常より劣っていた……」と認定しているが、この文が成り立つのであろうか。判決書は法的文書であるから、用語を法的に解釈せざるを得ない。ゆえに、「通常」とは、民法における（監護義務に加えて，）協力扶助義務を果たすレベルにあることを意味する。しかし判決は、「それより劣っていた」と認定しているわけであるから、妻としてのこれらの義務を果たすレベルにはないことを認定しているわけである。ゆえに、「（控訴人の勤務には：筆者注）被控訴人の妻としての

協力が不可欠」ということは成り立たない。

　それを裏付けるかのように、相手方弁護士は「準備書面」において、既述のように、「家事に対して文句があっても、文句を言わずにお前がやれば済むことである」という趣旨の主張をしている。明らかに、民法における協力扶助義務・監護義務に背理したものであり、協力義務の要素がまったくないことから、高裁の「勤務……妻としての協力が不可欠」という判断が、(少なくとも精神面においては) 成り立たないことになる。

　第2点として、高裁は、「被控訴人の寄与度は4割と認めるのが相当である」と判断している。ところで、常識的・客観的に見て、4割の寄与率であれば、5割との明確な相違は認められない。弁護士の場合、依頼者の立場を考えて書面を書くことから、客観的に見て、3ないし4割程度の寄与を認識していた場合、「専業主婦としての仕事を問題なくこなしていたこと」を主張し、それに基づき、基本的に最大限度というべき5割の分与を主張するものである。

　しかし、本件はそれと異なり、相手方弁護士は、意識的であるかどうかは不明であるが、結果的には、次のように工夫（トリック）をして、5割の分与を要求している。

　　「特段の事情がない限り2分の1の割合で財産分与されるべきであるから、本件では約2730万円[43]の財産分与が命じられるべきである。」

この前半部分（読点の前）は、「法的」な考え方を提示したものであり、後半部分は、要求割合を記述しているだけであり、本来的・(権利義務関係を基礎とする)「法」的には、何の意味もない文である。表彰規定を視野に入れれば理解しやすい。この文は、「こういう表彰規定があるから表彰せよ」という文にすぎず、そこに欠けているのは、「表彰に値する行為事実」に関する言及である。表彰対象となる当事者（ないし推薦者）は、申し込む場合、表彰対象となる事象に関して詳論する義務を課されているはずである。その説明を回避して、表彰の申し込みをしても相手にされない。

　しかし、この事情に精通しているはずの上記弁護士の文は、表彰の申し込みの際の根拠に相当する「家事能力・家事の現実に関しては特段の事情がなかった」ことに関しては、一切触れていない。弁護士が本来主張すべきこと

を回避していることは、逆に、実際には深刻な「特段の事情」があったことを明確にしたものでもある。筆者が、この弁護士の文に関する問題点を陳述書で明示している（し、その書面に対して「理路整然性」を認定している）がゆえに、裁判所であるかぎり、それを認識内に置いていて当然である。しかし高裁は、筆者の指摘に沿わないのである。

そして高裁は、「尋常ではない家事」・「ハエがわくような不衛生な家事」・「激しい暴言を吐かれてももっともと認定した家事」・「地裁が日常生活に求められる最低限未満と認定した家事」でも4割を認定したものである。これほどひどい家事をしていても、形式的には4割の分与があるのなら、専業主婦は、（止むを得ない事情かどうかにかかわらず）家事をさぼりまくり、配偶者に家事のほとんどを押し付け、何らかの文句が出れば、「暴言」攻撃をしていればよいことになる。

この4割の分与を認めた基礎になっている裁判所の認識が非常識であり、そして事実に照らして分与の根拠を主張できなかった弁護士の認識に基づけば、4割という寄与率は、あまりにも高すぎるということが明白になろう。

第3点として、常識的に考えて、国民は「分与割合に納得せよ」といわれれば、専業主婦の寄与率を基本的に最大限5割とすれば、家事等の最低限と認定されるレベルを何とかこなしている場合（この場合、夫の過重ではない負担を必要としているが）には、最大限3割という判断をするのではなかろうか。弁護士が依頼者の家事を弁護する主張ができずにいる状況下では、相当ひどい家事であることは確かであり、長期にわたり配偶者に家庭生活での過酷な負担を負わせ続けていることもあり、筆者側の主張である最大限2割であるというのが合理性を持つはずである。

なお、石原・有吉・内海〔1997,57〕で述べているように、「妻は家庭にいて病気で寝ていただけだ、むしろ負担だったという場合でも、夫婦としての存在じたいが貢献でもあり、その意味で財産分与の対象になります」と考えるのなら、裁判所は、その「存在自体の貢献」を認めるべきであり、相手方弁護士の準備書面からも明らかなように、「お前が家事をやらんかい」と主張して、協力姿勢を拒否していることから、「勤務……被控訴人の妻としての協力が不可欠」という事実認定は避けるべきものである。

第11節　高裁判決検証の結論と司法の「法」の認知能力

　筆者の代理人が、財産分与に関して論点を絞り、上告理由書で筆を執っているにもかかわらず、最高裁は筆者側の主張を適法でないと認定しているのである。本件上告では、「裁判官全員一致の意見」(本書末添付資料を参照のこと)として、関与した最高裁裁判官4名全員が、高裁判決の認定(手法)に軍配を上げたものである。そして高裁は3名の裁判官の合議制であるから、うち少なくとも2名は賛成していることになる。ゆえに、高裁・最高裁裁判官のうち、少なくとも6/7(約85％)が、この高裁の財産分与の計算の仕方について賛成している事実が証明されるものである。

　ところで、離婚に関する裁判所組織の判断の本質を理解すべく、下に、地裁・高裁・最高裁判決の内容を再度まとめて吟味しておくことにする。その内容に、筆者の裁判所に対する被害妄想的な面があるにしても、裁判所の裁判・判決書を分析した場合、裁判官が以下の内容の裁判行為を潜在的に行うことに自由であるという事実を明確にするものである。

【地裁判決】(夫へ)

　「妻が日常生活上求められる最低限のレベルに届かない場合、夫は、それに対して『暴言』をはいていればよいのです。その結果、妻が家を出て行き、別居という事実が生じていれば、裁判所は、そこに婚姻の破綻の事実を認めますので、離婚は成立します。逆に、親権に関しては、結果的事象である『暴言』によってあなたを攻撃します。」

【高裁判決】(妻へ)

　「あなたの弁護士および裁判所が夫の提出証拠に『理路整然性』、すなわち夫の主張事実の正しさを認定・表明していても、裁判所は、裁判官の体験に基づき、証拠の数および『論理性』等を根拠にして、『異常性』を認定して、その主張・立証を排斥します。

　　専業主婦としては、我が裁判所が認定した『ハエがわくような家事・尋常ではない家事』、地裁が認定した『最低限必要とされる営み未満の家事』をしており、あなたが依頼した弁護士が実質的弁護をできず、『家事

に関して、文句を言わずに夫がやれ』というほどのひどい家事をしていても、あなたがあり得ないレベルでの『暴言』で夫を攻撃していれば、裁判所は『家事不足』の事実を基本的に問題視せず、支持する方向で事実認定をするとともに、夫が家事の過重な負担をしていても、その事実を認定せず、あなたの単なる主張に沿い、かつそれを超えても、『推認』という手法を用いて、夫に対して『暴言』攻撃をしますので、親権者は妻になります。

なお、別居に際しては、子供を同行させ、徹底して子供に関する情報を夫に与えないことです。裁判所は、交流を試みていないことをもってして、夫を攻撃します。

また、財産分与に関しては、客観的な証拠（原本）が提出されていても、ローンの返済に関する一切の事実を排除し、夫の固有の投入資金全額について、何時投入されようが、自家への出捐というこの世にあり得ない事実[44]を認定するとともに、（自家の下落に合わせてそれを）圧縮します。これにより、分与対象となる共有財産を増加させ、あなたの寄与割合を4割としますが（ので）、結果的には、（適法に認定された場合に計算される）共有財産の90％の分与でさえ認めます。

繰り返します。あなたは、『暴言』を盾にしていればよいのです。夫の過労による生命の危険・健康など考慮する必要はありません。夫に対しては、徹底的に（家庭の内外を問わず）仕事をさせ、固有の財産を拠出させればよいのです。」

【最高裁判決】

「最高裁は、この高裁判決を支持します。『法律・法』に基づく判断をしているからです。」

法律上、他に裁判をできる組織がないので、(すべてが) この程度の判断行為（をしていると主張しているものではないが）しかできない裁判所に提訴しなければならないという国民の置かれた状況を受け止め、国家は、憲法に従って国民に対して「公正な裁判」を保障すべく、かつ「公正な裁判」を保障して訴訟費用を徴収していることもあり、合理的な「理由」が添付された判決書を作成するという国民に対する責務を完全に果たすべく、司法の抜本

的改革をすべきものである。

　また、我々は、メディアで裁判所の何らかの認定事実が報道されても、証拠・法律に照らして必ずしも判決書の合理性を保障するものとはいえないことを念頭に置き、裁判官がそういう判決書を書いたという事実だけを認識するだけにとどめ置くことも必要である。

　ゆえに、我々は敗訴した当事者に関して、裁判所が認定した事実を判決書の文字通りに理解してはならないことが明確になるとともに、判決書の合理的立論の有無に関して慎重に分析を進めていく必要性も認識されたはずである。また、裁判・判決の合理性を確保するために、国民が裁判官に対して、その判断過程の基礎となるべき「法」と「その論理」を教示する必要性も明確になったものと思われる。

　次章以下２章では、本件上告を棄却した最高裁判決を検証することにする。

[1] 別居時以降は共同して形成した資産はないので、基本的に、この時点が財産分与の基準時点となる。なお、自家に関しては、別居時点のものはわからないので、訴訟の時点での鑑定により決定した金額である。

[2] この固有の資金額は、筆者が家庭へと投入したと裁判所が証拠書類（原本）により認定した金額であり、裁判所が、違法な方法により分与対象となる共有財産を算出する際に用いた（自家の下落に合わせて減額をした）金額ではない。後者に関しては、図表7-2を参照されたい。

[3] 本章（財産分与関係）では、判決書で用いられている用語ではなく、通常の感覚で認識しやすい概念を用いている。なお本件は、結婚後しばらくして、自家という不動産をローンを組んで取得して、その後、夫が固有の資金を家庭に投入して、ローンを完済し終えて、家庭の預貯金も溜まった段階で離婚した事件である。

　ところで、事件の内容が異なる場合そして裁判用語に関しては、書籍・インターネット等で調べたり、弁護士等の専門家に相談されたい。

[4] 本件にあわせて、預貯金と不動産に限定して記述している。高裁の思考を分析するには、これで十分である。

[5] 金額算定の基本的な思考パターンを述べている。注３の事項を含めて、詳細は専門家に相談するか、財産分与に関する書籍等を参照されたい。

[6] 相良圭彦弁護士のホームページを参照しよう。

　「一方の配偶者が結婚（婚姻）前から持っていた財産や、一方の配偶者が相続によっ

て得た財産などは、その人の固有の財産ですから、財産分与の対象にはなりません。」

　　　　　　　　　　　　　　　　　　　　　　　　　　　　　　　　　　相良［7-1］
　　http://www.sagara-law.jp/field/rikon/faq52.html（2011 年 4 月 4 日）
7　河原崎弘弁護士のホームページを参照しよう。
　　「相談：……5 年前に 3000 万円でマンション（時価 2000 万円、私名義）を買い、そ
　　のローンが 2000 万円残っており、預金は 500 万円ほどあります……
　　　弁護士の回答：……財産分与の金額は、夫婦が結婚期間中に得た財産から債務の額
　　をマイナスして総額を算出し、それを 2 分して算出します。あなたが妻に支払う財産
　　分与は、次の通りの計算で算出します。
　　　{2000 万円（マンション）＋ 500 万円（預金）－ 2000 万円（債務、ローン）} ÷
　　2 ＝ 250 万円（実際に財産分与する額）」　　　　　　　　　　　　河原崎［7-2］
　　http://www.asahi-net.or.jp/~zi3h-kwrz/law2ritosisita.html（2011 年 4 月 4 日）
　寄与率を 50％として計算されているが、ここでの論の対象とするものではない。この
計算から認識しておくことは、下の 2 点である。
　①　マンションの取得価格 3,000 万円が、財産分与計算に関与していないことである。
　　　しかし、本件高裁は、この取得価格を計算に用いたのである。
　②　マンション 2,000 万円と預金 500 万円という資産が形成されるためには、ローン
　　　がなければ、夫婦のどちらかの（あるいは、両方の）相続等による固有の資金 2,000
　　　万円が家庭へと投入されている。しかし、本件高裁は、この条件下では、固有の資金
　　　を不動産の時価の変動に合わせて、2/3 に減額したものである。当然のことながら、
　　　残りの 1/3 は、共有財産となる。
8　ローンと固有の資金との代替関係を論じることができればよいので、利子という相違
点は無視する。
9　実際に、高裁は、この線に沿った分与計算をしている。
10　筆者が、数値の簡略化のために用いたものである。
11　本件高裁が不動産の取得価格を財産分与の計算の不可欠の要素としていることは否定
できず、その判断を最高裁が支持しているので、不動産の取得価格が証明されること、こ
れが、裁判所が認識している財産分与における「法律」に基づく判断であると認識せざる
を得ない。なお、取得価格が証明されない場合、高裁・最高裁がどう判断するのかは不明
である。否定できない事実は、本件高裁が不動産の取得価格を要素として固有の資金の返
却額を計算したことと本件最高裁がその手法を支持していることである。
12　「90（相手方）：10（筆者）」、これほど、双方の分与額に極端な違いを見せれば、「暴言」
に対する慰謝料が含まれているのではないかという見方がされるかもしれない。しかし、
相手方は、「暴言」で激しい攻撃をしてきたものの、そのレベルの「暴言」を認識してい
れば当然請求するはずの慰謝料を主張・請求してはいない。また、裁判所は、主張・請求

のないものを判断することはできないので、この金額は財産分与に関するものだけである。
[13] 金額に関しては、筆者が訴訟の過程で筆者の固有の財産に関して一部見落としたものがある。しかし、これは判決文の検証に影響するものでもない。
[14] この金額（筆者の固有の資金の投入額は、これが最大限ではないが）を証明する客観的証拠は、筆者側によって裁判所に提出されている。
[15] プライバシーの関係で伏せておく
[16] プライバシーの関係で伏せておく。
[17] 裁判所にも同様にいえることであるが、この種の違法な固有の資金の削減を裁判の場で主張・判断して、何の意味があるのであろうか。固有の資金は財産分与の対象にはならない（相良［7-1］参照）という自明の理に逆らうことはない。本章で多面的に論じてはおくが、単純な財産分与の計算であるから、法曹全体が正確な計算ができるように、司法修習所で教育しておくべきものである。
[18] 身分上のことゆえ、省略する。
[19] 資金の流れを時系列的に通帳・証明書類と突合せた極めて細部にわたるものである。
[20] プライバシーの関係で省略する。
[21] 1 －｛固有の資金の全額（3,305万円）÷ 自家の取得価格（5,395万円）｝＝ 0.387 という計算である。
[22] 起こり得ないものであるがゆえに、「事実」という用語を使うことは本来できるものではないが、他に適当な用語がないので、この用語を用いておく。
　さらなる問題は、判決文で「上記3305万円の出捐がなければ、他の財産も形成・維持できなかったとして、夫婦共有財産の総額から控除すべきである旨主張している」と記述しているが、このように筆者側の弁護士によって、正しい財産分与計算の仕方を伝授されているにもかかわらず、それを高裁が拒否したことである。
[23] 借入額が多少減少していても、高裁判決を考察するのに不都合はない。
[24] 裁判所は、不動産の価格上昇時には言及していないが、固有の資金を不動産の取得に拘束していることから、不動産価格の上昇分は、固有の資金提供者に帰属することになると考えざるを得ない。
　そこで、裁判所の事実認定能力を検証すべく、本文中の例に変更を加えて、不動産価格が2倍になったが、預貯金はゼロであったと仮定しよう。この場合、家庭の資産は、価格上昇した自家6,000万円だけである。裁判所の思考によれば、この資産は、取得時の金額3,000万円に相当する固有の資金を投入した当事者に帰属することから、固有の資金3,000万円の提供者は6,000万円に相当する財産分与を受け取るが、他の当事者は財産分与として受け取る金額はゼロである。
　不動産の価格下落時を合わせて視野に入れれば、そこに不公平感が生じることは否定できないであろう。国民の認識が「法」であるから、この不公平感は、「法」である国民の

思考に裁判所が達していないことを証明しているものである。
²⁵ 現金の場合もあるであろう。しかし、通常多額の現金を家庭に置いておくことはないし、現金であっても預貯金であっても、同じ貨幣資産であり、結論に相違をもたらすものではない。
²⁶ 高裁が共有財産を計算した預貯金口座に、筆者の固有の資金の投入額が記録されている。
²⁷ 離婚の際には、財産分与の対象となる口座と考えてよい。
²⁸ 固有の資金ではなく、住宅ローンでも同じである。固有の資金をローンで置き換えることにする。借入時には、預貯金という資産が 3,000 万円そしてローンという債務（預貯金の資金源泉）が 3,000 万円増加したという事実がある。ゆえに、預貯金は合計 6,000 万円になっている。そして、自家取得時には、家庭の資産であるこの預貯金は 3,000 万円減少し、不動産という資産が 3,000 万円増加したという事実がある。ところが、この減少した預貯金 3,000 万円の出所を（ローンによるものか、共有財産によるものかの）特定できるものではないことは自明である。

　住宅ローンという観点からは、不動産の取得との関連性を特定するという錯覚をすることもあるかもしれない。当事者にとっての権利義務関係上の基本的な事実は、住宅ローンという名称が付けられた 3,000 万円の借入をして、それだけの資金調達した事実と（利子を支払うとともに）返済しなければならないという義務という事実が生じたことである。仮に、天災によって、不動産の価値がゼロになっても、ローンの返済義務は継続する。
²⁹ 若干補足すれば、料理・飲料に加えて、余ったお金を考えてもよい。
³⁰ 基本的な認識ができればよいことであり、利子は無視されている。
³¹ 後に問題点が解明されるが、裁判所は時間的な基準を設けていないことから、この表現に不都合はない。
³² ローンの返済に用いられていると認定すれば、固有の資金の減額はできないことに即座に気付いたはずである。
³³ なお、先祖から受け継いだ財産の売却、預金口座への振込そしてローンの返済（・完済）等に関する資金の流れの事実関係を証明する（結婚時点からの）預金通帳・返済証明書を含む各種証明書（原本）類は裁判所に提出されている。
³⁴ あるいは、夫婦間の便益享受における差異の根拠を見出すことはできないともいえるものである。
³⁵ 経済的便益は抽象的な概念であり、必ずしも時価がそれを反映しているとはいえないが、売却価格が不動産の価格測定に用いられている以上、時価がそれを反映していると考える以外の方策はない。
³⁶ 共同して利用している自家に関して、思考上ではあるが、仮にその支出の資金源泉の順位を付けるのなら、裁判所が用いている固有の資金ではなく、共有財産（を形成する夫

婦の給与）が第1順位になるべきものである。

[37] なお、免除額に相当する資金負担がなくなることは事実であるが、それだけの資金が企業に残るかというとそうではない。債務免除額は益金とみなされ、税法上は課税されるからである。繰越欠損金がある場合の課税に関しては、ここでは触れないが（各自で調べられたい）、課税されなかった債務免除益額に相当する資金は企業に残ることになる。

[38] 国庫補助金に関しても、同様である

[39] 家庭生活における「ローン」に相当する。

[40] 普通に考えて、このようにいう高校生もいないはずである。しかし、裁判所の認識はそうである。

[41] 思考上の要素を単純にするために、小遣いとして使用することはなく、利子が生じていないという前提を置くことにする。そうすれば、10万円の預金ができている。

[42] プライバシーの関係で省略する。

[43] この金額は、適法に計算された場合の共有財産の約2倍の金額であり、相手方の寄与率を2割とすれば、約9倍の分与額を要求していることになる。

[44] 平成21年11月2日付けの産経新聞の記事を引用しよう。ローンを用いて自家を取得した場合、自家取得後の権利義務関係は、（自家そのものに問題がある場合を除き）自家の買主（＝ローンの借主）とローンの貸主との関係であることが新聞記事でも読み取ることができる。本件高裁・最高裁の認識とは別であることが明らかになるものである。

「冬のボーナスの激減で住宅ローンなどの返済が困難になる人が急増すると懸念されるなか、大手銀行が専用ダイヤルの開設や担当者の増員など相談態勢の整備を急いでいる。政府が臨時国会で成立を目指す借金の返済を猶予する『中小企業金融円滑化法案』が、個人の住宅ローンを対象にしていることも、銀行の対応を促しているようだ。」
http://headlines.yahoo.co.jp/hl?a=20091102-00000622-san-bus_all（2009年11月2日）

第8章　最高裁の三行判決における理由と論理の欠如

最高裁判決（決定）の主文
　「1　本件上告を棄却する。
　　2　上告費用は上告人（筆者：筆者注）の負担とする。」
その理由（理由欄）
　「民事事件について最高裁判所に上告をすることが許される[1]のは、民訴法312条1項又は2項所定の場合に限られるところ、本件上告理由は、違憲及び理由の不備、食違いをいうが、その実質は事実誤認又は単なる法令違反を主張するものであって、明らかに上記各項に規定する事由に該当しない。」

　はたして、「理由」として、そう主張することが裁判所（の頂点にある最高裁）として適切であろうか、またそう主張できるものであろうか。

第1節　上告審の審理の基本

　上告審の審理に関して、栗田隆教授の「民事訴訟法特論講義」（インターネット）における民事訴訟法第321条第1項の規定「原判決において適法に確定した事実は、上告裁判所を拘束する。」の解釈[2]を参照しよう。
　　「上告審は法律審であるので、原判決において適法に確定された事実は、上告裁判所を拘束する。ただし、原審の事実認定が不合理である場合には、その事実認定に上告審は拘束されない。自由心証主義を定める247条も、不合理な事実認定を許すものではない。」　　　　栗田[8-1]
　かくして、この規定に従えば、不合理な事実認定は上告審で破棄されるべきものである。
　ところで、最高裁も同様に、その判決で事実認定が合理的か（不合理か）どうかを審査することがその役割としている（最判[8-13]でその記述があ

る)。

　「当審における事実誤認の主張に関する審査は，当審が法律審であることを原則としていることにかんがみ，原判決の認定が論理則，経験則等に照らして不合理といえるかどうかの観点から行うべきである[3]」

最判 [8-2]

　このように最高裁は、事実誤認に関しては、「論理則・経験則等」(なお、当然のことながらそれ以上のレベル) に反することが原審判決の破棄の基準であることを説いている。

　しかるに、本件高裁判決は、自身が「理路整然性」を認定した書証等（が証明する事実）を完全排斥した明白な証拠を判決書に残し、(解釈の余地がある養育費の金額のみを除き、誰の目にも明らかな) 非現実的事実を認定している。これらが、栗田 [8-1] にある「不合理な事実認定」そのものであり、高裁自身が事実を捏造した証拠を残しているがゆえに、最高裁がいう「論理則・経験則」を持ち出すまでもなく、「不合理な認定事実」の極致にあることは動かし難い。しかし、本件最高裁は、上告を棄却してこの高裁判決を支持し、その「合理性」を認定したのである。

　最高裁といえば、最後に位置する裁判所であるがゆえに、当事者にとっては最後の砦であり、かつ司法の健全性の砦としての機能を果たすべき裁判所である。ゆえに最高裁は、英知を尽くして、次に引用する渡辺〔2005b,61,9〕の認識すなわち「司法の病理」および「不幸な国」という状況から国民を開放すべき責務を本来は負っているはずである。

　「警察官から裁判官にいたるまで、ルール無視の、公正手続きを欠いた事実認定をするという、この国の司法の病理現象の根は深い。」

渡辺 [8-3]

　「法律知識を独占し、その知識を、正義のために使わない職業的法律家が多ければ多いほど、その国は国民にとって不幸な国であるといわざるをえない。」

渡辺 [8-4]

　本章で、最高裁の裁判・判決（特に、決定文）における「理由」を中心とした問題点を明確にし、次章では、筆者の上告理由書の基幹的部分を開示し、最高裁が裁判と（称）して行っている行為の一側面に迫ることにする。

第2節　異常に低い破棄率（異常に高い棄却率）への疑問

1　同一の試験に合格し修習を受けたもの同士の論争における不可解な結果

　民事事件の場合、上告審における破棄率はゼロに近い（すなわち、棄却率は100％近い）。ところで、上告された事件は、実質的には高裁の裁判官と上告人の代理人である弁護士との「憲法・法律・法」を巡る論争である。両者ともに、同じ司法試験にパスし、司法修習を受けていることを考えれば、その実力に何らの差異はない。

　そして、多忙な弁護士が、上告審におけるゼロに近い破棄（逆転）率を鑑みれば、結論の見えた事件の上告をして無駄な時間を割くとは、原則的には考えられない[4]。また、弁護士は、現状ではわずかな確率[5]であるが逆転を求め、そして上告審が最終審であるがゆえに、依頼人の意向を最大限反映するように熱意を持って「上告理由書」[6]を書き上げているはずである。加えて、一般的に攻撃は狭い範囲でよく、容易な作業であるが、防御は広く固めなければならず、攻撃よりも困難である。裁判でも同様である。

　ところで、高裁（控訴審）の裁判官と上告人の代理人である弁護士との勝敗に影響する要素を若干考えてみよう。弁護士は、依頼者に有利なように、法律の解釈・適用をしがちな傾向にあることは確かであろう。しかし弁護士は、（上訴されて）初めて事件に接した高裁の裁判官と異なり、依頼人との度重なる打ち合わせを経て、そして（基本的には、第1審・第2審を担当しており）相手方の主張・立証のレベルも認知しているので、事件そのものを熟知している。弁護士の場合は、法曹一元化構想が示すように裁判官より豊富な社会経験があるという長所を有していることに加えて、受任する事件の領域を限定することができるので、「専門性」を発揮できるという利点も持っている。

　ところが、価値判断の加重平均をすることは不可能なので、それぞれの長短があるという事実だけを考慮して単純に考えれば、高裁の裁判官と上告人の代理人である弁護士との勝敗は、5分5分と推定することが考えられる。その推定の仕方は形式的であるとしても、我々の日常生活で、他人から指摘

されて、あるいは他人に相談して、自分の誤りに気付くことも多いこと等の諸事情を勘案し、そして高裁において本件レベルの裁判が行われていることを視野に入れ、加えて、裁判の場合、尺度の若干の置き方に左右される微妙な事件が多いはずであることを考えれば、上告審における破棄率がゼロに近いというのは、素直に受け入れることができない数値であろう。

2 最高裁裁判官（の任命）におけるパラドックスと説明の必要

仮に、上告審におけるゼロに近い破棄率を適切な数値と見なしてみよう。そうすれば、上告審で、この破棄率の逆の率で勝訴した弁護士のみが最高裁判事として適任であるという結論が導かれるものである。そこで、上告事件の受任件数が数えるほどでは偶然が作用するので、3桁程度の上告の経験で判断すべきものであるが、完全勝利あるいはそれに近い者（しかし99％程度の勝訴者）のみが、任命基準を満たすということになる。誰の目にも明らかなように、ゼロに等しい破棄率のもとで、3桁の上告をして99％の勝訴をすることは不可能である。かくして、最高裁判事に任命された者は、上告の経験のない判事も含めて、最高裁で勝ち続けた経験がない者であるという不可解なことが生じているのである。ここに、判事任命へのパラドックスを認識することができる。

ところで、現在では、各種組織が説明責任を求められている。ゆえに、メディアは、任命された判事には（紋切り型の返事しか返ってこない）抱負を質問するのではなく、過去の冤罪・誤判に関する司法の問題点、それらを防止するシステムの構築、そして問題点が指摘されている最高裁の決定文（三行判決）等に関する実体的質問をして、最高裁に国民の視点を教授し続けて、緊張を与え続け、司法と国民（・人権）を結ぶ役割を果たすべきではなかろうか。

また、最高裁の裁判官は、国民審査を受けることになっているが、国民が判断するための情報はほとんどない。情報（証拠）がほとんどなくして、審査（ある意味では、裁判での判決に相当する行為）をするのも不思議なことである。最高裁判事が理論的書籍を公刊していることは少なかろうから[7]、メディアは、最高裁判事に定期的に会見を求めて、国民が認識している司法の諸問題に関して判事の思考を国民に伝達するとともに、国民の思考を司法

に届ける役割を担ってもよいのではなかろうか。そうしてこそ、国民、司法そしてメディアが「民主主義の法の論理に基づく裁判を共有するシステム」が構築されることとなるのである。

また、筆者には次の渡辺〔2001b,53〕の論が参考になったが、情報伝達の役割を個人が負担することには困難が伴うものであり、それを容易に担えるのは、現在では、メディアであろう。

「裁判に対する国民の関心ないし興味を高めるための具体的装置が必要である。さらには、国民が裁判を監視し、チェックすることができるような装置をも工夫することが必要である。裁判に対するアクセス権の保障とでも言うべきか。」　　　　　　　　　　　　　　　　渡辺［8-5］

次節以下では、最高裁の裁判を象徴しているともいえる判決文（決定文）の理由欄における記述文の検証へと論を進めることにする。

第3節　常識・教育現場の論理に基づいて理由の欠落が証明される三行判決

最高裁が「決定[8]（文）」（短文であり、一般的には「三行判決」といわれ、離縁の時のメモになぞらえて「三行半」とも称されている）で処理した判決の「理由欄」に書かれている「文」は、論理的に「理由」としての要素を備えているかどうかに関して検討することにする。

本件の「棄却する」という主文に付けられている「理由」は、本章冒頭部分で紹介されている。誰の目にも明らかなのは、これは単に、当事者の主張を否定しただけの「門前払い」の文に過ぎないことである。問題は、我々の社会において（ないし常識的に）、このような「門前払い」の発言・文が、「理由」として認知されることはないということである。国民の認識に従う義務のある最高裁と社会常識との認識における乖離である。

学校の試験問題で、「○○が正しいかどうかを、理由をつけて答えなさい」という（少なくとも若干の説明を要するという意味での）論述式の問題が出されて「誤」が正解である場合、「問題文の趣旨を記述し、次に（その趣旨を否定する形で、）○○でないことは明らかである」ことを「理由」として、結

論に「誤りである」と書いてある答案に対して、合格水準に達していることを認識・認定する教育現場（教員・学生双方共）はないはずである。

第4節　相反する状況下で使用され合理性のない三行判決の文体

　また、社会生活においては、「相手・当事者の主張・立証を否定するだけである門前払いの文（書）・発言」は、相反する状況で用いられることを視野に入れることも重要である。「結構です」という発言が、賛否両方に用いられるのと同じである。

1　相反する状況下で使用される三行判決の理由欄の文（体）
　門前払いの文（体）は、「自己の正当性が客観的に明確である場合」すなわち「誰が判断してもそうなる場合」に使用されることがある。しかし、社会においては、それとは逆の場合にも用いられることもある。自身の不利な立場を完全に認識しているものの、正当な理由を提示できないので困り果てているが、「面子を重んじ、何が何でも自己の正当性を主張したい場合」に使用されるものでもある。親子関係を思い浮かべ、具体例で説明しよう。大人が、「子供の主張する適切な論理」に勝てず、完全な負けを認識・意識して困り果てているものの、「面子」を重んじて、かつ立場を利用して、「そんなことは、わかっているはずだ」という場合に使用可能なものでもあり、そのことは現実でもあろう。
　かくして、三行判決の「お前は〇〇といっているが、単なる××にすぎず、そうでないことは明らかである」という形の相反した状況下で用いられる文・発言が、社会秩序維持を目的とする「法の論理」のもとで「理由」として使用されることに合理性はないことになる。

2　民主主義の論理に基づけば「理由」にならない門前払いの文・発言
　また経験則上、判断者が、自己の正当性を客観的・論理的に堂々と主張できる場合には、門前払いの文・発言は必要ない。その場合には、多弁的になりがちであり、相手が求めなくても、余裕を持って詳しく説明をするものである。ゆえに、三行判決の文体は、社会生活上において合理的説明に窮している状況で用いられることが、むしろ多いと認識されるものであろう。この

状況を考えれば、判決の「理由（欄）」を法律の解釈・適用過程が見える文体へと改める必要が認識されよう。

末川〔1991,891〕では、「理由（欄）」の要件として、次のように記述されている。

　「主文の結論を導くのに必要な事実の認定と法律の適用がここで示されるべきである。」　　　　　　　　　　　　　　　　　　　　末川［8-6］

　例えば、本件高裁は、筆者の固有の資金の投入額は家庭の預貯金を増加させるという（筆者側が主張している）絶対的事実を「あくまで」を用いて否定しただけの文を書き、その結果、この世にない事実に導いている。これは、当事者の論証を否定しただけの文は、「違法」な事実認定に自由であり、客観性・論理性を要する「法的理由」としての資質がないことを証明しているものである。

　現在では、（特に私企業の情報公開をはじめとして）各種組織が説明責任を果たすことを求められており、その責任と無縁である文すなわち当事者の主張・立証を否定しただけの文を回答に使用しているのは最高裁を頂点とした司法をおいて他にないはずである。しかし、公務員の行為の法的基準に言及した東地判［2-14］に従えば、公務員である裁判官の行為たる裁判・判決は、「法」に基づいて「客観的に正当化」される思考・文によって拘束されるもののはずである。かくして、門前払いの文である三行判決は、東地判［2-14］の思考に反していることになる。

　ところで、三行判決の主文における「棄却する」は、単に「上告人の論証を拒否」したものである。そして理由欄の文体は、単に「上告人の論証を否定」したものである。「拒否」と「否定」の効果は同じである。ゆえに、それらを判決書という同一書面で重ねる意義はない。必要とされるのは、「拒否・否定」という同一効果を持つ文（行為）を「客観的に正当化」する根拠である。これが「判決理由」であり、第8節で最高裁判決自体を分析することによっても明らかになるものである。

　次節以降の2節において、法学書を参照しながら、三行判決を検証しよう。

第5節　理由に必然の客観性・論理性の欠落した三行判決

1　合理性のない三行判決の理由欄

　渡辺〔2005c,218〕は、法解釈に関するものであるが、下のように述べている。それは、判断者の客観性・論理性を求めたものであり、民主主義社会の常識的論理からは必然的に導き出されるものである。

> 「解釈が実践的解釈であるということは、決して恣意を許容するという意味ではない……解釈者は自分の恣意的判断で理由なくそうしていいわけではない……『おれはその方が正しいとおもったからだ』という漠然とした主観的理由では、はなしにならない。『おれはこのような理由によって、この解釈をとった』という論理の筋みちが、はっきりたっていなければならない……なぜそのような結論がだされたのかの理由づけは、だれにでも分かり、且つ納得できる論理的筋みちとして、客観的に示されていなければならない。そうでなかったら、法はもう法でなくなり、『法解釈』の名において恣意が横行するであろう。」　　　渡辺［8-7］

　この引用文における「法解釈」を「事実認定」に置き換えれば、事実認定に関する「理由」が備えるべき要件が明白となり、三行判決の本質が浮かび上がる。2番目の二重括弧で囲まれた部分に着目すれば、「このような理由によって、<u>控訴審の認定事実の正当性を認定せざるを得ないものである</u>」（渡辺［8-7］の一部引用。下線部は置き換え[9]）という論理過程の必要性が導き出されるものの、当事者の主張を否定しただけの三行判決には、それがない。

　渡辺〔2005c,219〕における別の「論」を参照しよう。ここから認識される判決において「理由」が備えておくべき要素に関して、他の見解はなかろう。

> 「大変残念なことに、裁判所の判決のなかにも、この種の恣意的手続きにおわっている例はたくさんある。上告論旨は理由がないといってこれをつっぱねているが、なぜ理由がないのか、その説明をすこしもしていないという例が、ざらにある。あるいはまた、この法律の規定はこういう意味に解するのを相当と考えるからといって議論をすすめる場合、なぜ

その解釈を相当と考えたのかの理由は何ひとつ客観的には示されていない。」　　　　　　　　　　　　　　　　　　　　　　　　　　　　渡辺［8-8］
　この引用文において「上告論旨」という文字が見られることから、最高裁の三行判決である[10]と認識できる。ここに、次の3つの要素が浮かび上がるものである。なお、「判断」および「理由」の範疇への認知は、筆者が行ったものである。
　①　最高裁が行っている「上告論旨は理由がないといってこれをつっぱねている」（渡辺［8-8］）および「この法律の規定はこういう意味に解するのを相当と考える」（渡辺［8-8］）行為は、社会通念上「判断」の領域にある。
　②　「なぜ理由がないのか、その説明」（渡辺［8-8］）および「なぜその解釈を相当と考えたのかの理由」（渡辺［8-8］）は、社会通念上「判断（①）の根拠」である「理由」の領域にある。
　③　しかし、この「理由」（②）について、客観的・論理的な提示がされていない。
　ゆえに、客観性を保障できない「判断」の範疇にあることだけを述べた三行判決の文は、判決理由が本来持つべき「判決が合理的であることの担保」（末川〔1991,891〕）となる機能を果たさないのである。
2　判断過程の欠けた三行判決
　次に観点を変え、「判決理由」はこの程度の短文でその要件を満たすものかどうかに関して、2つの法学書に基づいて、さらに検討することにする。
　　「このような『三行判決』のステロタイプ的な内容は、当事者や下級審に対し最高裁判所の<u>判断過程</u>[11]を一切隠蔽するため説得力をもたず、いかにも省力化の所産との印象を与える。」（小田中〔2001,183〕）
　　　　　　　　　　　　　　　　　　　　　　　　　　　　小田中［8-9］
　また、判決理由は、次のようである。
　　「判決のうち判決主文に到達した<u>判断の過程</u>[12]を明らかにする部分」（末川〔〔1991,891〕）　　　　　　　　　　　　　　　　　　　　　末川［8-10］
　これらの法学書における「判決理由」と「判断過程」に着目しよう。「判決理由」は、（主文に至る）「判断の過程」（末川［8-10］）であるから、小田中

[8-9]の「判断過程を一切隠蔽」における「判断過程」を「判決理由」で置き換えれば、三行判決は、「判決理由を一切隠蔽」しているということになる。

また、「隠蔽」とは、「見られたり、知られたりしては困る物や事を、意図的に隠しておくこと『真相を―する』／―工作」（『明解国語辞典』）と定義されている。そこで、三行判決には、「判決理由」が隠されていること、すなわち判決書に必要な「理由」が書かれていないことになる。三行判決における「判決理由」の文体をそのまま検証すれば、このようになるが、次に「理由」に不可欠な要素である「判断過程」という観点から検証してみよう。

これら２つの法学書に用いられている「判断過程」に関しては、「過程」は「物事が変化し進行して、ある結果に達するまでの道筋。プロセス。」（『大辞泉』）ということであり、渡辺［8-7］における「客観的な論理の筋道」（一部の趣旨）とは同じことを意味すると理解することができる。この筋道は、「結論の理由づけ」（渡辺［8-7］の一部の趣旨）のことであり、「はっきりたっていなければならない」（渡辺［8-7］）「理由」のことである。しかし、当事者の論証の否定あるいは自己主張をしただけの三行判決には、その本来「理由」とされるものはない。

第６節　三行判決で鮮明になる「理由」の認識レベル

次の法学者・小田中〔2001,183〕から、三行判決と注目点の示唆を受けることができる。

> 「次に、『三行判決』について見ることにしよう。これは、三行（!!）で終わる決まり文句の定型的な判決で、民事の上告棄却の90パーセント以上がこの種のものだという[13]。例えば、次のようなものである。
> 『所論の点に関する原審の認定判断は、原判決挙示の証拠関係に照らし、正当として是認することができ、その過程に違法はない。論旨は、ひっきょう、原審の専権に属する証拠の取捨判断、事実の認定を非難するものにすぎず、採用することができない[14]。』
> このような例文のパターンとは別に、法令の解釈を争う上告理由の主

張に対しては、原判決を正解していないとか、独自の見解だとして却けるパターンもある。」　　　　　　　　　　　　　　　　　小田中［8-11］

1　使用できない用語の使用

最高裁判決の例（二重括弧内にある文「所論の……採用することができない」）を検討しよう。ここにある2つの文は、どちらも上告した当事者の理由（書）を否定したものである。2点が容易に認識される。第1点目は、両者ともに、「判断」の領域にあるものであり、その判断の根拠（理由）が示されていないことである。第2点目は、どちらも当事者の理由（書）を否定する機能を有しているものであり、論理上、2つを重ねることに意味がないことである。また、「違法はない」とするのであれば、（その判断が正しいとして論を進めるが、）最高裁では「違法」であるかどうかを争っているわけであるから、それで終わりであり、次に続く文は不要である。以下、細部にわたる検証をする。

最初に、「原審の専権に属する証拠の取捨判断、事実の認定を非難するものにすぎず」という記述を対象とする。「専権」とは、「権力をほしいままにすること。思うままに権力をふるうこと」（『広辞苑』）である。ゆえにこの文は、「証拠の採否・事実の認定は、原審の権力下にあるものであり、国民がそれを非難するとは」という意味になる。しかるに、原審の専権事項であることをもってして棄却を根拠付けることが正当であれば、最高裁も、控訴審判決に関する審理をできないことになる。また、それは明確に事実認定における二審制を主張したことになる。しかし、最高裁は、「正当として是認することができ」と書いていることから、審理をしていることを認知してもいるのである。ここに矛盾が生じている。

また、栗田［8-1］にあるように、最高裁は控訴審の不合理な事実認定を破棄しなければならないことから、そして渡辺〔2001b,16〕のいうように、「最高裁の役割は、原審の裁判官がどのように事実を認定し、それに対してどのような結論を出したか、その当否を審査することにある」ので、「原審の専権事項」をもってして、当事者に対する「判決理由」（当事者に対峙）とすることはできないはずである。仮にこの判決文が、最高裁と下級審とでは事実の審理手続きが異なるという意味で用いられたものであるとしても、その司

法内部の事情が、当事者の「法」に基づいて合理性のある事実認定を行った判決書を受け取る権利を左右するものではなかろう。ゆえに、当事者は、「原審の専権……を非難するものにすぎず」ということを記述された判決文を受け取る義務はないはずである。

また、上記判決文は、「原判決挙示の証拠」と「原審の認定判断」との照合によって上告を棄却していることが明らかである。原審が挙示したのと同じ証拠を用いれば、基本的には、著しい判断の相違が見られるのは稀であろう。しかし、証拠に関しては、「多くの対席判決では、ある事実があるかないかの点につき、反対方向の証拠（お互いに矛盾する）があって、その総合的評価で最終判断が決まる」（井上〔2007,72〕）ので、「原判決挙示の証拠」とは異なる証拠をも精査・検証しないことには、栗田 [8-1] における合理性ある判断はできない。ゆえにこの一文も、論理性に欠ける。棄却することができるための本来的要件は、「原判決挙示の証拠」の合理性が立論できることに行き着くのである。これは、最高裁の破棄裁判において、採証法則という用語が使用されていることでも裏付けられるものでもある。ゆえに、「原判決挙示の証拠」を始点として書き始めることは不合理である。

かくして、本節で引用された三行判決は、その合理性に欠け、「理由」とはなり得ないものである。

2　最高裁・裁判所の思考・手法の二律背反性

ところで、最高裁の三行判決に習い、訴訟において当事者の一方が、書証ないし尋問で、「相手方はそのようにいっているが、単なる事実誤認にすぎないことは明らかである」という主張をした場合、裁判所は、合理性がある証拠（ないしは、理由）として採用することはなく、基本的にその主張を退けるはずである[15]。

しかし、本章冒頭の最高裁の判決文は、裁判所が退ける主張と同じものをもってして、「理由」として採用しているのである。ここに、裁判所における思考・論理の二律背反性が鮮明になるものである。

第7節　弁護士が指摘する三行判決の「理由」の欠如

　三行判決における「理由の欠落」を、弁護士が上告受理申立て[16]に関して指摘している文を引用する。
　　「私が驚いたのは迅速になされた裁判自体ではない。裁量で不受理とするに至った理由が全く明らかにされていないことである。もとより事案によっては紋切り型の門前払いの決定で十分な場合もあることを認めないわけではない。
　　本件受理申立理由は、原審大阪高裁の民事訴訟法上の訴変更に関する最高裁の判例と相反する判断ならびに法令の解釈に関する重要な事項を含む事件であることを詳細に指摘していたのである。裁量で不受理とするとしても、最高裁として正面から受け止めて、何故そのような結論になるか説明して然るべきではないか。……
　　……この種、上告不受理決定事件でも、受理申立理由が詳細に述べられている以上、最高裁としては、三行半の決定（理由が全く書かれない決定）で済ますべきではない。簡単でもよいから、正面から応えてやるべきである。裁量だからと言って理由も書かないで、三行半の決定をするのは理由無きに等しいのである[17]。」　　　　　葛原忠知［8-12］
この引用文で「そのような結論」というのは「判断」であるが、その「判断」を導いた「裁量で不受理とするに至った理由」ないし「何故そのような結論になるか説明」というのが、「判決理由」である。しかし、「三行半の決定（理由が全く書かれない決定）」と書かれているように、その「理由」が欠けているのである。我々の常識的・分析思考と一致するものである。
　問題は、このように「理由」とはならないものが、三行判決の「理由欄」に書かれ続けてきたことである。これまでは、学者および弁護士の見解を分析することによって、三行判決の理由欄に「理由なし」という認識を明確にしてきた。
　次節では、最高裁が判決（自判）したものを分析して、その「理由なし」の論証をすることにする。

第8節　最高裁判決に見られる「判決理由」に関する認識の齟齬

　三行判決に「理由」が欠落していることを最高裁が認知していると論理的に認識できる判決文を検討する。それは、痴漢事件に関して最高裁が自判した次の無罪の判決文である。
　「主文
　　原判決及び第1審判決を破棄する。
　　被告人は無罪。
　理由
　　弁護人秋山賢三ほかの上告趣意は、憲法違反、判例違反をいう点を含め、実質は単なる法令違反、事実誤認、量刑不当の主張であり、被告人本人の上告趣意は、事実誤認の主張であって、いずれも刑訴法405条の上告理由に当たらない。
　　しかしながら、所論にかんがみ、職権をもって調査すると、原判決及び第1審判決は、刑訴法411条3号により破棄を免れない。その理由は、以下のとおりである。
　第1　本件公訴事実及び本件の経過
　　本件公訴事実の要旨は……
　　当審における事実誤認の主張に関する審査は、当審が法律審であることを原則としていることにかんがみ、原判決の認定が論理則、経験則等に照らして不合理といえるかどうかの観点から行うべきである[18]……」

最判［8-13］

　この判決文の「理由欄」における「弁護人……上告理由に当たらない」までが、本章冒頭部分に記述された三行判決における理由欄の棄却を意味する文（以下、「三行判決の棄却文」と記述することにする）に相当するものである。そして、「しかしながら……職権をもって……破棄を免れない」という破棄を意味する文は、三行判決での破棄文があると理論上仮定すれば、そのスタイルの一例を示したものと認識できるものである[19]（以下、これを「三行判決の破棄文」と記述することにする）。着目すべき点は、「三行判決の棄却

文」の次に、「三行判決の破棄文」が続いていることである。

　ここから明らかになる第１点として、最高裁は、自らが多用している三行判決の理由としている棄却文の直後に、三行判決の破棄文（わずか１行程度）を続けることによって、その棄却文はいとも簡単に否定できることを証明したことになる。それは、三行判決の棄却文には、合理性が担保されていないことを最高裁自らが証明したものになってもいるのである。

　第２点は、三行判決における棄却文そして破棄文に続けて、「その理由」という文字・言葉が付されていることである。これは、最判［8-13］において、主文における「破棄する」と理由欄における「破棄を免れない」とは同じ意味を伝達するものに過ぎないので、「その（破棄の）根拠たる理由」を付さざるを得なかったと解釈する以外にない。そして、「その理由」という文字・言葉を付したことは、その前にある三行判決の破棄文が、「理由」の資質を持たないことを最高裁が認知している証拠でもある。

　上記判決文での三行判決の破棄文は検察側の求める有罪判決を否定しただけのものである。それに「理由」が付いていることは、一方の当事者の主張等を否定した文は、「理由」にならず、それには「理由」を要することを明確にしたものである。これはまた、論理的に分析すれば、上告人に対する三行判決の棄却文が、主文における「棄却する」と同一の意味内容しか持たないものであり、上告人の理由書を否定しただけのものであるから、三行判決の棄却文には、「理由」が欠けていることと「理由」が必要になることの証拠を残したものでもある。

　かくして最高裁は、一方では、三行判決の「理由欄」の記述スタイルである上告人の論証・主張・立証（上告理由書）を否定しただけのものを「理由」として用いているが、他方では、それを「理由」と認知していないという論理上の背反が鮮明である。

　もちろん、本件高裁の明白な違法性に満ちた判決を当事者の「理由書」を否定することによって支持することが可能な三行判決の「理由欄」の文が、合理性を持つものではなく、社会通念上の「理由」を形成することもない。

第9節　三行判決の矛盾と理由の要素の欠落

　以上の検討結果をも踏まえて、最高裁判決を論理的に分析・検証することによって、問題点を浮き上がらせることにする。
1　内部崩壊する三行判決
　（他の事件もそうであろうが、事実認定の誤りゆえに上告する場合には、）上告人は上告理由として、「憲法・法律の解釈・適用の（無視・恣意をも含む）重大な誤り」（下で「重大な法令違反[20]」という用語を用いることにする）のもとに導き出された「事実認定の誤り（事実誤認）」を主張しているのである。ゆえに、上告理由書では、「事実誤認（A）が、重大な法令違反（B）の枠内にある」ことを論証しているのである。
　これに対して、最高裁の三行判決は、「上告人が、『事実誤認（A）』または『単なる法令違反であり、（B）の枠内にないもの』を主張している」というものである。記号だけを抜き出してみよう。上告人は、「AはBの枠内にある」という主張をしているのに対して、最高裁は、「Aを主張しているかまたはB以外の主張をしている」ということを根拠にして棄却するという認識を示している。しかるに、裁判官がすべき仕事は、認定事実を「法令」の枠内に収めることである。ゆえに、最高裁が棄却する条件は、「AはBの枠内にはない」すなわち「事実誤認は、重大な法令違反の枠内にはない」ということを論証することしかない。そこで、「AとB以外のもの」とが並列的に置かれる「事実誤認または単なる法令違反」という文が用いられることは論理上あり得ない。
　より簡単にいえば、上告人は、事実誤認は法令違反の[21]範囲内にあると主張しているのに対して、最高裁のように「事実誤認又は法令違反」を主張しているといったところで、論理上の欠陥は明白である。この事実誤認の程度を「法令」を基準として判断すべき審理において、すなわち「事実誤認」と「法令違反」とは一体化しているにもかかわらず、「事実誤認又は単なる法令違反」という両者が並列的におかれる思考が適合性を持つことはない。それを裏付けるのが、小田中［8-11］内にある最高裁の別の三行判決のパターン

である。事実認定（事実誤認）に関する上告について、「証拠に基づき、『法令』を解釈・適用して審理した結果[22]、原審の認定判断は正当として是認することができる」旨を記述し、法令に基づく原判決の事実認定の適切性という判断を明示[23]していることから、法令の解釈・適用と事実認定（事実誤認）とは基盤が異なることを意味していることである。

つまるところ、法令を解釈・適用して、事実を認定するわけであるから、基盤は前者であり、その上に積み上がるのが認定事実であり、両者は縦方向での明確な区別があるものである。ゆえに、「事実誤認又は（単なる）法令違反」という横方向にこれらの２つが並ぶ筋立てはあり得ない。

2　事実誤認を棄却の根拠とすることの不可能性

本件三行判決のパターンは、最高裁が「事実誤認又は単なる法令違反」と認定すれば、棄却する意図を明確にしている。

第１の問題点として、「事実誤認」を理由に「棄却する」というのなら、「法令違反」が問題となることはなく、事実認定における二審制を主張して「事実誤認」は上告理由とはならないという主張をしただけで終わるはずのものである。この場合、「単なる」を付加したとはいえ「法令違反」の程度は関係がない。それにもかかわらず、「又は」を用いて「単なる法令違反」を続けていることは、論理上、「事実誤認」が棄却の要件を満たしていないことを認知したものである。

第２点として、この三行判決における「事実誤認」の位置付けから、「事実誤認」が何の役にも立っていない用語（であるどころか、挿入すべきではない用語）であることが問題となる。上告人は、単に憲法等違反を主張しているのではなく、事実誤認が憲法等に反したレベルにあることを主張・立証しているのである。そこで、本件三行判決は、「（上告人は）<u>事実誤認が憲法等に反したものである</u>という主張をしているが、その実質は<u>事実誤認又は単なる法令違反を主張しているもの</u>」（下線部に注意）という趣旨の文を書いていることになる。ここから、「単なる法令違反」を除いてみよう。そうすれば、最高裁は、「（上告人は）<u>事実誤認が憲法等に反したレベルにあることを主張</u>しているが、原審判決は憲法等に反しておらず、その実質は<u>事実誤認を主張するもの</u>」（下線部に注意）という文を書いていることになるのである。この

文において、「その実質は事実誤認を主張するもの」が棄却の根拠として不可欠になっているから、「憲法等」も何らの作用もしていないことは明らかである。そこで、本件三行判決は、「事実誤認を主張しているが、その実質は事実誤認を主張するもの」ということに収束する。論理的には意味不明の文であることを否定できない。それゆえ、法的文書の「理由欄」に記述することができない文でもある。

　第3点として、最高裁が「事実誤認」と認知したというものの、その内容を吟味していないことが問題である。本件高裁判決は、この世にあり得ない事実を認定している。ゆえに、現実の世界であり得る事実相互間での事実を取り違えたという意味での誤認ではない。例えば、「冷たい雨が降った」という事実と「雪が降った」という事実との間を誤れば、現実に生じ得る事実間での誤認である。そうではなく、本件高裁は、「深海魚が生きたまま空から降ってきた」という事実を認定した場合を念頭に置けば理解しやすいが、現実にはあり得ない「虚構」の事実の認定をしているのである。

　このような「虚構の事実認定」は、結果として事実認定を誤ったという意味では「事実誤認」であっても、実験でいえば、生じない事実・再現性のない事実を発表したことと同じものであり、「法」に従い議論の余地のある「事実誤認」の枠内にはなく、論外というべきものである。本件最高裁のように、判決文で高裁判決を「事実誤認」に基づき抗弁・擁護できるレベルのものではない。「虚構の事実」を認定した行為は、それを支える証拠はないので、民事訴訟法第312条第2項第6号における「判決に理由を付せず」に該当することに否定の余地はない（第10章第5節における最判［10-6］の検討部分を参照のこと）。

　しかし、最高裁は、本件高裁の認定事実に「憲法違反」も「理由の不備」もないと主張するのである[24]。ここまでくると、高裁は「真実」を意図的に捨て、最高裁は「事件」を捨てる組織であると認識されても仕方のないものであろう。また、下級審が最高裁によってこのような無法状態に置かれていれば、誤判・冤罪の必然性は明白である。

　第4点として、一般論で、「事実誤認」と「上告棄却」との関係に関して論じることにする。仮に、本件三行判決の主張に沿って「事実誤認」の主張

183

が民事訴訟法第312条でいう上告理由とならないとしても、それをもってして、「棄却する」という主文を導くことはできない。再度引用するが、「最高裁の役割は、原審の裁判官がどのように事実を認定し、それに対してどのような結論を出したか、その当否を審査すること」（渡辺〔2001b, 16〕）に求められている。また、本章第1節の民事訴訟法第321条第1項で規定され、栗田〔8-1〕におけるその解釈にあるように、合理的な事実認定を当事者に対して保障すべき役割が、最高裁には求められている。ゆえに、この最高裁の責務を考えれば、当事者の主張が「事実誤認」にあるとして、主文において「棄却する」と記入することはできるものではない。

　そして、「事実誤認の主張が棄却要件とはならない」ことを最高裁自らが裏付けるかのように、これも再度引用するが、最判〔8-13〕の理由欄で、本件と同様に「事実誤認の主張……上告理由に当たらない」と記述しているが、本件と異なり、「破棄を免れない」が付加され、主文も本件とは異なり「原判決及び第1審判決を破棄する」というものになっている。この判決は、理由欄に本件のように「事実誤認……上告理由に当たらない」と記述したところで、主文における「棄却する」に直結しないことすなわちそれが棄却の根拠とはならないことの証左になるものである。

　さらに、最判〔8-13〕の理由欄では、「当審における事実誤認の主張に関する審査は、当審が法律審であることを原則としていることにかんがみ、原判決の認定が論理則、経験則等に照らして不合理といえるかどうかの観点から行うべきである……」と表明している。ゆえに最高裁は、「事実誤認の主張の審査」をしなければならないし、上告棄却の条件は原審の事実認定の合理性の認識であることを明言しているのである。そして、栗田〔8-1〕が記述されているホームページにおいて、民事訴訟法第321条に関連して紹介されているが、最高裁が「原審の判断に経験則又は採証法則に反する違法」・「経験則違背」・「経験則違背、理由不備の違法」があることにより原判決を破棄している。なお、これらの破棄の理由に「経験則」が用いられているので、事実誤認を争って上告した事件であることも明白である。かくして、上告人による「事実誤認」の主張自体が棄却条件とならないことは、法理論のみならず最高裁判例からも証明されるのであり、「実質は事実誤認」という主張を

もって棄却するとした理由欄の記述は、妥当性を持つことはない。

ところで、本件棄却判決では、最判［8-13］とは異なり、原審が経験則・論理則等に基づいて合理的な事実認定をしているかどうかを審理した形跡は文字上見ることはできない。事件により、単に事実誤認であることを条件に棄却したり、経験則等を基準に審理したり、最判［8-13］のように職権による調査をしたかどうか等に関する記述において相違しているが、その一貫性のなさは、「公正な裁判」の視点において法律上の問題とはならないのであろうか。

3　論証なき「単なる法令違反」の主張の無意味

『大辞泉』によれば、「法令」とは、「法律と命令。また、条例や規則などを含めることもある」ということである。また、井上〔2007,19-20〕が述べているように、「憲法第73条3項は、『すべて裁判官は、その良心に従ひ独立してその職権を行ひ、この憲法及び法律にのみ拘束される』と規定しました。『憲法及び法律』をまとめて法令と呼ぶことにしましょう。すると、裁判官は職権を行使するのを原則とし、唯一の例外として法令に拘束されることになります。」ということで、裁判官は法令に従わなければならないのである。ゆえに、公式的に「単なる法令違反を主張するもの」と認定することによって、棄却することに合理性はなかろう[25]。本件高裁が行った行為が「単なる法令違反（以下）」なら、それを超える法令違反とはどのようなものを意味するのであろうか。ここに、我々は、論証なき「単なる法令違反」という主張が理由とならないことも認識できるものである。

加えて、既述のように、最高裁は経験則違反で破棄判決を出している。しかし、経験則は、裁判官が従う順位としては、「法令」より下である。このことを考えても、上告人が「単なる法令違反」を主張していることをもってして、棄却することはできるものではなかろう。

これまで述べてきたことから明らかなように、「その実質は事実誤認又は単なる法令違反を主張するもの」という要素が、上告棄却の要件を満たすことはないものである。このことは、別に複雑な論理展開を要することもなく、既述のように、最高裁自身（最判［8-13］）が教えてくれているものであり、普通に注意すれば出てくるものでもある。

ところで、事実誤認は、上告を棄却する要件になる旨（本件三行判決のパターン）と上告すれば証拠に照らして審理するので破棄があり得る可能性を実質的に示唆した旨（小田中［8-11］の中に示されている三行判決のパターン）との2種類[26]の三行判決が用いられていることが分かる。訴訟のほとんどは事実を争っているものであろう。それの判断に相反する認識を僅か3行程度の文に書いているが、これも問題視されるべきものである。

第10節　おわりに

裁判員制度が施行されているように、当事者は、「法」である社会通念・条理等に精通しているし、事実誤認に関する最高裁の審理規準である「論理則・経験則」は常識の枠内にあり、社会経験のある国民は熟知している。それに加えて、弁護士から法律の知識を受けながら、「上告に理由があることが明らかである（控訴審判決が破棄されるべきことは明らかである）」か、あるいは少なくとも「自らの上告に理由がないことが明らかでない」から、上告理由書を作成できるものである。通常、当事者および代理人が作成した「上告理由書（上告受理申立書を含めてよかろう）」は、学説・判例（裁判例）をも用いて論理展開をしながら多くの頁数（長文ともいえよう）を書いているものと思われる。長文を書くことができるのは、かなりの根拠があるがゆえのことである。

それと対比した場合、既述の法的問題点を内包した三行判決を出し続ける最高裁の審理を巡る状況も、国民主権の観点から、改革を要するといえるものである。この審理状況に関して、小田中〔2001,179,180〕をさらに参照する。

「15人の最高裁裁判官だけでは膨大な事件数を処理できず、補助者が必要であること、最高裁裁判官のなかには学者、行政官、外交官の出身者がおり、法律実務に精通しているとは限らないので、熟達した法律実務家の補助が必要であること、年齢の高い最高裁裁判官が新しい学説や判例、外国法動向などを十分に吸収するのは無理なので、若手や中堅の裁判官（調査官：筆者注）の頭脳の助けを借りることが有益であることな

どがその主な理由である。」
　　　　　　　　　　　　　　　　　　　　　　　小田中［8-14］
　「このような膨大な数の事件を一体どのようにして処理しているのだろうかという疑問が生じる。
　この疑問を解く鍵は、最高裁調査官制度と『三行判決』とにある。」
　　　　　　　　　　　　　　　　　　　　　　　小田中［8-15］
　最高裁が、「15 人の最高裁裁判官だけでは膨大な事件数を処理できず」（小田中［8-14］）にある状況そして（他力本願の要素を否定できない）調査官制度が存在しなければならない状況にあるにもかかわらず、(最高裁の裁判官が裁判をするという認識を持っている国民の）上告事件を受け入れていることは、国民の権利と最高裁の義務との関係で法的に問題がないといい切れるのであろうか。処理という課題の解決のために三行判決に頼ったところで、それは、既述のように「理由の欠落」・「論理の欠如・矛盾」のある書面である。

　最高裁の裁判官が事件を処理できない状況は、国民の権利を保障するために、早急に改善されるべきものである。そのための 1 つの方策は、上告件数を減少させることである。その条件となるのが、下級審に対して、合理的な「判決理由」を添付させることである。そのためには、最高裁が、最高の英知をもった裁判官で構成され、最高の論理的判断を判決書に記述して、破棄判決（論理的ポイントを押さえていれば、理由欄は短文でよい）を出し続けることである。

　「国民主権のもとで司法もまた国民の信託によるもの」（渡辺〔2005a,206〕）であり、「国民主権のもとで司法権力も国民に属する」（渡辺〔2005b,232〕）。ゆえに、「判決理由」に資するものかどうかは、裁判所が国民の思考に従う形で共有するのが本来の姿である。判決書には、国民の常識に鑑みて合理的な「判決理由」が書かれることそしてその責務に耐えうる公務員・官僚（職責に合わせた名称では裁判官）のみを各裁判所に配置すること、これらは、国家が国民の公正な裁判を受ける権利を保障するために果たすべき義務である。

　最後に論じておくが、事実認定（・誤認）に関して、最高裁がどう対応すべきかに関して、竹崎・最高裁長官の平成 21 年 8 月 30 日執行「最高裁判所

裁判官国民審査広報」における「裁判官としての心構え」を参照する。

　「私は、これまで、中立、公正な立場に立って正しく事実を認定し、自分の信ずるところ[27]に従って理性的に判断することが裁判の基本であると考えてきました。今後も、一つ一つの事件についてこれを誠実に実践していきたいと考えています。」　　　　　　　　　　　　　竹崎［8-16］

　ここにおいて、「これまで……正しく事実を認定……今後も……これを……」という文字の並びは、「国民審査を受ける時点以降においても、正しく事実認定……」ということを意味しており、これは、原審の事実誤認を正すというのが最高裁（・長官）の役割であることを説いているとしか解釈できないものである。かくして、三行判決において「事実誤認」を根拠にして上告棄却をしている最高裁の現実との明白な乖離が否定できるものではなかろう。

　さらに、同「広報」における近藤・最高裁判事の裁判に関する認識を参考にすることにする。

　「裁判所の示す判断について何よりも大事なのは、結論が健全な社会常識に合致したものであることだと考えています[28]。」　　　　　近藤［8-17］

　この「社会常識」については、社会経験の少ない裁判官よりも、我々国民の方が得意とするものでもある。そこで、我々国民は、主権者であることに加えて、この認識に（法の専門家、特に社会経験の少ない裁判官には臆することなく）自信を持って、裁判所に「公正な裁判」を求めて意見を述べる資格があることが認識されるものである。

　なお、（本件に関与していない）両判事の基本的立場であるが、「裁判官の心構え」を聞かれれば、これに類することをすべての裁判官が述べるものであろう。問題は、最高裁には三行判決に依拠したそれとはまったく別の現実が待っていることである。次章において、本件上告理由書の一部を公開して、この現実に迫ることにする。

---

[1] 表現が威圧的かつ権力的過ぎるという感覚になるのは、筆者だけであろうか。

² http://civilpro.law.kansai-u.ac.jp/kurita/procedure/lecture/appeal2.html（2011 年 4 月 4 日）栗田教授のホームページである。
³ http://www.courts.go.jp/hanrei/pdf/20090414170745.pdf（2011 年 4 月 4 日）なお、最判［8-13］の一部である。最高裁のホームページである。
⁴ 依頼者を説得しきれず、（依頼者のごり押しで）無理を承知で上告せざるを得ない可能性を否定できるものではないが。
⁵ 現実の破棄率を前提に記述しているだけであり、その破棄率を正当化した上での論を展開しているわけではない。
⁶ 「上告受理申立書」に関しても同様である。
⁷ 国民審査の際には、どのような書籍・論文を公表しているのか等の情報を提供すべきであろう。ただし、専門性が強く裁判官の思考（過程）が明白なものに限定し、教科書レベルそして説明文レベルのものを除くのが望ましいのではなかろうか。
⁸ 民事訴訟法第 317 条第 2 項には、「上告裁判所である最高裁判所は、上告の理由が明らかに第 312 条第 1 項及び第 2 項に規定する事由に該当しない場合には、決定で、上告を棄却することができる。」と規定されている。しかし、「明らか」と記入することによって、それが「理由」となるとは規定されているわけではない。
⁹ 論証過程を重視すれば、必然的に客観的・受動的な表現が多用されるものである。そこで、置き換えたことを断わっておく。この置き換えにより、主張している内容に変化が生じることはない。
¹⁰ 「つっぱねている」（渡辺［8-8］）は、「門前払い」の性質を有していることを意味している。
¹¹ 下線は、筆者が着目点を強調するために付けたものである。
¹² 下線は、筆者が着目点を強調するために付けたものである。
¹³ ここに引用に関する注が付されている。注の内容は下のものであるが、筆者が括弧を付けるには、その明示が難しいこともあり、それを付けずに引用しておく。
　　伊藤正己『学者と裁判官の間』（1994 年）60 頁以下参照。そうせざるを得ない事情につき座談会「最高裁判所の機能の充実」ジェリスト 1053 号（1994 年）22 頁以下をみよ。
¹⁴ 例えば、「原審の専権」ででも、インターネットで検索されたい。
¹⁵ 本件の高裁レベルの裁判が多ければ、そうともいえない。しかし、単なる主張は、伊東［4-1］そして社会常識からすれば、採用されることはないという視点から記述したものである。
¹⁶ 上告受理申立てに関して、民事訴訟法第 318 条は次のように規定している。
　　「上告をすべき裁判所が最高裁判所である場合には、最高裁判所は、原判決に最高裁判所の判例（これがない場合にあっては、大審院又は上告裁判所若しくは控訴裁判所

である高等裁判所の判例）と相反する判断がある事件その他の法令の解釈に関する重要な事項を含むものと認められる事件について、申立てにより、決定で、上告審として事件を受理することができる。」

[17] http://www.miolaw.jp/contents/index03/index03_03.html（2011年4月4日）
[18] http://www.courts.go.jp/hanrei/pdf/20090414170745.pdf（2011年4月4日）
[19] 最高裁は、当事者の理由書を否定しただけの文を棄却の「理由」として用いていることから、それは「理由」として合理性があると認識・表明している事実を否定できない。そうであれば、破棄判決にも、この種の（当事者の一方の主張を受け入れただけの）文を「理由」としての資格があると認識しているものと理解することを妨げるものはなかろう。
[20] 「単なる法令違反」であれば、最高裁は棄却するとしている。これを前提にして論を進めてみよう。それは、「単なる法令違反」でなければ、破棄することを意味していると解釈せざるを得ないものである。ところが、「単なる法令違反でない違反」と記述すると複雑性を増すので、それを意味する概念として、筆者は、論の進行上「重大な法令違反」という用語を用いることにする。
[21] 法令違反のレベルを除いておく。そうすれば、最高裁の三行判決の不合理性が鮮明になるものである。
[22] 最高裁判決（小田中 [8-11]）にこの表現自体はないが、この法令を解釈・適用した判断を求められているのが裁判官であるから、その表現を挿入することに意味があるものである。
[23] 「明示している」ことだけを視野に入れているだけで、この三行判決が合理性あるものという前提は置いていない。
[24] この意識・認識が、民事裁判でのゼロに近い現在の破棄率（100％近く上告人を敗訴させている状況）を導いていると認識することに不都合はなかろう。
[25] 筆者は、特に法律の勉強をしたことはないが、「法」が常識の範囲内にあり、かつ本書で引用した書籍および最高裁判事・近藤 [8-17] にあるように、最高裁も「常識」に従わなければならないことから、我々の思考が裁判を支配するものであることを前提とすれば、このことが導き出されるであろう。
[26] 他にこの種の定型文があるのかどうかは、筆者には不明である。しかし、他の定型文があるかどうかを探す必要はなく、本章で検討対象となった三行判決間で齟齬があることが証明されれば、三行判決の本質が明らかになるので、それで十分である。
[27] 長官の「自分の信ずるところ」と次に出てくる近藤判事の「社会常識」との間には、裁判官の（従うべきと認識されている）要素が内（長官）外（近藤判事）に分かれている点が気になる。また、第2章の「良心」に関して論じたように、ある主体が従うべき基準は、その主体の外部にある。国民は裁判官に対して、「国民の常識に従って裁判をやるように」ということはあっても、長官の発言の線上にある「あなたの信ずるところに従って裁判を

やりなさい」の趣旨の発言をしないことにも注意しておく必要がある。

　なお、「最高裁判所裁判官国民審査広報」に掲載する事項に関しては、再考を要するといえる。大枠の趣旨として理解すれば、長官の「中立……裁判の基本」というのは、「法（律）に基づく裁判が基本」という意味にすぎず、自明であり、あえて掲載する意味はなかろう。

　我々国民にとっては、裁判官一般ではなく、最高裁判事としての認識しているものに関する情報が欲しいものである。意義のある情報は、裁判所は機能しているか（そう判断しているのなら、その根拠）、冤罪を組織としてどう防ごうとしているのか、三行判決をどう認識しているのか、三行判決を出してきた比率そして控訴審判決をどの程度破棄してきたか（の比率）等の最高裁の裁判官としての情報ではなかろうか。

[28] そうであろうか。結論は短いものである。それが社会常識に従っているかどうかの判断は、外部者には情報量からして難しい。重要なのは、結論へ導いた判断過程に常識的論理が付与されているかどうかであろう。判断過程が常識の範囲に収まっていれば、結論は自然と常識の範囲に収まるものである。

第9章　最高裁の三行判決を用いた判決の違法性
　　　　　―本件による論証―

第1節　はじめに

　上告理由書は筆者と代理人との2通が、最高裁へ送付されている。本章では、そのうち筆者が書いた理由書の基本的な部分を公開する。ところで、代理人の書面には、数点にわたる上告理由が書いてあるが、ごく一部（財産分与部分）に極僅か触れるに止める。その理由は、本件高裁判決ほど奇怪なものであれば、論客でもある代理人に頼らなくても、上告審で破棄されるべきその「違法性」の論証は容易なものであるからである。

　本件高裁判決の特徴である2点を再度まとめておくことにする。
　①　「論理性・理路整然性」を認定した書証（という証拠が証明する事実）を完全に排斥する意図・排斥した証拠を尋問調書および判決書に明記された形で残している。
　②　認定事実がこの世にあり得ないものである。

　本章では、内容自体は繰り返しになる部分も多いが、①に関する「上告理由書」の記述部分を公開する。なお、上告理由書では、この公開部分を支える②の範疇に属する事象すなわち高裁判決における認定事実の非合理性の論証も行われている。しかし、これに関しては、第4章から第7章までで予想がつくもの[1]であり、また、（最高裁の判断とは異なり、）社会通念上は、①を明記（・論証）することと敗訴の事実だけで上告理由に十分であると考えられるがゆえに、②に言及することを省略する。

　筆者と代理人の計2通の「上告理由書」に対して、最高裁は、三行判決で応じ、高裁判決をその事実認定手法（①）とともに、非現実的事実を認定する行為（②）をも支持したのである。最高裁におけるこの種の思考・行為が、上告審での逆転判決の可能性をほとんど閉ざしていることと無関係ではなか

ろう。

第2節　上告理由

　筆者の場合、まず、上告状は代理人が作成して送付し、上告理由部分の作成には時間がかかるので、後に、代理人と筆者とが分担して各1通を作成して送付した[2]。
　上告理由に関して、民事訴訟法第312条は、次のように規定している。
　「上告は、判決に憲法の解釈の誤りがあることその他憲法の違反があることを理由とするときに、することができる。
　2　上告は、次に掲げる事由があることを理由とするときも、することができる。ただし、第4号に掲げる事由については、第34条第2項（第59条において準用する場合を含む。）の規定による追認があったときは、この限りでない。
　　1．法律に従って判決裁判所を構成しなかったこと。
　　2．法律により判決に関与することができない裁判官が判決に関与したこと。
　　3．専属管轄に関する規定に違反したこと（第6条第1項各号に定める裁判所が第一審の終局判決をした場合において当該訴訟が同項の規定により他の裁判所の専属管轄に属するときを除く。）。
　　4．法定代理権、訴訟代理権又は代理人が訴訟行為をするのに必要な債権を欠いたこと。
　　5．口頭弁論の公開の規定に違反したこと。
　　6．判決に理由を付せず、又は理由に食違いがあること。
　3　高等裁判所にする上告は、判決に影響を及ぼすことが明らかな法令の違反があることを理由とするときも、することができる。」
　筆者および代理人が上告理由書[3]で記述している上告理由の主要な概要は、次の点にある[4]。
　(1)【民事訴訟法第312条第2項第6号における「理由齟齬」】高裁の判決文の「理由欄」においては、筆者提出の証拠（が証明する事実）につい

て、「理路整然性」を認め、その真実の心証の表明がなされている。しかし、主文へ至る認定事実は、完全に逆である。この認定事実も心証に基づいているとすれば、本来的心証に反しているとともに、2つの心証を表明したことになる。2つのアリバイを認定したのと同様であり、典型的・基本的な「理由の齟齬」である。

(2)【民事訴訟法第312条第2項第6号における「理由不備」】自らが「理路整然」と価値評価し、そこに記述された事実を真実と認定した書証を「（首肯する）理由を付けずに、排斥している[5]。これは、第4節で論証されるが、最高裁判決（[9-4]の中・[10-6]）において認定された「理由不備」の違法に（余裕をもって）相当する。

(3)【民事訴訟法第312条第1項における「憲法違反」】高裁判決は、証拠（陳述書等）の「数・論理性・分析性」が、裁判長の体験外であれば、それを根拠に排斥するという意図を鮮明にしている。しかも、それを判決書で実行したことは、認定事実がすべて非現実的事実であることが証明している。「憲法・法律」に基づくことを拒否し、裁判長の体験に基づく裁判である。これは、実質面を見れば、「真実を主張・立証する権利」を排斥し、「虚偽の事実」を認定したものであり、そこに権力を認識せざるを得ず、加えて（「言論弾圧」を含む）「人権侵害」に疑いの余地はない。また、形式面を見れば、（裁判長の体験に合わすように求めていることから、）「表現の自由」に反する。高裁自らが「憲法・法律」に反する明確な証拠を残した裁判・判決である。

(4)【民事訴訟法第312条第2項第6号における「理由不備」等】固有の資金の家庭への投入により家庭の預貯金の増加が生じることはないというあり得ない事実認定をしている。「理由不備」等の違法性がある。

なお、「理由不備」の違法に関して、少し論じておくことにする。民事訴訟法第312条第2項第6号における「判決に理由を付せず」が、理由欄が空白であることのみを意味するという解釈が成り立たない以上（また、最判[10-6]における「理由不備」の解釈を見ただけで明らかとなるように、この解釈全体は成り立たないが）、高裁判決は、「理由不備」の違法に相当する。なぜならば、既に証明されているように、この判決の理由欄が、現実に生じる事

実間における認定の誤りを意味しているものではなく、現実にはあり得ない認定事実であるがゆえに（第1点および第3点も視野に入れられたい）、「法律」・「現実」というフィルターを通せば、解釈の余地はなく、文字がすべて消えるものであり、論理上は、実質的には空白と同じなのである。それは、完全な空白に次いで問題があるものであり、ゆえに、「理由不備」の違法に相当することに疑いの余地はない。

　ところで、上記4点に着目するだけでも、違憲・違法性の確たる証拠を高裁自らが残している以上、上告には理由があり、高裁判決が破棄されるべきものである。以下、上告理由書の一部に過ぎないが、それを開示しながら論を進めることにする。

第3節　明白な理由の食い違い（理由齟齬）

　筆者が、上告理由として「理由の食い違い（理由齟齬）」を論証しているが、最高裁判決（決定）は、「理由齟齬がないことは明らかである」（趣旨）と結論付けている。
　高裁判決には、第6章第1節で引用したように、次の一文が記述されている。
　　「控訴人は，本件訴訟においても，あたかも学術論文のように理路整然とした陳述書を多数提出して自己の正当性を主張し」
　この文に関しては、何度も考察対象としてきたが、ここでは、さらに深く論じることにする。なお、（引用した部分から明確に推定できもするが）判決には、筆者が提出した証拠に関するこの評価を否定する記述はない。論旨に変化がないように注意して、上記高裁判決文の要素の並びを変えることにする。
　　「控訴人の(相手方の主張に反論している部分を含め、)多くの陳述書での事実の主張・立証は、あたかも学術論文のように理路整然としている。」
　筆者と相手方の提出証拠（書証）の精査・検証を経た後に、筆者の書証に「理路整然性」を認定しているのである。それはまた、主文に結び付いた認定事実が依拠した相手方の陳述書の単なる主張部分（図表4-1のC）に「偽」

を認定・表明していることになるのである。

高裁判決に用いられている2つの用語すなわち「学術論文」と「理路整然」とが意味しているものをさらに検討することにする。

1 「理路整然」の意味するもの

第4章第1節で論じたように、「理路整然性」を認定したことは、筆者提出の証拠を吟味した結果、「家庭生活における『真実な事実』を記述している」という「心証」を持ったということを表明しているものである。

加えて、高裁の裁判長の発言および判決文に見られるが、筆者の陳述書等は、「多数[6]」に及ぶのである。多数の書面であるにもかかわらず、そこに「理路整然性」を認定したということは、論理的帰結として、「高度の信憑性」を認定したという事実を表明していることになるものでもある。

2 「あたかも学術論文のように」の意味するもの

筆者の陳述書等では、証拠の証明力を増すために、次の特徴を持たせている。

① 「単なる主張」は、可能なかぎり排除し、争点に関する重要事項について、自らが作成した多くの記録、証明書類そして学術的資料に依拠し、細部にわたる分析とともに、体系的に論じること。

② 証明力の高い相手方が提出した記録・資料および相手方弁護士の主張（の一部）をも用いること。これにより、両当事者の認識の一致点を導き出すこと。

少なくともこれらの2点は、(裁判長が認定した) 学術論文に不可欠の「分析性」・「論理性」（第1章第1節参照）の認定につながったはずである。そのように書くことができた理由の1つとして、「過酷な家庭生活」ながらも、(代理人の協力によって気分を和らげることができ、ぎりぎりまで) 耐えてきたことから、そして相談・打ち合わせを続けてきた代理人への合理的説明が必要なことから、各種の事象・要素を構築物のように認識していたことがあげられる。それは、子供が事件に巻き込まれた母親が、初めて書籍を出版する時と同じである。それまで出版とは無縁であった人物が書籍を書き上げることができるのは、精神的に非常に苦しみながらも、各種の事象・要素を心の中で整理し続けたことにある。

次に、「学術論文」という用語が意味するものを別の側面で検討することにしよう。第1点として、学術論文によって研究者が成果を発表しているわけであるが、1つのミスが、大きな欠点（論文自体の価値とともに、信用を失うこと等）となる可能性は否定できない。そこで、思考実験を繰り返し、熟慮の上、「高度の論理性」を持たせながら発表するわけである。他人が重要事項に関して「誤りを発見する可能性」は高くはない。

　第2点として、分野によって学術論文は、解釈・価値観の相違により評価が異なることがあり得る。しかし、高裁裁判長が認定した分析性・論理性は、すべての分野の論文に必要なものである。また、裁判所へ提出した陳述書等には、「事実の主張およびそれを裏付ける立証（・論理）」がしてある。ゆえに、高裁判決は、（価値判断の余地の少ない）事実・論理を中心に展開する学問分野の「学術論文」を前提にした評価をしていると認識することができる。

　第3点として、裁判官は、「国家の意思」を判決文で当事者に伝える以上、学術論文等で展開された「学説」にも従わなくてはならない（原田〔1-7〕参照）。

　ゆえに、「学術論文」という用語を挿入した重みが、「理路整然性」に加わることになる。

3　判決文に現れた二律背反した心証形成の動かぬ証拠——「理由齟齬」

　かくして高裁は、本節冒頭近くの判決文により、筆者の提出した証拠（陳述書等）で主張・立証された事実は真実であるという「心証を形成したという事実表明」をしていることになり、民事訴訟法第247条の規定「裁判所は、判決をするに当たり、口頭弁論の全趣旨及び証拠調べの結果をしん酌して、自由な心証により、事実についての主張を真実と認めるべきか否かを判断する。」に従い、全面採用されるべきものである。

　しかし高裁は、主文へ至る認定事実では、逆の事実を認定したのである。ここに自らが真実と認定した証拠（が証明する事実）を完全排斥していることに否定の余地はなく、極度の思考上の背理を生じているものである。これに関して、井上〔2005,28,25-26〕における判決文の「理由（欄）の理論的首尾一貫性の欠如」の論を参照しよう。

> 「理由欄に記載してある文章を検討した結果、法理論的矛盾のため理論的一貫性が切断される所が一個所あれば、それだけでもはや、その文章は法理論過程と評価することはできないので、全体として理由を欠く判決と評価しなければならない。」　　　　　　　　　　　　井上［9-1］

> 「この厳密さは、電線による送電の関係にたとえることができよう……ただ一個所の断線部分によって、正常に機能する大部分が機能を発揮することができなくなってしまう。
>
> 　……判決理由の長大な文章のうち、論理の飛躍や矛盾によって理論的一貫性が切断された所をただ一個所発見すれば、その判決の理由欄の記載を理由にあらずと評価することができるわけである。
>
> 　この指摘は、控訴理由や上告理由を構成するときの基礎知識である……非難の対象である第1審判決または控訴審判決の理由欄中で最も弱点と目される点を一突きすれば、それだけで理由欄全体が崩壊することを思うべきである。」　　　　　　　　　　　　　　　　井上［9-2］

　また、客観的・論理的に考察すれば、高裁判決には既に論証されているように、「理路整然性」を認定することによって、理由欄において、「筆者の証拠が（証明する事実を）正しいという心証形成をしたという表明」と（結果的ではあるが、認定事実が筆者の証拠とは完全に逆であることから）「それが（証明する事実を）誤りであるという心証形成をしたという表明[7]」とが混在しているという証拠を明白な形で残している。それが、極めて鮮明な「法理論的矛盾のため理論的一貫性が切断」（井上［9-2］）されている事実を証明しているものである。

　さらに、末川〔1991,1098〕の「理由不備」の項目の論に基づき、上告理由に関して参照しよう。

> 「特に重要な争点につき全体として理由と認めるべきものを欠く場合[8]、また重要な事項につき理由が矛盾している場合（理由齟齬）は、絶対的上告理由となる」　　　　　　　　　　　　　　　　　　末川［9-3］

　高裁判決が、「裁判所に提出された筆者の証拠の証明力の評価に関して二律背反した心証形成」をしている証拠（すなわち同一の証拠について真偽両方を認定している事実）を鮮明に残している。これが、心証形成そして証拠の

証明力の評価（ゆえに、証拠採用の合理性）という裁判において最「重要な事項につき理由が矛盾している場合」（末川［9-3］）に相当することに否定の余地はない。

　さらに高裁は、判決では筆者の完全敗訴であるから、「自らが論理性・理路整然性を認定した証拠（が証明する事実）」を排斥していることは否定できない。加えて、判決における主文へ至る認定定事実がすべて非現実である。ここで注意しておくべき点は、末川［9-3］において「理由と認めるものを欠く」と記されている点である。「理由と認めるもの」の行為主体は国民であり、その基準は社会常識（社会通念）である。非現実的事実を認定したところで、それは社会通念上「理由」とは無縁のものであり、ゆえに、理由欄全体が成り立たないので、「すべての争点において理由となるものを欠いている」ことになり、「特に重要な争点につき全体として理由と認めるものを欠く場合」（末川［9-3］）という条件を確実にクリアする。

4　否定できない上告理由書における「理由齟齬」の論証

　この絶対的上告理由である「理由齟齬」に関する部分については、筆者が上告理由書を担当した。それには、次のように記述してある。

　「1．心証形成の違法な二律背反

　　原判決は、上告人の陳述書を『学術論文のように理路整然』（12頁）と認定している。ところで、広辞苑によれば、『理路整然』とは、『物事や話のすじみちが、きちんと通っているさま』ということであり、さらに、『学術論文のように』が付加されている。ゆえに、それは、本件に関する法的主張・立証がされているから、上告人の主張・立証が、裁判所の立場（訴訟の観点）から判断して、『（学術論文並みの極めて高度の信頼性をもって、すなわち反論の余地のないほど）正しい』という心証を得ていたことが証明される。加えて、裁判長も、上告人の陳述書等を『論理的にきちんと分析して反論』（控訴人尋問調書31頁）していると認めている。

　　　また、原判決は、上告人の主張・立証は正しいという心証を形成している事実は、否定できない。というのは、経験則上、原判決が、（結果として、行ったことになる）その事実認定・判断に相応する心証を形成

している限り、それと逆の主張・立証をしている上告人の陳述書について、『理路整然』という印象を受けることは全くなく、『筋違い』を認識し、判決文において、『学術論文のように理路整然』とか『理路整然』という記述が一部たりとも出てくることはない。『それなりに筋は通っているが、屁理屈を並べただけの陳述書』とか『学術論文もどき屁理屈』の類の批判的表現を用いることになるからである。

　しかしながら、実際には、原判決は、上告人の陳述書、控訴人尋問調書および被控訴人尋問調書における反対尋問を全否定・排除し、採用したのは、陳述書に分類されない（限定付きで、）甲第5号証[9]、（自家取得の際の出捐額を主とした）資金の出入・源泉を証明する書類[10]および（主張である）養育費の支払期限だけである。したがって、結果として、上告人の陳述書には、信憑性がなく、被上告人の主張に信憑性があるという心証形成をしていたことにもなる。

　ゆえに、原判決は、『判決に現れた用語』及び『内容・主文』から、二律背反した心証形成をしているということが立証される。このような判決文は、民事訴訟法第243条1項の『訴訟が裁判をするのに熟したときは、終局判決をする』に違反する。また、原判決は、上告人の陳述書を『理路整然』すなわち『真実の事実を記述した書証』と判断しているわけであるから、それを否定したのは、民事訴訟法第247条に違反する。」
最高裁が、絶対的上告理由であると認識するに十分な（すなわち、高裁判決が破棄されるべき）論証がしてあるはずである。これに対して最高裁は、高裁判決には、「明らかに、理由齟齬はない」と断定してきたものである。その行為を可能としたのは、(その根拠を示さなくても書くことができる）当事者の上告理由の論証を否定するだけの文を理由として用いている三行判決と認識することを妨げるものはなかろう。

第4節　否定の余地のない理由不備

　最高裁判決（決定）は、筆者が高裁判決における「理由の不備（の違法）」を論証していることに対して、「理由の不備がないことは明らかである」と結

論付けている。はたして、そうであろうか。過去の最高裁判決と照合して、検証することにする。

筆者の上告理由書には、次のように記述してある。

「最高裁判決（昭和 32.10 民集 11.10.1779、『判例六法、平成 17 年度版』1084 頁より引用）では、『記載文面及び体裁からして、特に反対事情のない限り記載内容を措信すべき書証につき、何ら首肯するに足りる理由を示さずに、これを採用できないとした原判決には理由不備の違法がある』としている。原判決が上告人の陳述書に『理路整然性』を認めていることから、それは前記の『書証』に相当する。それを『異常』という非常識的理由のもとに排除したことは、少なくとも、『何ら首肯するに足りる理由を示さず』に相当する。そして、上告人の陳述書を完全否定したことは、『これを採用できないとした』に相当する。ゆえに、原判決には、根本的に、『理由不備の違法があること』および『被控訴人への著しい偏向』は、否定できない。」（判決文は最判［10-6］）　最判［9-4］

理解を容易にするために、理由不備に関する最判［9-4］と上告理由書の（論点をさらに明確にした）趣旨とを表 9-1 において、対照して検討する。

図表 9-1　否定できない「理由不備」の違法

最判［9-4］	高裁判決
【A1】記載文面及び体裁からして、特に反対事情のない限り記載内容を措信すべき書証につき	【B1】高裁は、筆者の書証に「理路整然性」を認定しており、「措信すべき」のレベルを超えて、「措信した」との旨の表明をしている。
【A2】何ら首肯するに足りる理由を示さずに	【B2】高裁判決では、「何らの理由も付けていない」。論理性ある書証は異常と認定するという不可侵の根拠に基づいているとしか理解できないものである。
【A3】これを採用できないとした	【B3】主文へ至る認定事実では、筆者の陳述書等を完全排除した。
原判決には理由不備の違法がある。	A の各要素と B の各要素とを比較した場合、悪質性において、前者のレベルが後者のレベルを上回ることがないことは明白である。ゆえに、高裁判決における「理由不備の違法」は否定できない。

なおここで、理由欄の記載に関して、井上〔2005,28〕の見解を参照するが、国民は合理性ある判決を受ける権利を有しており、国民の立場からして、「合理性のない文字の羅列」が「判決理由」を形成することがないものであることから（末川［9-3］を参照のこと）、その見解に納得することができるものである。
　　「普通、判決書を一瞬目にしてそこに理由の欄があり文章らしい文字が並んでいれば、それで理由が付してあると認めるのが一般であった……
　　　単に、判決書の中に理由欄が設けてありその中に文字が並んでいるといった形式的チェックだけで、この判決には理由が付してあると評価するわけにはいかないのである。」　　　　　　　　　　　　井上［9-5］
　かくして、文字の羅列が「判決理由」の合理性を保障しないし、図表9-1で論証されたように、高裁判決は最判［10-6］に照らして否定の余地なく「理由不備の違法」にある判決である。また、上記上告理由書の一部は、この「理由不備の違法」という絶対的上告理由によっても、最高裁が高裁判決を破棄すべきものであったことを論証しているはずである。
　しかし、最高裁は、「理由不備がないことは明らかである」として突っ張るのである。ここにおいても上告人にとって立ち塞がるのは、(結論へ至る理由すなわち「判断過程」を提示することのない) 上告人の主張を否定しただけの三行判決である。
　ところで、最高裁判決（決定）では、高裁判決に「違憲性はない」とも主張するが、はたしてそうであろうか。

第5節　否定の余地のない憲法違反（違憲）

　筆者が主張する高裁判決における「違憲性」について、最高裁の判決（決定）では、「明らかに、違憲性はない」（趣旨）としている。しかし、高裁裁判長は、「体験したことがない数・論理性・分析性」のある陳述書等に関しては「異常」と認定し、「排斥」する旨を表明し、実際に判決で完全排斥している。裁判長は、自分の体験で裁判をやると公言しているわけであるから、憲法第76条第3項の規定「すべて裁判官は……この憲法及び法律にのみ拘束

される」を無視したことゆえに「違憲」であることに否定の余地はない。加えて、「違憲」の事実を抽出することにする。

第1点として、高裁判決は上記のような排斥の筋立てに従い、この世にあり得ない「虚構の事実」を認定している。裁判所の権力の乱用による憲法第13条に規定された「基本的人権」の侵害であること、そして憲法第32,37条における「公正な裁判を受ける権利」(秋山〔2005,154〕)の侵害でもあることも明白である。

第2点として、証拠の「論理性・分析性」をもってして「異常」と認定する行為を形式面から分析すれば、それらの要素はむしろ書証に必要なことであるにもかかわらず、逆に、それらの要素を根拠にして、その書証を排斥しているわけであるから、憲法第21条に規定された「表現の自由」に反する。

ゆえに、高裁判決は、憲法第76条第3項に明確に反するとともに、少なくとも「基本的人権」、「公正な裁判[11]を受ける権利」そして「表現の自由」という憲法で保障された当事者の権利を侵害していることは動かし難い。

筆者の上告理由書には、次のように記述してある。

「2. 二律背反した心証形成の原因とその宿命

二律背反した心証形成の原因は、裁判長の特異な思考(の発言)、『私は37年間裁判官をやっているけれども、こんなに(陳述書およびそれに類する説明書が──上告人注)出されたのは初めて。つまりそれ自体異常なんですよ。かつ論理的にきちんと分析して反論するというのはね』(控訴人尋問調書31頁)にある。このように、裁判長は、上告人の陳述書等の『数』と『論理性・きちんとした分析性のある反論』をもってして、『異常』と判断したのである。原判決の『理路整然』は、調書における『論理的にきちんと分析』に相当する。かくして、上告人の陳述書の『理路整然性』(=「論理性」+「分析性」)をもって、『異常』と認定したのである。その結果、上告人の陳述書の『理路整然性』は、『37年間経験していない』という裁判長自身の都合だけで、すなわち、現行の法律に基づくことなく、『異常』と認識されたのである。この結果、原審は、『理路整然性』ゆえに『異常』、『正しい』がゆえに『誤り』とする裁判になったのである。

そこで、必然的に、裁判自体が、正確な事実認定・判断をするという本来の義務からはずれ、『上告人の陳述書の完全否定』と『被上告人への極端な偏向』へと制御されるべく宿命付けられたのである。
　……また、「理路整然性」ゆえに陳述書を排除する思考は、『無秩序な書面』を提出することを求めており、条文を提示しなくても、そのもの自体の誤りによる違法性は誰の目にも明かであるが、事実認定・判断に関する書証の記入条件を規定していることを明確にしたものであり、それゆえ、少なくとも、憲法第21条における『表現の自由』に違反していることも否定できない。
　加えて、質量ともに、これまで本理由書で明らかにした国民が驚くレベルでの違法性を抱えた原判決が、憲法第32条に違反していることも動かしがたい。
　……すべての国民は、憲法第32条により、公平な裁判を受ける権利を有しており、原判決のような疑いの余地のない違憲を鮮明にした判決に従う義務を負わない。ゆえに、上告人は、最高裁判所に、原判決を破棄し、相当な裁判を受けることを求めるものである。」
　この部分は、上告理由書の（最後尾を含め）後部で書かれている。それまでに、理由齟齬・理由不備の違法が明白になっていること、そして（高裁判決は真実を主張することを拒否したものであり、かつ真実を主張・立証する当事者の権利・義務を侵害したものであり、）憲法違反は明白であるから、誰の目にも明らかな「言論弾圧」であり、基本的人権を侵害しているという初歩的要素は省略してある。
　しかし最高裁は、三行判決で、「違憲」ではないと主張する。これは最高裁が、下級審にどの程度の指導をしているか、自らの職責をどのように認識しているか、国民をどのように認識しているかを示すものでもある。

第6節　高裁判決における瑕疵

　「異様な違法性」を包み込んだ高裁判決に関して、筆者は、「司法の信頼性」に関する最高裁の姿勢を問うべく、「上告理由書」の冒頭部分において次のよ

うに記述した。
「原判決は、最後に詳しく論証することにするが、上告人の書面を『論理的にきちんと分析した書面』と認識しておきながら、それは、『37年間経験したことがない』という理由で、『異常』と認定した（控訴人尋問調書31頁）裁判長の『特異な思考』に拘束されたものである。それは、無秩序な書面を出さない限り、『正常』とみなすことはなく、事実として認定しないという違法性を鮮明にしたものであるが、原判決において実行されてしまったのである。このようにして、原判決は、『上告人の陳述書の全否定』そして『被上告人への著しい偏向』という制約を受けながら書かれたものである。
　ゆえに、原判決は、裁判における信用を完全に傷つけるものであり、かつ上告人の権利を完全に阻害している点で、重大な瑕疵は明白であり、即上告理由となるものでもある。上告人は、主として、親権の主張に属する範囲で、個別事項に関して、原判決の事実認定・判断が、理由不備等により成立しないことを主張・立証する。そして、それらを（全部でなくても、）統合すれば、原判決の重大な瑕疵が証明されたことにもなるのである。
　なお、被控訴人代理人弁護士は、上告人の文書に関して『理路整然』と認めているし（被控訴人尋問調書4頁）、原判決も『理路整然』（12頁）と認めている。それは『正しい』と認識していることを意味する。ゆえに、本来は、上告人の主張・立証を取り入れるべきであったのである。」
高裁判決が判決としての体をなしていないという「違法性」の指摘に何ら問題はなかろう。

第7節　おわりに

　本章を通じて、筆者の上告理由書は、「理由齟齬」、「理由不備」そして「憲法違反」という上告理由の要件を十分満たしていることを論証しているはずである。また、固有の資金の投入が家庭の預貯金という資産の増加と関連するわけではないとする高裁判決の自明の誤りを指摘した点を含めて、数点に

おいて代理人が筆を執っている。しかし、最高裁は、この点でも高裁判決を支持するのである。

ところで、本件最高裁第3小法廷の裁判長は、「論理性・理路整然性」を表明することによって、「信用性」を認定・表明した証拠（が証明する事実）を完全排斥した本件高裁判決を支持したのである。しかし、同判事は、痴漢事件の上告審（最判［8-13］）で、多数意見に反対する根拠への一要因として、「Aの供述には信用性があることが十分うかがえる」と主張し、証拠の信用性を認定して、それに基づく判断をしている。

現行の裁判は、三審制であっても、以上の程度のサービスが国によって、裁判官を通じて、国民に提供されているに過ぎないのである。そこに、「違法」という「法」を探すことはできるが、「適法」という「法」を探すことはできない。本来、裁判所組織の外部にある概念・基準である民主主義の「法の論理」に基づいた判断をしていれば、判断が収束する。しかし、本書で述べてきたように、初歩的常識に関する認識でさえ収束しない状況は、裁判所の「法」に関する意識に対して疑問を呈するには十分である。

「権力に自由自在の裁判・判決」から「民主主義的裁判・判決」への「夜明け」は、下級審が判決文において証拠（採用）の合理性から立論し、客観性・論理性・検証可能性ある理由を「論証形式」で記述し、そして最高裁が三行判決から離れ、「理由欄」に「論理展開」のある文を書き込むようになった時であるといえよう。以下、2章を用いて、この課題に関して詳論することにする。

---

[1] 本書の方が詳細なものになっていることも事実である。
[2] 上告に関する手続き上の詳細は省略するので、専門家に質問するか、書籍等を参照されたい。
[3] 本章で対象とする上告理由部分は、基本的に筆者が担当した理由書に関するものである。
[4] 以下の要旨には、「上告理由書」における記述の他に、最高裁の三行判決を受けてさらに問題点を鮮明にすべく書かれているところもある。しかし、この解説に相当する部分は、「上告理由書」の記述から容易に理解できるものでもある。

5　もっとも、自らが、「理路整然」と認定した書証を「首肯する理由」を付けて排斥することは不可能なことである。
6　本来的に、多くを書きたかったわけではない。そうせざるを得なかった事情そして無駄な書面のやり取りを回避するために努力したことに関しては、第1章第1節で論じてある。
7　これを証明するには、筆者の敗訴という事実だけでも十分である。
8　ゆえに、当然のことながら、理由欄に文字が並べられているだけでは、「理由」とはならない。
9　甲第5号証は、筆者が家庭内を写した写真であり、これによって高裁は、相手方の分与割合を4割と認定したものである。なお、「限定付きで」と記述したのは、半額を基準にすれば、1割減らしている事実のみに着目したからである。既述のように高裁は、実質的に、相手方に対して、適法に認定された場合の共有財産額の約9割の分与を認めている。
10　筆者は、資金の流れを証明する証拠に関しては、高裁がそれを採用して共有財産の計算をしたことを述べているだけで、計算手法を含め、財産分与額に導いた手法を正当としているわけではない。
11　民事訴訟法第2条では、「裁判所は、民事訴訟が公正かつ迅速に行われるように努め、当事者は、信義に従い誠実に民事訴訟を追行しなければならない」と規定されているが、高裁判決がこれに違反しているものである。

第10章　司法改革への視点
—判決書における本来的「理由」の認識の必要性—

第1節　はじめに

　繰り返すが、裁判を受けた国民は、「偏向」・「権力的・非民主的」・「非常識」・「理解困難・不能」という認識（安倍［1-8］）を持ってもいる。本件裁判・判決書の理由欄は、それを裏付けることになったはずである。本件下級審の判決の理由欄は、（証明力のある客観的）証拠に基づいたものでもなく、法律を解釈・適用して判断過程を（合理的に）積み上げたものでもない。このことを基本的に証明しているのが、すべての認定事実が、常識（・「法」の論理）に適合していないことである。加えて、本書で検討した判決文では、一部[1]を除き、判決文自体（・内部）そして判決文相互間に論理（一貫）性がないことも論証されている。
　その原因について、次の渡辺〔2005a,189〕の論と関連があると認識して不都合はなかろう。
　　「裁判官もまた行政官的体質をもっており、法律論を、単なる正当化のための道具とみなす傾向がつよい。このことは、明治以降のわが国において、法律が『上から』の近代化を進めるための官僚支配の正当化の道具として機能してきたという根強い伝統と無関係ではないであろう。(この後に、渡辺［1-9］が続く：筆者注)」　　　　　　　渡辺［10-1］
　司法官僚（裁判官）が「支配」する対象となりうるものは、国民の生命・人権・「法」を含む思考等であるが、逆にこれらは、司法の本来的機能からは、司法官僚が従う義務のあるものである。ゆえに、国民に対して「公正な裁判」を保障すべく、若いうちから自己の思考と現実（国民）の社会生活上の思考との論理的な照合の研鑽を謙虚に積み重ねる努力をしておくべきものである。

判決は「国家の意思」（原田［1-7］）であり、当事者である国民は、それを（裁判官という）公務員を通じて受け取る権利を持っている。また、その「国家の意思」は、裁判官にとって第三者の意思（客観的な意思）であるから、国民の基本的思考（条理という「法」でもある。渡辺［2-9］）を反映していなければならず、当然「証拠・法」に従った客観性・論理性があ（り、恣意を防ぐ機能を有す）る文体からなるべきものである。

この観点から、司法改革の原点を(法曹一元化のような裁判をする者の改革ではなく、)判決書（文）の（合理性の担保という）改革に着眼点[2]を置き、以下2章を用いて論を展開する。

第2節　「理由」の定義に基づき証明される判決文における「理由」の欠落

判決文には、「判断」と「理由」という用語が用いられている。それらは、論理上は次元を異にする。

「判断」は、「物事の真偽・善悪などを見極め、それについて自分の考えを定めること。……『状況を―する』」（『大辞泉』）と定義されている。ゆえに、裁判官の考えの結果である認定事実は、「判断」の範疇にある。これは、「認定」という用語が、「〔資格・事実の有無などについて〕公の機関が判断し、決定すること」（『明解国語辞典』）と定義され、「事実の有無の認識」が、「判断」の範疇にあることをもってしても、導き出すことができる。しかし、このレベルの「事実の有無」が認識されても、裁判官がそういう事実を認定したというだけであって、合理性は保障されず、判断における恣意を排除できるものではない。

ところで、『大辞泉』によれば、「理由」に関しては、「物事がそうなった、また物事をそのように判断した根拠」と定義されている。そして、『広辞苑』では、この「根拠」に関して、「ある言動のよりどころ」と定義されている。これらの定義における「物事をそのように判断」および「ある言動」とは、本件下級審判決における「認定事実（こういう事実があったと認定したそのもの）」に相当する。また、「よりどころ」（『広辞苑』）とは、「そのものを支

えており、それが無くなれば、そのもの自身の成立が危うくなるもの」(『明解国語辞典』)である。ゆえに、判決における認定事実は、その「よりどころ」である「合理性」によって担保されていなければならない。ゆえに、「裁判官は事実認定につき論理法則・経験則に従い客観的根拠に基づいて合理的に判断しなければならない」(末川〔1991,499〕)のである。上の『大辞泉』の定義にある「物事の真偽・善悪などを見極め」た際の論理の合理性・常識性が(正当な法的)理由なのである。

　しかしながら、本件下級審の判決文の「理由欄」には、既述したように、「誰々が○○をした」・「誰々が○○したから、非がある」・「○○と主張しているが、あくまでこうである」という類の「論理学で、判断を言語で表したもので、真または偽という性質をもつもの」(『大辞泉』の「命題」の定義)で、証拠・「法」・論理に照らして、その合理性が担保されているとはいえないものが書かれているのである。

　また、裁判・判決の基盤は証拠であるから、合理性を付与するには、「判決理由」とは、「証拠(採用の合理性を含め、それ)を始点とする合理的[3]な論証過程」と認識するしかないものである。なお、この用語は、次節で引用する渡辺〔10-2〕の思考を参照して導き出したものである。

第3節　法学書に基づく現行の判決文の理由欄の検討

1　判決文における論証過程の欠落

　渡辺〔2005c,219-220〕において、判決文の「理由」に関する問題点が述べられている。

　　「とくに事実認定のしかたや証拠の採用のしかたは、自由心証主義の名にかくれて、いちじるしく恣意的である場合がすくなくない。裁判官は、いかにして一定の事実認識に到達したか、ということが具体的に証拠との関係で何一つ論証されていない。たくさんの証拠をずらずらとならべたてて、以上の証拠にもとづき事実をこう認定すると、概括的にいってみたところで、証拠のどの部分がどのような事実を証明する証拠として評価されているのか、という客観的手続きは保障されはしない。

また、例の有名な松川事件裁判などがその典型例であるが、Aという証拠を採用し、Bという証拠を採用しないことの理由が客観的にすこしも明らかにされていない。たとえば、被告の家族の証言をどうして採用しないのか？　証言それ自体が虚偽であることが客観的に明らかだから採用しないというのなら、筋がとおる。しかし家族や組合員は被告をかばうだろうからその証言は信用おけないというのでは、ぜんぜん理由にならない。その他、何ら客観的に論証された理由も示さずして『この証言は信用しがたい』という場合がおおすぎる。それをただ『心証』で説明するのは、裁判官の恣意を公然とみとめたもおなじである。そのようなことがゆるされるならば、裁判は、もはや裁判でないといわねばならない。」
渡辺［10-2］

本質を突いているがゆえに少し長くなったが、この引用文[4]で、次の3点に着目する必要があろう。

① 証拠採用（・不採用）の（合理的）「理由が客観的にすこしも明らかにされていない」という点である。しかし、裁判は、証拠が中心であるから、採用した（・採用しなかった）証拠の合理性を論じただけで、事実認定の基本的要件は満たされるものである。

② 「一定の事実認識」が「具体的に証拠との関係で何一つ論証されていない」という点である。証拠採用の合理性が明確でなく、その上に認定事実と称されるものを積めば、事実認定上のチェック機能が2回にわたり役に立たないことになる。

③ 「何ら客観的に論証された理由も示さずして『この証言は信用しがたい』という場合が多すぎる」という点である。「信用しがたい」というのは、判断に過ぎない。その判断の合理性が担保されるべきであり、かつそれを担保するのが、「客観的に論証された」根拠すなわち理由である。しかし、それが示されていない場合が「多すぎる」というのが現行の裁判である。

2　常識的論理における「理由」と判決における「理由」

裁判所と法学書等[5]・国民[6]との間における「理由」の認識に関する乖離について、理解を容易にするために、本件下級審の判決文のスタイルに基づき

図表 10-1 でまとめておく。

図表 10-1 「理由」の認識に関する国民と裁判所との乖離

法学書[7]・国民が認識する理由	国民が認識する[8]判断	
	判決に見られる理由	
A	B	C
認定事実の合理的論証（判断）過程	理由欄：認定事実	主文：結論
証拠採用の合理性と事実を客観的・論理的（合理的）に認定する過程	下級審は、「前記前提事実及び証拠（……）並びに弁論の全趣旨によれば、以下の事実が認められる。」としているが、単に証拠を挙示し、単に自らが認定したとした事実を並べる意図を示したものに過ぎない。ここにおいて、証拠採用の合理性と認定事実の合理性へ言及する過程が省略されることを読み取ることができる。	（例） ・棄却する。 ・離婚する。 ・××円を支払え。

　Bの範疇の記述のみでは、裁判官の主観・恣意に自由であり、その認定事実の合理性が担保されることはない。本件下級審が非現実的事実を認定し続けたことがそれを証明している。このような事実認定が可能となるのは、我々が常識的に「理由」とみなすAの範疇の記述が判決書にはないことに起因するものである。なお、本件高裁では、Aの範疇に属する「理路整然性」を認定した証拠を排斥して、Bの範疇の理由欄の文字を並べているが、このような行為をできるのも、Aの範疇の記述を基本的に略し、Bから出発しているからである。

　ところで、このことを渡辺〔2005c,218〕の論に基づき確認することにする。なお、この見解は法解釈に関するものであるが、「理由と判断の識別」という点に着目すれば、事実認定にも適用が可能である。本件高裁判決との比較という形で考察し、図表 10-2 においてまとめることにする。現行の判決

文のスタイル上の問題が鮮明になるものである。

図表 10-2　本来の「理由」と判決文の理由欄の記述

法学書・判決	渡辺〔2005c,218〕	高裁判決（地裁判決も同様）のスタイル
		「……証拠……によれば……以下の事実が認められる。」と記している。【ここにおける「証拠」と「以下の事実」という2つの要素を抽出して、下において論を進める。】
Ⅰ	「おれはその方が正しいとおもったからだ」という漠然とした主観的理由では、はなしにならない。	左の括弧内の「その方」に、上記2つの要素を代入する。そうすれば、「おれは、この証拠が正しいと思った」そして「おれは、以下の事実を正しいと思った」というものに過ぎない。【図表10-1のAの範疇が基本的にないことを意味する。】
Ⅱ	「おれは、このような理由によって、この解釈をとった」という論理の筋みちが、はっきりたっていなければならない……なぜそのような結論がだされたのかの理由づけは、だれにでも分かり、且つ納得できる論理的筋みちとして、客観的に示されていなければならない。【事実認定では、図表10-1のAの範疇が、この要件を満たすのである：筆者注】	左の括弧内の「解釈」に、上記2つの要素を代入する。そこで、判決理由には、「おれはこのような理由によって、この証拠を採用した」と「おれはこのような理由によってこの事実を認定した」という論理的筋道が客観的に明示されていなければならないことになる。しかし、現行の判決文に記述されている文からは、それが欠けていることが明らかになる。
Ⅲ	そうでなかったら、法はもう法でなくなり、「法解釈」の名において恣意が横行するであろう。	左の括弧内の用語「法解釈」に上記2つの要素を代入する。そうすれば、「証拠採用の名において恣意が……」ないし「事実認定の名において恣意が……」となる。

　ところで、図表10-1におけるBとCの範疇の合理性を支えるものは、本来は、Aの範疇における合理性である。また、判決文の理由欄が、Aの範疇の文で満たされているかぎり、B（とC）の範疇における文が表現する基本的事実は、必然的に導き出されるものであり、特にBの範疇の文は不可欠ではない。それは、次章第3節で筆者が筆を執っているが、Aの範疇の記述で満

たされているものの、Bの範疇の事実も認識できることから明らかになる。
　ここで、「事実認定」の意味を考える必要があろう。末川〔1991,459〕のいうように、「心証形成はもちろん主観的過程であるが、証拠と理論により客観的に検証可能なものでなければならない」し、その段階まで心証形成の合理性が保たれていた場合に、それが「判決理由」としての価値を持つものであり、上記渡辺 [10-2] のいう「客観的に論証された理由」に相当する。ゆえに、「判決理由欄」には、本来このレベルの記述が明確に表れていなければならないのである。これは、東地判 [2-14] が、公務員の行為に「客観的正当性」を求めているのと軌を一にするものである。かくして、自由心証主義とはいうものの、当事者が受け取る権利として有しているのは、裁判官にとって客観的な「国家の意思」（原田 [1-7]）である判決書であり、その理由欄の本質は、「採用した証拠の合理性および法律の解釈・適用が鮮明である論理的・客観的事実認識の論証過程」となるべきものである。
　ところで、この主張をしても、批判は簡単であるという主張がなされることがあろうし、文体に関してのイメージが湧かないこともあろう。筆者は、本件の事実の一部であるが、次章第3節で筆を執ることにする。

第4節　社説が指摘する証拠採否への疑問

　数年前、上記渡辺 [10-2] が主張する「証拠採用の合理性」そして「客観的論証」の必要性の論を裏付ける冤罪事件が起きている。なお、これは、『米人権報告』に記載され世界に知れた冤罪事件[9]でもある。この事件に関する東京新聞の社説を参照しよう。

　　「冤罪（えんざい）で服役後に無実と分かった〇〇県の男性に、再審で無罪が言い渡された。だが冤罪事件の再発は、警察のほか検察官、弁護士、裁判官の法曹三者の厳しい反省なしでは防げない。……
　　　警察の捜査が自白に頼り、男性のアリバイ、現場の足跡の違いなど証拠を無視、検察もこれを追認、起訴したことはすでに指摘されている。強調したいのは、なぜ男性がうその自白を維持したかだ。男性は威圧、誘導による取り調べや証拠でっち上げを疑わせる事実を述べているが、〇

○県警は具体的実情を公表せず、疑惑は残されたままである。……

　最終的に男性に間違った実刑判決を下し、服役させたのは原審の裁判所である。担当裁判官の責任は重く、言い逃れできない。……

　男性は拘置尋問で裁判官に無罪を主張した。しかし起訴後の法廷で、裁判官は検察の主張に引きずられ、有罪の予断を持つことはなかった、と言い切れるか。虚心に法廷に出された調書や証拠を精査し、その上で一瞬でも男性は無実ではとの疑念を抱かなかったか。」（東京新聞社説、2007年10月11日 [10]）　　　　　　　　　　　　東京新聞 [10-3]

　この社説で、「裁判官に無罪を主張した……虚心に法廷に出された調書や証拠を精査し……無実……」と書かれており、裁判における証拠採用の問題点を指摘している。しかし、文の趣旨が正解であるとしても、社説で証拠の採否を巡る問題点を指摘したところで、現行の司法が反省する効果があるであろうか。

　この社説を見る限りでは、「虚心」に証拠を精査していれば、回避できた誤判・冤罪という意味を伝達するものである。しかし、刑事事件で、裁判所は、事実を推測して裁判・判決をしている（第11章第2節参照）。本件でいえば、高裁は証拠を精査・検証した結果、「論理性・理路整然性」を認定した証拠（加えて、相手方弁護士も「理路整然性」を表明した証拠）を排斥し（た証拠を残し）て、非現実的事実を創作して判決書を書いている。その指摘が上告理由書でされているにもかかわらず、最高裁が高裁の判決の手法を含めてそういう裁判をすることを支持しているのである。このような思考を持った組織に対して、「虚心に法廷に出された調書や証拠を精査」することを求めても、元々視点が異なるのであり、その有効性があるようにも思えない。

　誤判・冤罪が生じるのは、裁判官の資質にもあるが、証拠の合理性を検証した過程（図表10-1のAの範疇）を記述することなく、合理性のない証拠に基づき、推測をも用いた（Bの範疇にある）単なるストーリーが判決書に書かれていることそしてそれで判決書を済ませていることであろう。メディアの本来的役割は、普通に分析すれば、判決書の基本的な欠陥はすぐに見出すことができるので、冤罪事件の客観的証拠を検証して、裁判所組織に見解

を求め[11]るともに、証拠採用過程と判断過程の分析をして、それを連載記事で公開することであろう。また、一般的に、判決書に関して、国民の鋭い視線を裁判所に伝達して緊張感を持たせるとともに、合理性ある「判決理由」を裁判官に書かせるように、国民と一体になって国民の思考を裁判所に伝達することにあるのではなかろうか。

視点を少し異にする[12]が、渡辺〔2005a,202〕の見解を参照する。付言する必要のないものであろう。次の文の「いま司法内部で何が起こっているのか[13]」を「司法がどのように判断したのか」に置き換えれば、その役割が導き出されるものである。

> 「『いま司法内部で何が起こっているのか』ということについて国民の多くは何も知らされていない。この点では、たとえば政界や官界、財界の内部の動向についてスクープ的記事をのせる各種マスコミも、司法内部の動向については、ほとんど沈黙を守っている。これはどういうことだろうか？ 司法はマスコミでもタブーあるいは聖域なのであろうか？」
>
> 渡辺［10-4］

第5節　最高裁判例で証明される証拠採用に関する二律背反性

自明というべきものではあるが、証拠採用における合理性の重要さに関して、最高裁判決を検討して、その裏付けをすることにする。

> 「事実認定に用いた証人の供述中に当該認定事実に反する趣旨の部分が存在する場合、その部分を証拠として採用しなかったことを判文上明示する必要はなく、供述内容と判文からどの部分を採用しどの部分を排斥したか了知できれば足る。」（最判昭 37.3.23 民集 16.3.594 民訴百選 II〔補正〕A32、『判例六法、平成 17 年版』有斐閣、1068 頁）最判［10-5］

ここにおける「供述」を「証拠」と置き換えるとともに、供述全体を証拠の部分集合から成るという認識のもとに思考を続けることに社会通念上何らの不都合はなかろう。また、この判決が、供述中の一部を採用し、その他を排斥しており、全体を一括して証拠と認定していないことを前提としているから、証拠を部分集合と全体集合という形で認識することができるものでも

ある。

　ところで、この判決の趣旨は、証拠の採否の合理性に関して判決書で言及する必要性はないというものであるから、判決は、その認定事実を支えるに必要な何らかの証拠があればよいという状況を作り出すものである。ゆえに、合理的証拠に基づいた合理的判決を受け取るべき当事者の権利は保障されることはない。

　その問題点を裏付けるかのように、証拠の採否に関して異なる判決が、時期は逆転しているが、同じく最高裁で出されている。既述の判決であるが、検討対象を異にすることもあり、再び引用しておく。

> 「記載文面及び体裁からして、特に反対事情のない限り記載内容を措信すべき書証につき、何ら首肯するに足りる理由を示さずに、これを採用できないとした原判決には理由不備の違法がある」（最判昭32.10.31民集11.10.1779…）（『判例六法、平成17年度版』1084頁）

最判［10-6］

　「書証」を「証拠」と置き換えてみよう。証拠（部分）の採否に関して、最判［10-5］は、外部要素（「法」）からの拘束を行うことなく、裁判官に自由裁量の余地を残しているのに対して、この判決では、「特に反対事情のない限り記載内容を措信すべき」と認識して、裁判官にとって外部要素からの拘束を行い、証拠の採否の合理性に関して条件を付けている。

　ゆえに、これら2つの最高裁判決の証拠採用に関する齟齬（二律背反性）は明らかである。もちろん、裁判官にとって証拠の採否は、社会通念上の合理性に拘束され、自由裁量の余地はないので、最判［10-5］が正当化される余地はなく、最判［10-6］が正当化されるものである。

　しかしながら、最判［10-5］に比して、証拠採用自体を見れば、格段に合理性がある最判［10-6］であるというものの、その内部的論理構成には問題がある。そこで整理する必要がある。この判決には、「理由不備の違法」となる3つの条件が付いている。

①　記載文面及び体裁からして、特に反対事情のない限り記載内容を措信すべき書証
②　何ら首肯するに足りる理由を示さずに

③　これを採用できないとした

　ところで、第3条件での採用できないという裁判官の意思表示があったかどうかで、「理由不備」があるかどうかが決まるものではない。というのは、「法」は裁判官の外部にあり、裁判官の意思表示[14]に左右されるものではないからである。そこで、実質的作用をもたらさない第3の条件は横に置き、他の2条件を検証しよう[15]。

　第1条件の「措信すべき」と第2条件の「首肯するに足りる」を決める基準[16]は「法」である。そこで上記判決文は、「理由不備」の違法に関して、次のことを述べていることになる。

　　「『法』に基づき措信すべき書証」を「『法』に基づき排斥することを首肯するに足りる理由を示さずに」

　しかしながら、このように、「法」という同一基準に基づいて、同一対象物の判断に際して、「採用すべき理由」と（逆の理由である）「排斥することを納得させる理由」との両者を見出すことは不可能である。ゆえに、この文自体が合理性を持つことはない。

　ところで裁判所は、合理的な証拠に基づいて、合理的な事実認定をする義務がある以上、前者の条件（・制約）から解放されることはない。また、その条件で拘束された場合、後者の条件を満たすことは不可能である。かくして最判［10-6］は、本来的には、「法に基づいて[17]、記載内容を措信すべき書証を（裁判所が）採用しないのは、違法である[18]」としか解釈できないものである。つまるところ、論理的には、最判［10-6］における「理由不備の違法」は、証拠採用の非・不・反合理性を意味しているに過ぎないものであり、採証法則に帰着するだけであり、合理的な証拠が採用されていない判決の理由（欄）には、「理由不備の違法がある」と認識・表明したものに過ぎないのである。判決文を読むと不慣れな用語・言い回しにかなり戸惑いを覚えるが、このように論理的に分析して不要な部分を捨て、必要な部分を抽出すれば、我々が極めて常識的であると認識するものに収束することになるのである。「法」は国民の常識の中にあり、そして国民の常識は、合理性のある証拠から事実の認定をすること（そして、それを裁判所に求めていること）であるから、最判［10-6］が採証法則に帰着するのは当然である。

第10章　司法改革への視点

　最判［10-6］は、実質的には絶対的上告理由である「理由不備」があるかどうかの判断には、証拠採用の（非・不・反）合理性が問われることを認識・表明していることになる。かくして、事実誤認に関する上告では、結果的であれ、証拠採用の適否の判断が自らに必要なことを認めたものとなっているのである。かくして、最判［10-6］によれば、最高裁が出し続けている三行判決で多く用いられており（一種の定型文となって）いる「事実誤認又は単なる法令違反の主張は、上告理由に該当しない」という趣旨の記述（第8章冒頭部分を参照すること）はできないことになる。

第6節　おわりに

　本書で明らかとなった判決書の理由欄における論理性の欠如のレベルは、判例法という概念の成熟には程遠い。ところで筆者は、本書で、司法改革としての判決書における「論理」の不可欠性を論じてはいる。しかし、書籍等で学者・弁護士・国民の「法」に関する見識が表明されているが、それらと多くの共通点を有しているものでもある。実際に裁判を体験するか、多くの判決に接すると（裁判・判決が持つ基本的な欠陥に接するがゆえに）共通した問題点を認識するものである。
　なお、本書で「改革」という言葉を用いているが、裁判所に対してそういえるだけであって、国民の視点からは「普通」のレベルに裁判の質が向上してくることを求めているものに過ぎないことも事実である（第11章第4節参照のこと）。

---

[1]　東京地裁判決と東京高裁判決（ただし、引用した部分以外は、筆者は慎重に読んでいないが、）のことを意味している。
[2]　判決文の合理性・公正性のなさに関しては、本書での引用文献等からも明白になるものであり、本書の指摘の新しさを特徴付けるものではない。もちろん、裁判に関して当事者・法律の専門家が認識する問題点は、公正性な裁判という観点から分析するので、その基本的認識は「公正性のなさ」に収束するものであり、一致して当然のものである。ゆえに、本書の意義は、多くの論を離婚という身近な事件の裁判に基づいて展開していること

判決書・相手方(弁護士)の書面自体から多くの論を展開するとともに、筆者特有の論証過程における若干の色彩における相違というものであろうか。
3 　心証形成に必須の要素をまとめて「合理的」と記したものである。
4 　以下、①、②そして③において、括弧（「」）内にある文（字）はここから引用したものである。
5 　これは、本書で参照した渡辺 [10-2] および末川 [1-3] 等の判断過程の合理性を求めている文献等のことである。
6 　第2節における国語辞典の「判断」と「理由」の定義の分析を参照のこと。辞書の定義は、国民の常識に基づいて書かれているものである。
7 　筆者は、多くの法学書にあたっているわけでもないが、「法」が常識の枠を超えることがなく、本書で引用した法学書の論に（判決に合理性を求めるはずの）国民が反対するとは思えないので、このように記述しておくことにする。
8 　「常識的には」という意味で用いている。
9 　米国国務省民主主義・人権・労働局発表の「2007年国別人権報告書（抜粋）」で取り上げられた事件である。

「2007年には、警察での自白に基づいて有罪判決が下り、後に無罪であることが証明された事例に関するマスコミ報道が散見された。1月には、ある男性が『不十分な』証拠に基づき不当に有罪判決を受け、25カ月間服役していたことを○○県警と○○地方検察庁が認めた。8月には、捜査官が自白を重視しすぎることがあると認め、冤罪（えんざい）の防止策を提案した報告書を最高検察庁が公表した。

審理手続きは検察側に有利となっている。法律により、弁護人との接見が認められているにもかかわらず、かなりの数の被告が、弁護人との接見不足を報告した。法律では、検察官の持つ資料の全面開示を義務付けておらず、検察側が裁判で使用しない資料は伏せておくことができる。一部の被告の法定代理人は、警察の記録にある関連資料を入手できなかった、と主張した。」（アメリカ大使館のホームページであり、仮翻訳である。なお、地域を特定できる部分を空白にしておく。）http://japan.usembassy.gov/j/p/tpj-20080402-50.html#nippon （2011年4月9日）

10 　http://www.tokyo-np.co.jp/article/column/editorial/CK2007101102055507.html （2011年4月9日現在）（地域を特定できる部分を空白にしておく。）
11 　司法も、それに応えるべきである。それによって、法の論理の研鑽が可能となるのである。
12 　司法内部で起こっていることは、裁判の質に関係する。この点を鑑みれば、視点を完全に異にするわけではない。
13 　もちろん、裁判所が国民の「公正な裁判」を受ける権利を担える状況にあるのかどうかを知るためには、この（国民が反応することとなる）情報の重要さを認識せざるを得な

いものである。

[14] 判決文では、「採用しなかった」と記述しているわけではなく、「採用できないとした」と述べていることからこの認識が可能である。

[15] 後述するが、第１条件と第２条件とが相反するがゆえに、判決文の筋立てでは、本来は、第３条件は意味を持たないものでもある。

[16] どちらも、裁判官の義務を述べたものであることに着目されたい。

[17] 「措信すべき」として、最高裁が、裁判官が従うべきと認識している基準は「法」であるがゆえに、挿入した。

[18] 社会通念に基づいて採用されるべき書証を採用しないのは「違法」である。その内容は、採用されるべき証拠が採用されていないのであるから、「採証法則違反」というのが基本であるが、合理的な証拠に基づいていない文を判決に並べたところで、認定事実が意味を持たないので、「意味のない文」は、「理由不備」とも認識されるものと理解するしかないものであろう。

第11章　司法改革への視点（続）
―理由欄における合理性の担保と国民の意見提示・裁判所の吸収の必要性―

第1節　本件下級審（高裁）における「裁判とはいえない裁判」の論証

　前章では、判決書において、認定事実の合理性を支える根拠に問題があることについて論証した。その一因として、裁判所が用いている事実認定の手法が挙げられるはずである。我々の思考は、理由（根拠）が先行し結論を導くが、裁判所は、結論を先行させ、それに合わせて（裁判所のいう）理由を形成するということである。弁護士・荘司〔2008,163-164〕を参照しよう。
　　「法律家の論理学は、よろしいですか……ここが一番肝心です！
　　① 「結論」が先にあり
　　② 「理由」は、結論をもっともらしく見せるための理屈（論理）としてのみ意味がある……
　　　実は、裁判官の多くも、最初に結論ありきで、判決文の『理由』は、結論をもっともらしくするための『理屈』にすぎないのです。」

荘司〔11-1〕

　本件地裁・高裁の判決書の理由欄の文は、第7章第11節で明確にした判断レベルのものであり、最高裁がそのレベルの高裁判決を支持しているという現実は否定できない。そこに、裁判所が、初歩的な社会常識から逸脱し、「法」に基づけば不可能な事実を認定していることを証拠として残しているものである。結果としても、裁判官の憲法・法律（・常識）に基づく事実認定能力を疑われるべきものであるが、特に高裁が「真実」と認定した証拠・事実は排斥し、現実性のない事実を認定するという不可侵の領域に踏み込んだ思考の原因として、（勝訴・敗訴の）結論を先行させて、それに見合うように（それだけの能力を有しているかどうかは別とすれば、現実に適合するかどうかの検証をせずに）事実を認定するという経緯に慣れ、合理的な事実認定と

いう責務に鈍感だったと認識されることを否定できるものではなかろう。

かくして、次の渡辺〔2005a,194-195〕の論に基づき、「裁判ではない」裁判をしているという結論・現実を導き出すことができるものである。

「裁判過程において、裁判官が、提起された具体的事実をおきざりにして、その主観的イデオロギーや偏見によってはじめから結論をきめ、それに合わせて法律構成をするようでは、もはや裁判といえない。……裁判官は、具体的事実に対する心証形成をつうじて結論をみちびき出す、そのプロセスの中で、同時に法律論をも精密に構成してゆかざるをえない。」

渡辺［11-2］

理解を容易にするために、図表で、渡辺［11-2］と（最高裁が支持した）本件高裁裁判・判決とを対比することにする。

図表11-1　高裁裁判の「裁判といえない裁判」

渡辺［11-2］	高裁の裁判・判決
【前半部分】 主観的イデオロギーや偏見によってはじめから結論をきめ、	裁判長は、「自身の体験のない数・質（論理性^2）」の証拠（陳述書等）を「異常」と判断し、排斥する旨を表明している。「法律ではなく、裁判官の体験・偏見による裁判」を行うという結論は、ここで決まっている。
提起された具体的事実をおきざりにして	高裁は、自らが「理路整然」（すなわち、真実）という心証を表明した筆者の証拠が証明する事実を完全に排斥している。
それに合わせて法律構成をするようでは	上記2点は、「法律」に背理している。加えて、認定事実が非現実であり、「法律」構成をする余地はない。
もはや裁判といえない。	上の3つは、「法律」の枠外にあり、また、左の上から3つの各要素」をはるかに越えている。ゆえに、確実に「裁判とはいえない」。
【後半部分】 裁判官は、具体的事実に対する心証形成をつうじて結論をみちびき出す、	心証形成の段階から「法律」に逆らっているがゆえに、「違法の極み」である。認定事実の非現実性は、「恣意性」を完全証明するものである。
そのプロセスの中で、同時に法律論をも精密に構成してゆかざるをえない。	

第2節　判決文における論理の欠落とその改善の必然性

　前節のように、結論を先行させて、「理由」をそれに合わせるという裁判所が用いている当事者にとって非常に危険な手法に関して、書籍からいくつか引用することにする。
　日本弁護士連合会人権擁護委員会編〔1989〕に収められた和島〔1989,49〕では、次のように述べている。
　　「最高裁の判決に、不可能ではないからそれは事実だと認められるというような論法がありましたが……」　　　　　　　　　　　和島〔11-3〕
　ここから重大な問題点をいくつか導き出すことができる。第1に、「不可能ではないから事実だ」という認定手法を用いている点である。この手法は、合理的な証拠があれば用いられることはなく、結論に執着したとしか説明がつかないであろう。第2に、国民が確たる証拠もなく、「あいつが事件を起こすことは不可能ではないから、あいつの仕業である」の類の発言をして提訴されれば、裁判所はその発言をした方を敗訴させるはずである。しかし裁判所は、自らが敗訴させる場合と同じ手法を用いている。第3に、編集者に着目しよう。「人権擁護委員会」となっている。裁判所は、「人権保障機関」（渡辺〔2005c,250〕）・「国民の救済機関」（井上〔2005,107〕）として本来機能すべきであるにもかかわらず、逆に日弁連の「人権擁護委員会」の矛先が向けられていることである。
　そして、秋山〔2005,142-143〕では、痴漢事件に関して、次のように述べられている。
　　「……鞄を両手で持っていたために手が塞がっていて……裁判所は、『鞄を持ち換えれば片手でできる』という推測を自ら補足して……
　　　……後遺症のために……著しい制約があり……客観的に不可能であることが明らか……裁判所は、『このような姿勢にすればできないこともない』と想像して認定した……」　　　　　　　　　　　　　　秋山〔11-4〕
　勝敗・人権等を左右する事実認定の肝要部分に、裁判所は（こうすれば可能であるという）推測という手法を用いている。また、本件では、地裁・高

裁ともに、筆者の激しい「暴言」による家族への「精神的・心理的重圧」を「推認」（判決文に明記された文字）し、この推測を前提としてさらに（地裁では、その推認した事実に対して「思いが及んでいるとは到底窺がわれない」として、）事実を断定的に認定して、筆者に攻撃対象を絞っている。これが敗訴の重要な要因になったことは確かであるが、この「推認」は、文字通り、推測して認定することであるから、逆に、裁判所自身が、合理的な証拠がないことそして自主的に補足した事実であることを明確にしたものでもある。

　我々は、勝敗を左右する重要な事実の認定に、裁判所に対して証拠採用およびそれに基づく立論に客観性を求めることがあるとしても、裁判官の推測・推認による認定事実を容認するものではなかろう。また裁判所も、「弁論の全趣旨」を斟酌することはできても、「どうやって事実認定をするかといえば、中心は証拠です」（井上〔2007,72〕）ということから、勝敗を左右する事実の認定には証拠に基づくべきである[3]。

　上記のような事実創作手法を裁判において可能にさせている原因は、合理的な証拠から合理的に立論しない文を判決理由欄に書くことに自由な現行の判決文のスタイルに求めることができる。しかし、本来の事実認定は、証拠に基づくとともに、次の法学辞典である末川〔1991,540〕にあるように、客観性を備えているべきものである。

　　「事実の認定は裁判官だけの偶然的主観的な判断でなく、客観的に公正と
　　認められるものでなければならない。」　　　　　　　　末川［11-6］

　本件高裁の裁判は、裁判長の体験に基づいているものであり、「偶然的主観的」（末川［11-6］）以上のものである。末川［11-6］における事実認定の要件は、公務員の行為に「客観的な正当性（公正性）」を求めた東地判［2-14］とその意味が重なると認識できるものである。

第3節　客観性・論理性を備えた事実認定・判断の文

　「論理構築[4]を至上命題」とされている判決文は、証拠（採用の合理性の判断過程を実質的に含むこと）から立論され、合理的な判断過程で満たされるべきものである。また、判決書に本来必要とされる客観性・論理性・検証可

能性を付与するには、裁判官は外部的要素に拘束されるがゆえに、現行の判決文のような裁判官の主張の強い能動的表現とは次元を異にし、必然的に受動的表現が多用されるものである。

筆者は、図表 10-1 の A の範疇の枠内に論を収め、「家事不足」と特に「暴言」という下級審の判決文では大きな要素を占めた認定事実そして実際の家庭生活に生じた事象について、下で筆を執ることにする。これにより、図表 10-1 の B の範疇に属する認定事実を並べた下級審の判決の理由（欄）との比較が容易になるとともに、現行の判決文のように B の範疇に属する事実を並べることでは、事実認定の合理性が担保されないことが証明されることになる。加えて、A の範疇の記述をしておけば、B の範疇の事実が必然的かつ合理的に認識できることも明らかになるはずのものである。

なお、依拠した（弁護士を含む）相手方の書面等が明白になるように、そして理解が容易になるように若干多めに書き込むことにする。着目点は、論証の基礎となる証拠等として、（筆者が提出した証拠写真および若干の事実[5]を除き、）図表 4-1 の B の範疇に属する相手方の書面等を用いているが、下級審判決の認定事実とはまったく異なる事実が導き出されるということである。

【筆者の筆になる文】

（注）以下の文章において、控訴人とは筆者のことであり、被控訴人とは相手方のことである。

1　被控訴人が認定した控訴人の主張事実・立証の正しさ

控訴人は、被控訴人が提出した証明能力の高い記録そして学術的資料をも重要な事実の立証手段として用いている。また、被控訴人代理人は、主尋問時において、控訴人の陳述書等に関して、「理路整然性」を認定した発言をしている。ゆえに、裁判所としては、被控訴人側が、控訴人の主張・立証を少なくとも重要な事実ないし法的判断をすべき事実については正しいと認識・表明していると判断せざるを得ない。そこで、裁判所は、控訴人の提出証拠に基づき、事実認定をする義務を課されるものである[6]。しかるに、被控訴人および代理人が、「暴言」と「家事不足」に関して別の事実の主張もしても

いることから、以下、この検証を行うことによって、判決の証拠採用を含む判断過程の合理性をさらに担保することにする。
2　「暴言」に関して
2.1　被控訴人および代理人の主張における証拠等・経験則との齟齬
　被控訴人および代理人が専ら主張しているのは、控訴人の「激しい暴言」である。被控訴人は、当審の尋問時において、第1回目の別居頃から控訴人の「暴言」が始まり、第2回目の別居までの約4年にわたり、「ますます暴言」が激しくなってきたと主張している。しかし、第1回目の別居時点で、被控訴人が控訴人の代理人宛てに送付し、自らが原審で提出した書面では、別居の原因は、「子供の風邪」と記されている。加えて、原審代理人は、第2回目の別居の「直接的原因」として、「答弁書」において、控訴人が被控訴人の父親宛に送付し、「生活の著しい改善がなければ、婚姻の継続は困難であり、離婚の提訴をせざるを得ない」という趣旨の内容証明郵便の（内容が意味する事実に異議を唱えることなく、）送付行為であると主張しており、被控訴人が主張しているようなレベルの「暴言」があれば、当然主張されるはずの「暴言」が別居の原因として主張されているわけではない。さらに、仮に、原審が認定した第1回目の別居の原因が（同居に耐え切れない）「暴言」であるとすれば、その後、それよりもますます激しくなってきた「暴言」に耐えられるものではなく、時間を置かずに別居するのが必然であり、約4年間にわたって同居生活を続けられないというのが経験則でもある。この経験則を裏付けるかのように、原審代理人は、準備書面で「暴言を浴びせ続けて」と記述して、激しい「暴言」攻撃をしているが、そうであれば必然的に生じるべき（暴言の「継続性」を意味する）「暴言に耐え続けた」という主張をしていない。また、当審代理人は、「暴言」を書面で激しく攻撃しているものの、状況・回数等から判断して問題はないと繰り返し陳述書等で主張・立証する控訴人の当該書面の「理路整然性」を認定するとともに、控訴人に対する尋問で「暴言」に関する質問をまったくしていない。加えて、控訴人が提出した写真からは、「ハエがわくような（ゆえに、不衛生とともに、長期にわたって不足している）家事・尋常ではない家事[7]」を認定せざるを得ないが、それにもかかわらず、附帯控訴において、共有財産の半額の分与を請求するとい

う過大な金銭的要求をしていることを勘案すれば、その代理人が、準備書面において主張しているほどの「激しい暴言」を本来的に認識している場合には、当然主張するはずの慰謝料を請求していないことは不合理である。

　これを裏付けるかのように、被控訴人は、原審において、自らが主張している激しい「暴言」の事実がなかったことを証明する証拠である「(控訴人の暴言に関する) 記録」を提出している。

2.2　被控訴人の「記録」により証明される激しい「暴言」の不存在

(1)　被控訴人自らが共同生活中に行った「記録」であり、裁判所に提出している「控訴人の『暴言』を聞いたとする30ヶ月間の記録」には、原審代理人が主張する「Aの面前で (あり得る可能性)」という条件をも加味して抽出すれば、(常識的に判断すれば2個、最大限3個という) 僅かな「暴言」となる言葉を認定できるだけである。なお、その表現をそのまま受け入れ、その記録の枠外に書かれている3個程度を加算しても、やはり僅かなレベルにとどまる。また、あり得る可能性のある記録漏れを加算したところで、言葉は、表現を若干変えることによって「暴言」になる可能性もあることを認識する必要性もあるものである。かくして、控訴人が主張する事実、すなわち過酷な生活の改善の可能性を探るために、言葉を数回きつくしてみたという主張と大幅に乖離していないことを裏付ける陳述書を被控訴人が提出していると判断することに合理性があるものである。なお、激しい「暴言」が継続していれば、「暴言」に関する数日程度のこのような記録を陳述書に移し替えるのではなく、日記帳等で記録しておき、それを証拠として提出すると考えるのが合理的であり、経験則でもある。

(2)　また、この「暴言を聞いたとする記録」に書かれている「……[8]」という類の基本的には「暴言にならないもの」および「……に基づくもの[9]」が「暴言」として主張され、それが大部分であるという事実からしても、裁判所としては、被控訴人および代理人が主張する控訴人の「暴言」の事実を社会通念に基づき信頼性あるレベルで認定することはできない。

(3)　ゆえに、経験則・論理則上その主張に疑問を呈してしかるべきものである。そこで、「暴言」を認定できるとしても、「時期」および「使用された回数」は、短期そして僅かなものであると判断することに合理性があるもので

ある。
3 「家事不足」に関して
(1) 被控訴人の原審代理人は、控訴人から家庭内・被控訴人の料理の写真が提出された後には、それに反論することなく、また、当審代理人は、家事不足の「原因」をあげていることから、自らの依頼者の「家事不足」を認めていると認定せざるを得ない。そして、代理人が準備書面で主張するその原因とは、子供の病気と腱鞘炎である。しかし、母親は、子供が病気であればなおさら、健康・衛生に集中して家事をするものである。また、腱鞘炎が、家事への障害になるとはいえ、控訴人が提出している写真が映し出している（特に質的側面における）「ハエがわくような不衛生」・「尋常でない家事」・「劣悪な料理」を引き起こすこともない。さらに、「料理」に関しては、被控訴人が当審において提出した「料理に関する記録（3ヶ月）」[10]は、自身が証拠採用を求めていることから、かつ経験則上自己に不利な証拠は出さないことから判断して、これを超える料理をしていたと考えることはできない。しかし、それは、上記写真のレベルを大幅に上回っていると認定できるものではない。
(2) この「家事一般の貧弱な作業量」に関する上記認定事実を「精神面」から裏付けるとともに、家事のレベルの事実を自らが証明する文[11]が、当審代理人の「準備書面」において鮮明に見られる。

> 「Aに清潔にすることを教えたかったのなら、妻を怒鳴るのではなく、夫がきれいに掃除をしてAに清潔にすれば気持ちがいいことを体験させればすむことである。」

これは、「被控訴人の家事に関して、文句があっても、黙って、控訴人が家事をせよ。」と主張しているものである。この思考は、いわゆる専業主婦でありながら、基本的に（育児に必要な）家事を控訴人に押し付けているものである。また、「掃除・片付け」だけができないので、その位は協力してもよいという主張の片鱗も見られず、「精神的幼稚さ」を鮮明にしていることから、3.(1)も合わせれば、被控訴人の現実の（料理を含む）家事一般の量・質は、この意識レベルであると判断することに合理性がある。なお、家事は監護の要件でもあることから、その主張には、被控訴人の監護・教育能

力の（過去から継続する）欠陥を自らが肯定するとともに、監護（そして教育も）を控訴人に求めて続けてきたことを証明するものである。また、それは、家事に関して改善の意識がまったくないことを表明しているものでもあり、実質的には、現在においても、監護（そして教育も）を控訴人に求めていると解釈せざるを得ないものである。

(3)　裁判所としては、この精神が裏付ける家事不足を省みていないことを認識すれば、民法が求める協力扶助義務および監護教育義務の基準に達しているとは判断できるものでも、将来において改善を期待できるものでもない。しかるに、民法におけるこれらの義務を認識しているはずの弁護士が、あえてそれに反する主張をしていることからしても、弁護が窮地に立たされていることを証明するものと考えることに不都合はなく、その主張が意味する深刻な家事不足を看過することはできないし、控訴人に大きな家事の負担をかけ続けてきたことを認定せざるを得ないものでもある。さらに、被控訴人・代理人は、「家事不足」の原因として、「子供の病気と腱鞘炎」を挙げていることから、家事不足は、少なくとも子供の誕生時頃からと認定できるものであり、長期にわたるものと認定せざるを得ない。

(4)　ところで、被控訴人は、共同生活中の家の中の写真を提出している。しかし、ごく一部、２日だけのものであり、そして既に家事に関する問題が夫婦間で大きくなってきていた状況下で、第三者の協力を得ることができた時の写真であり、主観性の強いものである。なお、重視されるべきは、この写真の（中央部分は片付いている状況を示しているが、）周辺部分の食器棚の様子が、控訴人が提出した写真の様子と同じことである。かくして、その写真は、両当事者の主張事実が一致する客観的証拠となるにせよ、家事不足を補うべき証拠とはならない。

4　夫婦間亀裂の原因としての子供の教育

(1)　さらに、控訴人が提出している（被控訴人を格段に上回ると判断される作業をしている詳細な）控訴人の料理の記録・その他の家事の記録を被控訴人の上記精神と照合すれば、控訴人に長期かつ大幅な家事負担がかかったと認定せざるを得ない。また、医師が証明した子供の通院記録からしても、特別の病気がないにもかかわらず、被控訴人は、それを気にして、低い通園率と

なったものであるが、それにより教育上の精神的負担を控訴人にかけ続けたものでもある。加えて、被控訴人の３．(2)における精神（から現実も容易かつ合理的に推測できるものであるが、）および控訴人の内容証明郵便の内容からも、控訴人を肉体的・精神的・健康上において極限状態に追い込んだ事実は否定できない。被控訴人の「著しい生活の改善」が求められるべきであったにもかかわらず、被控訴人の両親は、控訴人そして代理人が数回改善への協力を求めたにもかかわらず放置しており、協力者がいない閉塞した状況が長期にわたって継続していたことを鑑みれば、改善の可能性を探るべく、上記認定の程度の「暴言」があったとしても、裁判所には、「暴言」に関して状況・回数等を考慮すれば問題がないという控訴人の主張に「理路整然性」を認定している被控訴人代理人の主張を否定する根拠はなく、その主張・認識と軌を一にすべきものである。

(2) ところで、被控訴人が提出した記録からは、「暴言」の期間は僅かと認定せざるを得ないが、仮に第１回目の別居頃からというその主張を採用したとしても、４年程度である。しかし、「家事不足」の期間は、被控訴人が挙げている原因発生時までさかのぼると、１０年弱程度となる。また、（単に、合理性のない）原因（が挙げられているに過ぎず、その）発生時までは普通にできていたという主張もないことから、「家事不足」は、それ以上にわたるものと認定することにも不都合はない。ゆえに、原審のように「家事不足」と「暴言」との相関関係・因果関係を認定することの不合理性は、被控訴人および代理人の提出証拠等から証明されるものである。そこで、夫婦間の亀裂は、「家事不足と暴言との関係」に求めることはできない。

(3) 夫婦間の亀裂の原因は、「子供の健康・教育を巡るものである」という控訴人の主張を検討することにする。被控訴人が提出した子供の通院記録は、被控訴人が主張する通園の障害としての「喘息」について、数ヶ月に１度という程度を証明しているにすぎず、子供の病気に深刻さを認定できる証拠が出されているわけでもなく、半数の通園率という事実を肯定するものではない。また、被控訴人の家事およびその精神は、（特に子供に着目するが、）家族の健康を支えるレベルに程遠い。ゆえに、夫婦間の亀裂は、特に「過保護になることを止め、その時間を家事に充てることを重点とした生活の著しい

改善」を求めたとする「過保護対非過保護との対立」という控訴人の主張に合理性を認定せざるを得ないものである。これは、控訴人が被控訴人の父親に出した内容証明郵便の趣旨と合致するものである。

```
～～～～～～～～～～～～～～～～～～～～～～～～～～～～～～～～
```

　かくして、裁判所（地裁・高裁）が認定した「家事不足と暴言との関係」が成立せず、「過保護と非過保護という対立」が夫婦間の亀裂を生んだという筆者が主張している事実そして実際の家庭生活に生じた事象が、基本的に、（弁護士を含む）相手方の提出書面（証拠等）、経験則・論理則を用いて合理的に導き出されているはずである。このように、文面は、事実認定において不利になる方の提出証拠等を用いて論証されているので、事実認定の判断過程（論証過程）における合理性は確実に担保された形になっている。

　また、ここにおいて、下級審が用いている「おれはこういう事実を認定した」の類のストーリーを描いた文章はないが、それでも家庭生活における事実が明確になり、かつ（協力扶助義務および監護・教育義務に関する）法律の解釈・適用過程を十分かつ体系的・合理的に把握できることが証明されたはずである。さらに、本件下級審の認定事実の非・不・反合理性が証明されるレベルまで、相手方の提出証拠等を用いて論証してもいるはずである。

　なお、本書の課題は、家庭事情を詳述することではなく、裁判・判決書の検討である。上記の文で、下級審の判決書との（事実認定および論証プロセスに関する）相違が明確になったことから、ここで止めることにする。

第4節　司法改革へのベクトル（その1）
　　　　―判決理由としての「法」の要件を満たすこと―

1　判決理由の構成における論理の欠如

　本件と刑事事件における次の秋山〔2005,200〕における裁判所の判断姿勢とを併せて検討すれば、裁判所が、事実認定の際に優先させているものを導き出すことができる。

　「裁判所が無造作に弁護人の意見を排斥し、有罪方向に割り切る判決に接

することが重なった。偽証の徴表を顕著に示している証人の不自然な証言を、いとも簡単に被告人に不利に解釈して有罪を言い渡す裁判所の大胆さには、驚愕し、恐怖感をすら覚えた。

……『やったか、やっていないか』は、当の被告人自身が一番よく知っている。ひたすら裁判所を信じ、真摯に自己の無罪を主張してきた被告人が、記録の検討すら杜撰なことが随所に窺われる判決文の中で、『被告人の主張は措信し難い』の一言で切り捨てられても……」秋山［11-7］

ここで着目すべき第1点は、裁判所は、判決書等において当事者の主張・立証に関して、「措信し難い」という証拠を残していても[12]（秋山［11-7］）、「措信した」証拠を残していても（本件高裁）、その当事者の敗訴の判決文を書くことである。第2点目は、「偽証の徴表を……いとも簡単に被告人に不利に……」と書かれている。本件高裁では、「論理性」があると裁判所が認定した証拠は「異常」と判断するとして（排斥する意図を鮮明にして）いるので、実質的には、「偽」（の程度は明示していないが）を要求しているとしか解釈できないものである。実際に、高裁判決の認定事実は、既述のように、「相手方の証明力の高い証拠そして現実に照らして、虚偽」である。ここで、裁判所は、我々の認識に逆行して、証拠の「虚偽」へ寛大であるか、あるいはそれを要求していることが明らかになる。

このように証拠の信頼性を巡って判決において180度異なった判断がなされているのである。しかし、一致している点もある。秋山［11-7］における「有罪方向に割り切る判決」、本件で「暴言」の量・質およびその「原因」と特に「結果」とを裁判所が創作していることとの共通点を求めれば、裁判所から攻められる（敗訴させられる）当事者は、「暴言・暴力・痴漢等」の（いわゆる一般的用語でいえば、）事件性のあるものに関して、訴訟で攻撃を受けている方であるという点である。

しかるに、裁判では、原則的に素人が秩序なく主張しあっているわけではなく、同じ司法試験に合格し、司法修習を受け、そして裁判官より社会経験が豊かで専門領域に優れた弁護士等が、事件を（本件の相手方弁護士のように法の枠を超えた文書を提出することはあるが、そのようなものはすぐに見破ることが可能であり、原則的には）法的に判断しているのである。ゆえに、

肝要な点において、どちらの方の主張が証拠・学説等に照らして論理的かを判断するだけで、裁判官がすべき基本的な要件は満たされるはずである。そして、尋問時には事実認定に不可欠の事象に関して詳細に質問し、判決理由に求められる要素を合理的に導き、判決書を作成すればよいことである。繰り返すが、本件では、筆者への尋問において、相手方第2審弁護士は、筆者が何を言ったのかの質問でさえ回避し、裁判所は、「暴言」という言葉を使用した質問をまったくしないにもかかわらず、激しい「暴言」を判決書で認定するという奇怪さを明確にしたものである。

末川〔1991,891〕により「判決理由」の本質を参照しよう。

>「判決のうち判決主文に到達した判断の過程を明らかにする部分。主文の結論を導くのに必要な事実の認定と法律の適用がここで示されるべきである。」 末川〔11-8〕

末川〔1991〕は法学辞典であり、用語に関してはその分野の専門家が当該項目を担当しており、裁判所（は、学説しかも一般的な理論には従わなければならないことから、）が抵抗できない論が記述されている。しかし、本件下級審判決では、筆者の勝敗にかかわらず、この論に反してすべて合理性がない事実で満たされ、この辞典に従った「判断過程」・「法律の（解釈・）適用過程」を垣間見ることはできない。

本件下級審判決では、「証拠（…）…によれば、次の事実が認められる。」と記述した後に、主文に合わせるべき単なるストーリーが記述されているだけである。ここにおいて、次の2点が鮮明である。

① 「証拠（…）…によれば」から始まっているが、それは、論理的には、「別の証拠によれば、別の事実が認定される」ということを伝授するものでもあり、採用した証拠の合理性を担保するものではない。実際に、本件高裁は、「理路整然性」を認定した証拠（が証明する事実）を完全に排斥して事実認定をしている証拠を残していることから、「証拠（…）…によれば」を記述したとしても、それが（恣意に自由であり）合理的な認定事実とは関係がないことを証明したものである。

② 「次の事実が認められる」と主張したところで、「おれはこの事実を認定した」という文が並ぶだけであり、その認定事実の前提・過程・結果

の合理性を担保するものではない（図表 10-2 参照）。本件下級審の認定事実がすべて非現実であることが、①とともに、それを証明している。

　すなわち、現行の判決文のスタイルでは、裁判官は、証拠の合理性そして判断過程の（立論の）合理性を気にせずに、単に認定したとする事実を並べることができるのである。これに対して、裁判所が証拠採用の合理性、合理的な判断過程と法律の解釈・適用過程を判決書に記述することに拘束されていれば、裁判官が描いた構図と法律・現実・論理との照合が継続的に行われるがゆえに、（裁判官が、社会常識を持っていればという条件付きであるが、）事実認定上の恣意（・誤判）は基本的に回避可能となる。筆者が、判決文（のスタイルの）改革の必要性を重視する所以である。

2　司法改革の基点

　現在の司法改革は、法曹一元化等の裁判する者の改革に焦点を当てている。しかし、それが国民の本来的認識に応えられるかどうかは疑わしい。「裁判所の現状と弁護士任官の意義、今後の課題――日弁連の準備は本当に整っているのか――」と題されたディスカッションにおけるパネリストである主婦連合会事務局次長[13]・佐野真理子氏の意見（日本弁護士連合会〔2003, 127〕）が本質を見据えている。

　　「司法制度改革によってこれまでの司法がよくなるか、開かれた裁判所になるのかというのは、あまり信頼できなくて実感がないんですね。今日も２時間ばかりお話をずっと聞いてきましたけれど、せっかく『国民の目線で判断できる優れた裁判官を安定的に確保する準備を整えました』というサブタイトルになっているのに、『国民の目線で判断できる』ってなんなんだろうかという具体的な話が一向に出ませんでした。ただ人数がどうだとか、どうやったら弁護士が裁判官になるのかという話だけではなくて、実際に開かれた、市民のための裁判にするのだったら、もう少し違うところを考えていただきたい。」　　　　　　　　　佐野［11-9］

　ここから、極めて重大な司法の問題を認識することができる。第１に、「国民の目線で判断できる優れた裁判官を安定的に確保する『準備』を整えました」（佐野［11-9］、二重括弧：筆者注）ということが、このパネル・ディスカッションでは（最高裁に所属する者[14]を含む）法曹によって議論されてい

るのである。「準備」という用語が挿入されていることから、それは、優れた裁判官が安定的に確保されてこなかったという現実を法曹自身が認識していることを明らかにするものである。

　第2に、本来裁判・判決は、司法が「国民の信託」（憲法前文）を受けている以上、民意を反映したものでなければならない。ゆえに、重大な問題は、公務員たる裁判官を雇用している立場にある国民にすれば、

　　「国民の目線で判断できる裁判官＝『普通の』裁判官」（それ以外の裁判官は、不要）

である（べき）にもかかわらず、

　　「国民の目線で判断できる裁判官＝『優れた』裁判官」

という認識のもとに、法曹が議論をしているというパラドックスが鮮明である。はたして、法曹一元化で、民意に沿う裁判が保障されるのであろうか。安倍〔2001,170〕の見解を参照しよう。

　　「もちろん、『法曹一元』が実現したからといって、それだけで解決する問題でもないことはいうまでもない。問題は、日本の民主主義全般の前進なのである。それから、である。」　　　　　　　　　安倍［11-10］

　第3に、そして最大の着目点は、「国民の目線」（佐野［11-9］、以下引用を省略する）の内容の議論が行われていないことを法曹ではない佐野［11-9］において捉えられている点である。当事者である国民が負担している訴訟費用という対価は、法曹一元化の目的でもある裁判官の社会経験・経歴に対してではなく、裁判官の個人の認識に対してでもなく、「国民の目線」すなわち民主主義の法の論理に従った裁判・判決書に対して支払われているのである。

　ゆえに、裁判所は、「国民の目線」の論理に従った「判決理由」を記述すべきものであり、その「理由欄」には、下の3つの条件がすべて備えられてしかるべきものである。これらは、第1章第2節における引用文[15]で明確にされている心証形成の要件、末川［11-6］そして最判［10-6］をまとめたものであるが、東地判［2-14］が求めた公務員の行為の「客観的に正当化」（これは、「国民の目線」と置き換えられよう。）という条件を保障するための要件でもある。

① 証拠採用の合理性
② 合理的な法律の解釈・適用が認識できる判断過程
③ 客観性・論理性・検証可能性

ゆえに、当事者の権利に直接的関係のある「理由欄」には「国民の目線に沿った認定事実」が記述されるという改革が、司法改革の基本である。客観的である「国家の意思」(原田 [1-7]) を国民に伝える責務を負う裁判官が記述する「判決理由」とは、「裁判官が認定したとする事実（単なるストーリー）」ではなく、「証拠採用および法律の解釈・適用過程の立論において、合理性のある判断過程を伴った事実の論証」(渡辺 [10-2] を参照) と理解されるものである[16]。そこには、客観性・論理性・検証可能性が顕著であるべきものである。

ゆえに、「判決理由」としての事実認定における記述の出だしは、現行の判決文のように、合理性とは無関係な「証拠証拠（…）…によれば、次の事実が認められる。」ではなく、「以下、証拠採用の合理性と判断過程の合理性を担保しながら、事実を論証する。」というものであるはずのものである。

第5節　司法改革へのベクトル（その2）
—三審制の論理的手続きの保障—

司法における第2の問題は、本来は、国民に公正な裁判を保障すべき三審制が形骸化し[17]、実質的に一審制であるという面を呈していることである。本件での地裁・高裁・最高裁判決を振り返ってみることにする。

第1審である地裁では、すでに検証したように筆者の勝敗にかかわらず、理由欄の筋立ては、客観的証拠・社会通念等から乖離しており、その認定事実は非現実・創作である。また、第2審の高裁において、筆者側が（代理人の筆になるものを含めて、）2通の控訴理由書で第1審判決の事実認定および法律の解釈・適用の「誤り」を指摘している。高裁は、2通の控訴理由書の源泉である筆者の陳述書等（そして、控訴審は「控訴理由書」を避けて通れないから、筆者の筆になるその理由書を含めて考えるべきであるが、）について、「論理性・学術論文のような理路整然性」を認定している。それは高裁

が、代理人の主張・論も含めて、筆者側の主張・立証の合理性を認定したものであり、かつ「地裁の事実誤認・誤判」を認定・表明したものである。しかし高裁は、地裁判決を支持し、より具体的に認定事実について述べているというものの、(地裁の認定事実における) 基本的要素 (特に「暴言」) については (地裁と同様に「推認」によって事実を創作して) 極似した事実認定をするとともに、それよりもさらに現実離れをしたものでもある。しかも、附帯控訴の判断部分も、認定事実が非現実 (・捏造) の事実である。この高裁判決の違法性を「上告理由書」で論証したが、最高裁は高裁判決を支持したのである。ここに、上訴審 (控訴審・上告審) が法律上の意味を持つことはなく、三審制が形骸化していることが読み取れよう。

このような三審制の形骸化 (実質一審制) の原因に、当事者・代理人が「控訴理由書」そして「上告理由書」を「法」に基づき論理的にかつ真面目に書いたとしても、その「理由書」に裁判所が答える義務がないことがあげられる。本件で証明されたように、控訴審は当事者の「控訴理由書」の「理路整然性」を認定・表明していたとしても、それを無視して「おれはこういう事実を認定した」と (して、「法」の枠外にある非現実の事実であれ) 書き続ければよいのであり、上告審は、「上告理由書」に対して、「お前のいっていることは、正しくない」との趣旨の文を書けば済むのである。

前節では、「理由欄」において、「証拠採用の段階からの合理性 (客観性・論理性・検証可能性) のある事実の論証の記述」を求めた。さらに、上訴審においては、「合理性」の補強が求められる必要がある。憲法上の権利である「公正な裁判」を受ける権利と実質的な三審制の保障をすべく、そして判決書が「国家の意思」(原田 [1-7]) といえるレベルの位置付けに値するものにするために、第2審以降は、原審判決に対する法的問題点が当事者・代理人によって明示されているので、裁判所が判決書において、これに論理的に応える部分を重視して、「理由欄」に挿入するシステムを構築することである。裁判は、「法」に基づく争いであるがゆえに、裁判所の判断の「論理」を担保するためには、それが必要である。

ゆえに、上訴する当事者は、理由書を (理由書が長い場合には) その要旨とともに提出し、そして裁判所は、その理由書ないし要旨を判決書にそのまま

記述するとともに、それに対する裁判所の応答の詳細かつ論理的な思考・判断プロセスをも判決書に記述するシステムの確立が求められるものである[18]。そしてそれにより、裁判所は外部からの評価を受けるべきものである。

当事者は、訴訟費用を支払いかつ理由書を付けて、上訴審による社会通念上正当化される理由を求めているのである。国家は、「公正な裁判」を約束し、その費用を徴収してもいることから、裁判所が上訴の理由書に応じるそのサービスを提供してしかるべきである。なお、社会通念からしても、文句をつけられたものは、その合理的な根拠の説明をするのが、現在の社会において認知されている説明責任でもある。

かくして、司法改革の第2点目として、三審制の実質的機能を保つこと、そしてそのために、上訴審の判決文の合理性を担保すべく、当事者の上訴に関する理由書（の要旨）に裁判所が判決書で応える部分を設けることを主張するものである[19]。

第6節　司法改革へのベクトル（その3）
―若手裁判官の活用と個別意見添付の必要性―

1　国民を「民主主義の法の論理」で先導するのが司法のエリート

裁判官の意識は、国民・法理論とは乖離している。秋山〔2005,34-35〕の意見に耳を傾けよう[20]。

>「最高裁は、戦後も、裁判官に対しては、市民との同一性の側面を強調して裁判官の一市民としての自由を保障する方向ではなく、従前と同じく裁判官に国民の上に立つ者としての『エリート意識』を鼓吹し、むしろ国民とは隔絶した特権官僚としての意識を醸成することに意を用いてきたと言ってよいように思われる。」
>　　　　　　　　　　　　　　　　　　　　　秋山［11-11］

裁判官自らの職責を考えた場合、エリートの認識とはこのようなものではなかろう。偉大な業績を上げた学者・ニュートン（誰もが認めるエリートであろう。）の認識が参考になる。Anton〔1999,Introduction ll〕から引用しよう。

　Newton described his brilliant accomplishments as follows:

"I seem to have been only like a boy playing on the seashore and diverting myself in now and then finding a smoother pebble or prettier shell than ordinary, whilst the great ocean of truth lay all undiscovered before me."　　　　　　　　　　　　Anton〔11-12〕

ニュートンにとって、ここで用いられている「真理の大洋 (the great ocean of truth)」とは、「未発見・未知の世界」のことであり、「より滑らかな小石あるいはより美しい貝殻 (a smoother pebble or prettier shell)」とは、「数々の自らがなした（他人から見れば、）輝かしい業績（発見）」のことである。自身の成果である「小石・貝殻」の発見に安住することなく、謙虚であり、さらなる進歩のために「未知の大洋」を見つめ、前進への可能性を探求している。

裁判所・官でいえば、「未知の大洋」は、民主主義社会における「人権保障機関」（渡辺〔2005c,250〕）として未だ果たしていない大いなる責務であり、「貝殻」とは、今までに果たしてきた（であろう）若干の責務であるべきものである[21]。

ところで、国民は常識に基づき行動している。そこで、「法というものを市民の常識の基礎の上にすえなければならない」（渡辺〔2005c,26〕、近藤〔8-17〕も参照）ので、国民によって雇用され、国民に対する奉仕者としての公務員である裁判官が、国民の思考のベクトルから外れることはできず、国民から隔絶した思考を持ってはならないことは必然である。かくして、裁判官にエリートという文字を付与される可能性[22]があるとすれば、「人権保障機関」（渡辺〔2005c,250〕）としての役割を求められていることから、「国民の『上』」に立つものではなく、その民主主義的知性・良心・「法」の論理等によって国民をリードすべく、「国民の『前』」に立ち、国民を先導する裁判官にのみ与えられるものである。ゆえに、裁判官に関して、エリートという議論をするのであれば、裁判官であることそして組織上の上部の位置にいる裁判官であることでもなく、抜群に合理性のある裁判・判決行為を継続できる裁判官にのみ与えられるものである。

2　司法試験・司法修習の再検討

なお、ペーパー・テストで事実認定能力を評価することは不可能である。

渡辺〔2005a,184〕の論を参考にしよう。

「法律論の前提となっている事実認定がいかにむずかしいものであり、そのむずかしさを、どのように克服して、正しい事実認定をすることができるかについて、学生は十分な修練を受ける機会がない。われわれ教師が学生に試験問題を出すときにも『AとBとの間にこれこれしかじかの事実関係があると仮定した場合に、AとBとの法律関係がどのようになるかを説明せよ』というたぐいの問題を出す。しかし現実の裁判では、そのように仮定された事実がそもそもあるか否かをいかにして判断するか、ということが、まさに問われるのである。」　　　　　渡辺［11-15］

かくして、「ペーパー的優秀生」（秋山〔2005,11〕）が、「事実認定上の（すなわち、事実認定を合理的に構築することができる）優秀生」であるかどうかは疑わしい。加えて問題は、初めて事件に接する裁判官よりも、（事実を知っている）当事者そしてその（相手方の主張が出揃った時点で判断することがあり、裁判官と同じ試験にパスしている）弁護士の方が格段に事実を把握していることである。そこで、当事者・代理人[23]が事実認識のプロそして裁判官がアマといえる面を持っている。それを裏付けるのは、筆者が、本章第3節のように、相手方の証拠・弁護士の書面における主張等に基づき事実を容易に体系的に論証できたのに対して、高裁判決は、相手方の証拠等・現実性によっても容易に否定される事実を並べたものに過ぎないことである。

さらに、本書で検討した判決文で、「法の論理」を見出すことができるのは、既に論証しているように、東京地裁判決および東京高裁判決のみであり、本件高裁・最高裁は、心証形成とクレジット・システムに関する基本的な「法律」にさえさえ従わないという厳しい司法の現実を明らかにしているのである。

ところで、当事者は、この程度の裁判が行われているという情報が与えられず、生命・人生・財産等に重大なことゆえ、多くの時間と費用をかけて、訴訟をしているのである。ゆえに裁判官は、それに応えるに十分な資質を備えるべく、陪席裁判官も、若い頃から判決（書）および論文で、積極的に法理論に関して意見を表明し、国民の反応を受けながら研鑽を続けるという課題を果たすべきである。判決書における論理の良否を最終的に評価するのは、

基本的に裁判官を雇用する国民であり、裁判所組織内の上下関係ではない[24]。

そこで、合議制の裁判の場合、すべての裁判官が、積極的に意見表明をすべき機会を与えられるべきものである。合議制を形式的に果たしているだけの数合わせのためにいるのであれば、実質的には、陪席裁判官の必要性はない。また、本件高裁の陪席裁判官（若手裁判官）が、第1章冒頭における裁判長の暴論を制止[25]できないような裁判に意味はない。次の安倍〔2001,99〕も参考になろう。

「私の知るかぎり、わが国の裁判官は、一般に、なかでも若い裁判官ほど、自分の意見をいわない。……

裁判長に先に意見をいわせて、自分も『その通り考える』というのである。意見を十分いわないでいて、それでいて陰では、『右と左（陪席裁判官）あわせて2分の1弱』と自嘲的にいわれていることも、これもまた事実である。」 安倍［11-16］

憲法上は、「裁判官の独立」に関する規定がある。それは、年齢・経験・組織上の上下関係に関与しているとは認識できず、「法律によれば、最高裁の裁判官でなければ、少数意見を判決に書くことはできない」（安倍〔2001,99〕）状況は是正されるべきものである[26]。

しかるに、若手裁判官を巡っては別の評価もできる。それは、年齢の上下が、裁判（官としての）能力の優劣を決めることはないということが、裁判所内部における事情によって裏付けられることである。既述のように、最高裁における調査官制度の根拠となっている「年齢の高い最高裁裁判官が新しい学説や判例、外国法動向などを十分に吸収するのは無理なので、若手や中堅の裁判官の頭脳の助けを借りることが有益であることなど」（小田中［8-14］）であれば、若手の裁判官が最高裁の裁判官に任命されるとともに、下級審では合議制の裁判長を委ねられ、積極的に法理論を展開して、司法（・学説でさえ）をリードする環境を整えるべきであるという結論が導かれる。

第7節　司法改革へのベクトル（その4）
—国民と司法との双方向チャンネルの確保—

民主主義の「法の論理」に関して、渡辺〔2005c,243,247〕を引用する。

「現行憲法のもとでの法律観すなわち民主主義的法律観は、法を、権力者にたいする主権者たる国民の命令として考える[27]。法の意義を、権力者の恣意を排除し、国民の自由と権利を保障するという点にもとめる。」
渡辺［11-17］

「代議士や公務員や裁判官が国民の意思に反する法律をつくったり、執行・適用した場合には、それを注意し批判し、それでもだめなときには、選挙のさい代理人をとりかえたり、退職を要求したりしなければならない。」
渡辺［11-18］

このように、当事者となった国民そして将来当事者となる可能性のある国民は、自らの見解を裁判官に対して、積極的に表明する時期に来ているはずである[28]。平たくいえば、駄目な裁判・判決は誰が見ても駄目なのである。

しかし、渡辺［11-18］における裁判批判等をしようとしても、既述のように、上訴したところで、三審制は形骸化している面を持ってもいるので、国民がどこに意見の表明をしてよいのかが明白ではない。外部者（当事者、その代理人そして判決を見た学者等）による判決・裁判官の評価をして、しかるべき外部機関で意見表明を受け入れるシステムを構築し、その機関が統計的に裁判・判決の（客観的フィルターをかけて、非現実的判断を抽出して）不適に関する情報を収集し、裁判官の反論を合わせて公開するシステムも視野に入れる必要もあろう[29]。膨大な時間と費用をかけて訴訟をした当事者にとっては、「当たった裁判官が悪かった」では済まないのである。国民にとっては、裁判官の個別の判断能力を認知する場がなさすぎる。上記のシステムは、基本的には、国民の常識を裁判所が認識する場になるとともに、少なくとも、下級審において、当事者が裁判官の変更を要求する1つの根拠（資料）となることになり、国民の権利の行使に有用なものとなるのである。

ところで、国民審査に代表されるように、最高裁の裁判官といえども[30]、

国民の基本的思考を代理する機能が付与されているだけである。その国民審査において、「法」および自らの職責の認識に関する（単なる主張・抱負ではなく）論理的・客観的・体系的な表明もないままに、最高裁の裁判官を審査する過程が組み込まれることに違和感を認識している国民は少なくはなかろう。そこで、最高裁の裁判官は、自らが最高裁にいることがふさわしいことを自主的に国民に伝達するために、自らの法思考を200頁以上にわたる長文（著書）によって展開して、国民の審査を受けるべき時に来ているのではなかろうか[31]。裁判所において重要な地位を占めている（国民審査の対象とはなっていないとはいえ、）高裁の裁判長も然りである。

「法」に関する長文を書くことによって培われた（る）客観性・論理性は、思考（判断）過程の体系性・論理性を認識・会得させ、裁判能力の向上に寄与するはずである。現行判決文のように、「おれはこう判断した」のスタイルでは、合理性のある長文へ導くことは困難である。長文を書くことによって、合理的な判断過程・論理過程を経れば、「こう判断せざるを得ない」という客観的なスタイルの文書を書くようになる。これが判決の合理性を担保することになるのである。

本件で明らかになっているが、裁判所は国民に対して、「おれの体験にそぐわない論理性のある陳述書を書いたので、その証拠は排斥する」（本件高裁）そして（おれたちに文句をつける）「上告をすることが許されるのは」（本件最高裁判決、第8章冒頭部分）という認識を突き付けるのが現実でもある。それは、「法」のもとでの本来的な「主（主権者たる国民）」と「客（国民に雇われ、裁判というサービスを国民に提供するに過ぎない裁判官）」との関係が転倒している事実を明確にしているのである。しかし、このような裁判所の態度の大きさとは裏腹に、判決文の基本的欠陥ゆえに、判決書の内容は論理に関して幼稚である。

既に証明されているように、最高裁の三行判決でさえも、短文でありながら論理上の乱れが著しい。他の判決でも、論理上の問題点を抱えている。この著しい乱れを生じている状況を視野に入れれば、最高裁が、「判決理由論」・「上告（理由）論」と題した書籍を公刊して、国民に対して、自らの組織が提供しているサービス基準を明確にすべきものであろう。そして、国民の反応

第 11 章　司法改革への視点（続）

をうけ、裁判はすべて合理性あるものにしなければならないものである。

　既に論証されたように、本件下級審の判決書は、小学生段階の常識のレベルにも程遠い。一応、「失礼だが」と前置きしておくが、この程度の裁判・判決であれば、表現の難しいところはかみ砕いて説明して、小学生のホームルームの時間に議論させた方が適切な解を見出すと判断することを妨げるものは何もなかろう。この事実は、当事者が（裁判官が何をやるかは不明であるから）裁判は回避して、（偶然が左右するとはいえ、ある程度の）自己責任となるコイン投げで勝敗を決める方が納得できるレベルの裁判が行われている現実を（特に、本件高裁判決そしてそれを支持した最高裁という）裁判所自身が教えてくれるものでもある。

　ここまで論じてきたことを念頭に置けば、現行の司法制度のレベルに関する江藤〔2001b,161〕の論に行き着くことになる。なお、裁判所は、憲法三原則を守っていないとする渡辺［2-3］も合わせて理解されたい。

　「長年月にわたる権利抑政策、そのイデオロギーの下にあるわが国の訴訟救助・法律扶助が、国民の『裁判を受ける権利』を実質的に保障するに足るものでないこと、現実の社会的要請に応えるものでないこと、さらにいえば、黒字大国といわれるわが国において、その国民が、前述のように、資本主義諸国の国民が当然に享受している『裁判を受ける権利』を保障されていないことは、今や明らかな事実である。これは、何とも奇妙なことではないか。このまま推移していけば、現に進行している国民の『裁判離れ』、国民の裁判に対する不信、また裁判からの逃避は、ますます加速され、わが司法制度は、その存在理由すら問われるにいたるであろう。否、すでに問われているのである[32]。」　　江藤［11-20］

　この原因は、特に「法」に従うべき裁判所に対して、「法」とは何かを（学者を含む）国民そしてメディアが教授し、裁判官はそれに従うというコミュニケーションの方向付けが不足していることにあろう。多くの裁判所に関する情報が国民へ流れ、国民の積極的な意見の表明とともに、裁判官の血の滲むような国民の「法」・常識・論理を研鑽する努力の必要性を回避できないものである。そのための重要な情報伝達をするのが、メディアでもある。このコミュニケーション・チャンネルの確立が司法改革の第4点目である。

渡辺〔2001c,300〕が指摘しているところでもある。

「司法情報の積極的開示は、司法改革の基礎的条件であると言える。司法当局は、日常的定期的に、あるいは国民の求めに応じて、国民にとって必要な情報を提供する制度、さらには司法と国民との間の対話の場をつくるべきであろう。この中で弁護士会の役割りが重要であることは言うまでもない。また裁判に関する国民の投書を奨励し、直接あるいはマスコミをつうじて、文書による対話の場を拡げる工夫をすることが望ましい。」　　　　　　　　　　　　　　　　　　　　　　　　渡辺［11-21］

[1] なお、引用文の一行目を除き、太字が使用されている。
[2] 詳しく述べれば、「分析性」も含まれるが、基本的には、「合理性」が重要であることから、第1章冒頭の裁判長の発言を対象にしている場合でも、この「分析性」を省略することもある。
[3] 下の矢部〔2007,198〕の論が参考になろう。
　「『論より証拠』という諺がある。裁判でも証拠がすべてである。訴訟の勝敗は証拠と議論のよしあしによって左右されるが、準備書面でいかに深遠な議論をしてみたところで、議論だけでは勝てない。証拠の裏づけがあってはじめて勝つのである。どんなすぐれた議論も、証拠がなければ裁判には負ける。」　　　　　　　矢部［11-5］
　本来裁判とはそうあるべきものである。しかし、本件下級審は異なる。
[4] 「裁判はもともと論理構築がモノをいう世界だ」（野村〔1987,34〕）。しかし、それが本来の姿ではあるが、本書で（引用した文献・資料を含めて）明らかなように、現実はそうでもない。
[5] 挿入した方がより理解しやすくなる事実については、筆者側の客観性ある証拠等を付加してもいる。
[6] 「裁判官の事実認定は、法廷という場の証拠法則にもとづいたものでなければならない。民事では当事者の間で事実の主張に争いがなく、両者ともに『これが事実』だと主張している場合は、裁判官はあらためて別に調べる必要はなく、その事実に拘束される。」（渡辺〔2005b, 230〕）からである。
[7] 括弧内の解説を除き、尋問調書・判決文で認定している事実である。なお、括弧内については、高裁の認定事実から必然的に導かれるものである。
[8] ここでの「……」の部分については、普通の家庭の日常生活上の会話でも出ているものであり、こういう言葉を「暴言」としていること自体を（筆者が陳述書等で詳論していることもあり、）裁判所は認識すべきであるにもかかわらず、それをしていない。その言

葉に関して詳論することはプライバシーの範疇にあり、省略する。
9　基本的には、伝聞によるものと考えられたい。
10　この記録の具体的内容に関しては、プライバシーの関係で省略する。
11　筆者は、陳述書において、この（前後を含めた）文（章）が夫婦間の協力扶助義務そして監護義務に反するものであること等において、法的に重大な問題を論証するとともに、この弁護士に対して、書面に「法」のもとに秩序を持たすように求めたものである（第4章第6節、第1章注15をも参照のこと）。高裁も、その筆者の陳述書に「理路整然性」を認定しているにもかかわらず、それを無視するとともに、この弁護士の主張（の不都合）も無視したものである。
12　裁判官の認識の表明に関して抽出しているだけで、その判断が、証拠に照らして正当であるということを述べているわけではない。
13　当時の肩書・役職である。
14　このディスカッションには、最高裁の担当者も参加している。
15　ここでは、引用文献が多いと認識されるはずである。それは、心証形成に関する多くの要件を導き出すためである。
16　現行の判決文のように、裁判官が認定したとする事実のストーリーを書くのであれば、証拠を精査・検証し、その判断過程から立論・論証する場合と比較して、供述調書は極めて有用なものである。供述調書への依存が、冤罪・誤判を生んできたことも、我々が認識していることでもある。
17　三審制の意義は、「批判説がいうように、反対当事者に不利益な判断が出された場合に納得を得られるはずがないともいえますが、その判断に至った理由が明示公開され、控訴上告できる制度になっているため、少なくとも納得が得られやすい手続き、制度とはいえます。」（安原〔1999,28〕）ということになる。しかし、それは手続き・制度上のことであって、本件で論証したように、現状は、上訴（控訴・上告）が本来的機能を果たしているとはいえないことも否定できない。なお筆者は、この意見を批判しているのではなく、我々当事者は、制度（の本来的目的）と裁判の現実とが乖離している（ので、もちろん抜本的変革を求められるべき）司法の状況をも認識しておく必要があることを述べているものである。
18　葛原［8-12］の少し後には、「将来のために、最高裁としては、裁量による不受理の客観的基準確立のため、せめて受理申立理由全文を決定に添付されるべきことを提案する。」と論じられている。参考にしたことを記述しておく。
19　また、伊東秀子弁護士は、「我々弁護団は……膨大な上告理由書及び3度に亘って補充書を提出し……反対事実の存在……の可能性を詳細に示したのです。最高裁が上告を棄却するのなら、これらの指摘に対してきちんと応答した上で」と述べているように、応答過程を判決書に含めることによって、判決書の合理性が担保されるものである。参考にしたことを記述しておく。

http://www4.ocn.ne.jp/~sien/hideko-saikouhanketu-message.htm（2011年4月4日）
[20] 渡辺［2-2］も合わせて、参照されたい。
[21] 渡辺〔2005c,249-250〕を参照する。
　「民衆は、観念によってではなく、経験によって、裁判所がどれほど国民にとって信頼するにあたいする国家機関であるかをまなぶものである。
　　明治以降の歴史のなかで、裁判所こそは頼みになるという経験を、民衆はどれほど痛切にまなんだであろう？あまりにも、その経験がすくなすぎたというのは事実に反するであろうか？」　　　　　　　　　　　　　　　　　　　　　　　渡辺［11-13］
[22] 民主主義を先導できる裁判官をエリートと認識するか、裁判官であるかぎりそれが当然（すなわち、普通）とみなすかの相違があると思われるので、「可能性」という用語を用いたものである。
なお、次の矢部〔2007,133-135〕の論が参考になる。
　「エリートは、卓越した教養と見識をもつはずである。物事を感情的ではなく、合理的に処理することができる人物のはずである。……
　　……美人かどうかは、他人が決めることである。
　　同様に、自分を知者と思う者は知者でなく、善人と思う者は善人でなく、エリートと思う者はエリートではない。真のエリートは、エリート意識をもたないものであり、エリート意識のもち主は、『エリートもどき』にすぎない。」　　　　矢部［11-14］
また、第4節で論証したように、「『国民の目線』（佐野［11-9］）で判断できる裁判官＝『優れた』裁判官」という認識のもとに、法曹が公然と議論をしている。そこでは、裁判官が普通の国民の目線に届いてこそやっと、「優れた」と認識されているので、国民の裁判官に対する優位性が認知されている。ゆえに、最高裁が認識しているであろう（秋山［11-11］）「裁判官＝（国民の上に立つ）エリート」という等式を成立させることはないことになる。
[23] 確かに、弁護士は、依頼人のためにという観点に重点を絞って主張してくる。しかし、筆者が、本書（特に、まとまっては本章第3節）でその弁護士の主張から事実を明らかにしているように、慎重に分析すれば、そこに真実が浮かび上がってくるものである。
[24] 三審制であることを認識すれば、形の上では、裁判所のより上の組織による評価が行われている。それは組織上のことであり、国民の思考に照らした場合の良否の判断とのギャップを生じる可能性は否定できるものではない。
[25] もちろん、制止したとしても、発言してしまったものは取り消すことができるものではない。しかし、判決書において、その思考が具体的に表れるのを阻止して当然である。
[26] これに関しては、思い出せないし、再発見できていないが、下級審裁判官にも個別意見を書かせることを主張していた法律書があったという記憶がある。そこで、筆者の固有の意見ではないことを断わっておく。
なお、判決理由欄の基本的問題も、本書での引用文献で明らかなように、法律書等で指

第 11 章　司法改革への視点（続）

摘されているものであり、筆者固有の意見ではない。筆者に固有のものを抽出するとすれば、本件のような典型的な違法性の証拠を残した裁判・判決に基づき論を展開していることと、論の展開プロセスにおけるある程度の（個人によって特徴が出る）色彩の相違といえるであろうか。

27　最高裁裁判官の国民審査制度は、これを反映していると認識できよう。
28　久保利英明弁護士の「不平等是正運動の立ち上げ」が参考になろうし、参考にもした。

「国民審査とは、司法への国民参加であり、最高裁裁判官への不信任投票なのである。
　　投票行動である以上、事前情報として裁判官ごとにいかなる判決を下したのかが公開されなければならない。ところが国民審査公報には問題判決が掲記されているわけでもなく、メディアも積極的に問題判決に誰が関与したのかを報道することもなかった。裁判官としてのマニフェスト（政権公約）などどこにもない。それならば『一票の不平等』を審理した 2007 年 6 月 13 日の最高裁大法廷判決で合憲を主張した 2 人の裁判官を名指しで国民に知らせなければならない。急きょ、友人の弁護士にも協力を求めて発起人を募り、各界の著名人約 40 名の名前ですべての全国紙に意見広告を合計 10 回全面広告で掲載した。」　　　　　　　　　　　　　　　久保利［11-19］

その結果に関しては、ホームページを参考にされたい。
http://markets.nikkei.co.jp/column/rashin/article.aspx?site=MARKET&genre=q9&id=MMMAq9000004092009　（2011 年 4 月 4 日）

29　最高裁の裁判官の審査権を国民が有している（これは、実質的に国民の最高裁裁判官に対する評価システムである）。下級審の裁判官に対しても、実質的に不公正な裁判を阻止する方向に向けられた評価システムを導入すべきであろう。
30　この表現に「最高」の判断という意味を持たせているわけではない。位置的には、それより上がないという表現に過ぎない。
31　裁判の組織において上部にいることは確かなので、高裁の裁判長も著書を出版してよいものである。
32　ここに、次の注が付けられている。
「たとえば、経済同友会・前掲誌、朝日新聞・1994 年 8 月 25 日社説。」

249

本書を終えるにあたって
―国民、メディアそして裁判所における「法」の認識と情報の共有―

　我々は、「裁判信仰の神話」（渡辺［文末］）を捨て、裁判を社会経験が少ない「裁判官という名称を付けられた国家公務員・官僚の行っている単なる行為」という観点に基づき、客観視する必要があろう。基本的に事件の種類を選べない裁判官であるから、各種の事件に首を突っ込まざるを得ないと認識して間違いがなかろう。外部から見て、ある意味では、人知・人間の限界を超えた作業をしているのである。それは、ある医師がすべての病気に首を突っ込み、診察・治療に関する処置・手術をした場合と同様のリスクを当事者に対して背負わすことになるのである。

　加えて、自らの職責を認知していない事実が当事者に追い打ちをかけるのである。我が国において、裁判所を除き、どこの世界に、本件高裁のように、判断を求められた者が提出された証拠に「論理性・理路整然性」を認定・表明し（た証拠を残し）ておきながら、それを判断者が体験していないがゆえに「異常」と表明し、完全排斥して、逆に（誰の目にも明らかな）現実の世界では生じることのない事実を次から次へと創作する者が居ようか。ここに、証拠の合理性に関する裁判所の認識が、本来求められているものとは乖離することが鮮明になるものである。

　さらに、最高裁がこの高裁判決を支持していることに加えて、裁判所組織の職責上不可能・不可侵なことに対する感覚の鈍さからすれば、この種の裁判・判決は本件だけではなかろう（安倍［1-8］も参照のこと）。この組織の感覚からすれば、冤罪は必然的に生じるものといえるものであろう。

　裁判所を常識の世界そして客観性・論理性の世界へと導くこと（裁判官を公務員・官僚から裁判人[1]へのイメージに移行させること）が、我々の人権を裁判所から守るために必要である。

　「法」は国民の中にあり、裁判所が左右できるものではなく、従うものである。ゆえに、「法律」をいくら書籍で勉強しようが、それは生きた生活の

論理に役立つとは限らない。本書で明白になった判決書に著しい「(法の)論理」の欠落・矛盾は、相互コミュニケーションの積み重ねによる客観的な思考過程の経験の乏しさに重要な原因があるのではなかろうか。日常生活上の論理の会得は、紙の上での勉強ではなく、井戸端会議の方が有用かつ重要であろう。そこで形成されるのは、相互コミュニケーションによる「心の論理」・「常識の論理」すなわち「法の論理」である。そのためには、渡辺 [11-21] の主張にあるように、司法と国民との相互コミュニケーション・システム（平たくいえば、司法と国民との井戸端会議的思考のシステム）の確立が必要である。

その重要な担い手となるのが、メディアであることは間違いがなかろう。しかし、メディアの裁判に対する認識の方向に問題があると思われる。次の記事を参照する。

「精神鑑定：一部だけの採用可能　最高裁が初めて明示……小法廷は『鑑定の前提条件に問題があるなどの場合は鑑定意見を採用せずに、犯行の動機、態様などを総合して責任能力を判定できる』との最高裁判例を踏まえ、鑑定の一部分だけを参考にすることは可能と指摘。鑑定の前提資料や推論過程の一部に疑問を示し、その他の事情を総合考慮した2審の判断に誤りはないと結論づけた。」（毎日新聞、最終更新　12月11日0時02分[2]）

この記事を見るかぎり、最高裁判決の（判断過程があるのかどうかはわからないが、判決の）結論だけをメディアがそのまま国民に伝えているだけである。筆者は、この記事の「精神障害」そして精神鑑定がどのようなものであるかに関知するものではないが、ここにおける記事には、疑問を持たざるを得ない。

それは、最高裁判例では、「鑑定意見を採用せずに、犯行の動機、態様などを総合して」と書かれているが、鑑定した専門家は、「犯行の動機、態様などを総合して」鑑定をし、当事者・周辺人物との面接等も加味して、すなわち裁判官が得た情報より多くの情報そして自らが学んだ精神障害に関する専門的知識に基づいて鑑定したはずである。それに対して、「精神障害」に関して素人である裁判官が、鑑定医よりも少ない専門的知識・情報等によって、専

門医よりも適切な判断をできると考えているのであろうか。我々が心の病気に関して相談に行く時は、裁判所ではなく、専門医である。

「心の病気」に関する書籍から、例として、「精神障害」である統合失調症に関するものを参照しよう。

> 「精神医学で取り扱う病気の中で最も重大な病気であると言っても過言ではありません。しかも病因がはっきり解明されておらず、基盤となる『身体的な異常』もまだ見出せておりません。精神症状や経過が複雑多形であり、この疾患の本態、原因について多くの学説が出されており、現在の医学の中で最も暗黒の部分と言えます。」(竹内〔1997,47-48〕)

専門家でさえ、見解の一致を見ていないのである。また、「精神障害」は、基本的には、社会生活への適応の困難性、平たくいえば、その言動の非常識性（もちろん非常識性≠精神障害であるが）を判断尺度とする。本件下級審（地裁・高裁）の判決で明確になったように、認定した事実は、常識を掠めることのないものである。加えて、「喘息」という普通にある病気でさえ、医師が出した診察明細（証拠）から正確な事実を認定していないし、子供が「喘息」であれば母親は不衛生をするものであるという前提で判断していることから、その本質を認識していないことも明らかである。ゆえに、数値化が可能な「喘息」と違って基本的に数値化ができない「精神障害」の鑑定書の適否に関して識別する能力があるとする認識には無理があろう。また、鑑定した専門家も他の専門家の目（学会等における目）も光っていることから、杜撰な鑑定をすることは原則的には考えられないことでもある。

したがって、「公正さ」を求められるメディアの報道としては、人権に配慮しながら、裁判所が「鑑定の前提条件に問題があるなどの場合は鑑定意見を採用せずに」という判断をした根拠（裁判官が鑑定者に徹底した質問をしたが、回答ができなかった事実等）が控訴審判決に書かれているのか、そして可能ならば、鑑定した専門家の意見（無理ならば、他の専門家の複数の意見）を含んで報道する姿勢が必要とされるのではなかろうか。

その論拠となるのが、「鑑定の前提条件に問題がある」という判断と同じ範疇にある「前記前提事実及び証拠（……）並びに弁論の全趣旨によれば、以下の事実が認められる。」という文面が本件下級審の判決書において書かれて

はいるものの、非現実的事実に満たされ、裁判所が「以下の事実が認められる」としていることに、合理性が担保されているわけではないことである。ゆえに、仮に「鑑定の前提条件に問題がある」と裁判所が判決書に記述したところで、その合理性は担保されるものではない。

さらに、記事にある「鑑定の一部分だけを参考にすることは可能」ということであるが、これでは、鑑定書の一部をつまみ食いして事実認定できる結果を導くものである。これは、最判［10-5］と軌を一にしているし、本件と同じく恣意に自由である。しかし、国民は、裁判官の恣意に自由となることには抵抗するはずである。

また、最高裁の判決書である最判［10-6］と矛盾を起こすのである。これは、「特に反対事情のない限り記載内容を措信すべき書証」を納得させるにたる理由を付けずに排斥することは「理由不備の違法」があると認定している。そこで仮に、記事にある鑑定に他の多くの専門家も同じ見解を持つとしたら、その鑑定は（素人である裁判官にとって）「記載内容を措信すべき書証」となり、裁判官が排斥するには、これらの専門家を納得させるだけの「合理的な根拠」が求められることになる。しかし、裁判官が精神障害に関してそれだけの知識を持っていることはなかろう。裁判所にとって、国民から客観性のある判断として認知されるとすれば、通常は数人の専門家の鑑定書のうちの（加重平均を含め）中央値を採用することであろう[3]。

かくして、メディアが裁判所の判断「結果」を国民に伝達する国民への一方通行的なコミュニケーションをすることなく、（常識・専門家等により）裁判所のその「判断結果を支える判断過程の有無とその適否を検証する部分」を添付し、国民が裁判所の判断の適否を認識できるようにするのが望ましいのではなかろうか。というのは、国民主権の視点からは、渡辺［2-12］（最判［10-6］も同じ観点から考えることができるが）にあるように、国民から裁判所への教示のベクトルが確保されるべきものであるからである。

加えて、参考になるのは、「スラップ訴訟」に関する次の引用文である。権力に対するメディアの役割が認識されるものである。

「日本でも国がスラップの規制立法を行うことである。だが、それ以前にもやれることはある。それは、メディアが、スラップ訴訟の提訴は反社

会的な行為であるということをもっと報道、啓蒙していくことだ。
　……スラップ訴訟の反社会性を訴えるとともに、スラップ性の疑いのある訴訟が起こされたときには、メディアがこれまで以上に詳しく報道、批判していくことが肝要だ。そうなれば、世間の評判を気にする企業はスラップ訴訟を起こしにくくなる。
　……提訴した訴訟がスラップと認定されれば、原告となった企業は社会から指弾されることになる。これには、多くのメディアの力が欠かせない。[4]」（福永宏）

ここにおける「(権力を背景にした：筆者注) スラップ訴訟の提訴は」を「司法の権力に依存した判断は」に置換するだけで、司法の現実とメディアの役割が見えてくる。国民の思考を重視し、国民とともに司法のタブーの扉を開き、司法に対して客観的・論理的思考の空気を入れる存在が必要であり、その役割を果たすのがメディアである。

最後は、裁判所に対する認識に関する渡辺〔2001c,3-4〕の名文で、本書を締めくくることにする。併せて、聖域・タブーとは関係のない東地判［2-14］の思考および三淵・渡辺［2-17］の思考をも参照されたい。本書が僅かでも、「裁判信仰の神話の崩壊（と司法における民主主義思考の確立）」（次の引用文参照）に貢献することができれば幸いである。

「聖域は、その中を見ることがタブーであるがゆえに聖域であり続けるのであり、そのタブーが破られるとき、裁判信仰の神話も崩れるからである。
　私たち国民にとって、日本が自由な国であると世界に誇れるためには、社会の中にタブーがあってはならない。他の社会集団についても同様であるが、特に自由と人権のとりでとされる裁判所においては、いっそう、そのことが言える。そうであるとすれば、この聖域の中に立ち入って、あえてタブーをこわすことが、いま必要なのではなかろうか。以下、読者と共に裁判所の門を叩いて中に入ってみよう。」

1 権力を背景にした官僚というイメージが強すぎる裁判官という用語よりも、この用語の方が、民主主義社会には適切であろう。
2 http://mainichi.jp/select/jiken/news/20091211k0000m040092000c.html?inb=ra（2010年1月9日付）なお、毎日新聞を特定してその報道姿勢を検討しているのではない。たまたま、インターネットを見ていて気付いた記事を抽出しただけである。しかし、ＴＶのニュースでも、「裁判所は○○という判断をしました」というニュースがよく流れていることを念頭に置かれたい。裁判所の判断をそのまま受け流しているが、証拠関係に照らして誤った判断であっても、それを正しいもののように伝達してしまう状況は否定できるものではなかろう。やはり、裁判所の判断により社会秩序が維持できるのかどうかという観点から検証した結果を合わせてできるだけ報道する姿勢が求められるのではなかろうか。
3 もちろん、実際の対象となった人物を観察する時間の短さ、そして鑑定する理論の非統一等により、ある精神鑑定をそのまま採用することができない可能性は承知している。明らかなのは、専門家よりも裁判官の知識・観察時間等が劣るということである。加えて、鑑定の専門家は、体系をもってして論じているはずである。ゆえに、その一部を採用したところで、合理的な結論へと到達することは困難であろう。
4 http://www.toyokeizai.net/business/society/detail/AC/651047caea97e321c91f2077d46ce177/page/3/ および（その次の）4（記事は平成21年2月2日付、2011年4月4日現在）論題は、「スラップ訴訟をどう抑止していくか 『反社会的な行為』という認識を広めることが重要」であり、4部にわたっている。

引用文献

Anton, H., *Calculus*, 6th ed., John Wily & Sons, Inc. 1999.
秋山賢三『裁判官はなぜ誤るのか』(岩波新書 809) 岩波書店　2005 年
安倍晴彦『犬になれなかった裁判官』NHK 出版　2001 年
伊藤滋夫『要件事実・事実認定入門 [補訂版]』有斐閣　2005 年
石原豊昭・有吉春代・内海徹『うまく別れるための離婚マニュアル』自由国民社　1997 年
井上薫『司法のしゃべりすぎ』新潮社　2005 年
─────『狂った裁判官』幻冬舎　2007 年
江藤价泰「民事裁判のどこがおかしいか」、渡辺洋三・江藤价泰・小田中聰樹『日本の裁判』岩波書店　2001 年 a　56-87 頁
─────「裁判所制度―アクセスできない裁判所―」、渡辺洋三・江藤价泰・小田中聰樹『日本の裁判』岩波書店　2001 年 b　144-168 頁
小田中聰樹「最高裁判所は人権の砦か」、渡辺洋三・江藤价泰・小田中聰樹『日本の裁判』岩波書店　2001 年　169-206 頁
斎藤茂太監修『心の医学おもしろ事典』主婦と生活社　1986 年
四宮啓・西村健・工藤美香『もしも裁判員に選ばれたら―裁判員ハンドブック―』花伝社　2005 年
荘司雅彦『嘘を見破る質問力』日本実業出版社　2008 年
竹内和夫『心の病気 [増補改訂版]』星和書店 1997 年
田宮裕『日本の裁判』弘文堂 1989 年
仲戸川隆人「第 7 章　エリートと市民と」、日本裁判官ネットワーク『裁判官は訴える！私たちの大疑問』講談社 1999 年　133-154 頁
日本弁護士連合会 [編]『弁護士任官のすすめ』日本評論社　2003 年
野村二郎『最高裁判所』(講談社現代新書 480) 講談社　1987 年
原田豊「第 8 章　弁護士任官制度」、日本裁判官ネットワーク『裁判官は訴える！私たちの大疑問』講談社 1999 年　155-173 頁

平山信一『わかりやすい離婚［改訂版］』自由国民社　1997 年
松田道雄『新版育児の百科』岩波書店　1982 年
宮本敦「第 5 章　ハードワーク」、日本裁判官ネットワーク『裁判官は訴える！私たちの大疑問』講談社 1999 年　91-110 頁
安原浩「第 1 章　刑事裁判」、日本裁判官ネットワーク『裁判官は訴える！私たちの大疑問』講談社　1999 年　17-34 頁
矢部正秋『プロ弁護士の思考術』(PHP 新書) PHP 研究所　2007 年
和島岩吉「裁判と常識」、日本弁護士連合会人権擁護委員会編『誤判を語る』全国弁護士協同組合（発行所）、電気書院（発売所）　1989 年　45-63 頁
渡辺洋三「はじめに」、渡辺洋三・江藤价泰・小田中聰司『日本の裁判』岩波書店　2001 年 a　1- 4 頁
―――「裁判と憲法」、渡辺洋三・江藤价泰・小田中聰司『日本の裁判』岩波書店　2001 年 b　5-53 頁
―――「むすび―国民と裁判―」、渡辺洋三・江藤价泰・小田中聰司『日本の裁判』岩波書店　2001 年 c　292-305 頁
―――『法を学ぶ』（岩波新書 338）岩波書店　2005 年 a
―――『法とは何か〔新版〕』（岩波新書 544）岩波書店　2005 年 b
―――『法というものの考え方』日本評論社　2005 年 c

【辞典・六法】
末川博創始、杉村敏正・天野和夫編集代表『新法学辞典』日本評論社　1991 年
『図解による法律用語辞典［補訂 2 版］』自由国民社　2006 年
『判例六法［平成 17 年版］』（青山善充・菅野和夫編集代表）有斐閣　2004 年

【インターネット上の資料・情報】
　出所が本文に対する注において明記されているので、ここに記述することを省略する。

資料：本件最高裁判所判決

	裁判長認印 ㊞

調　　　書（決定）	
事 件 の 表 示	平成■■年（■）第■■■■号
決　　定　　日	平成■■年■■月■■日
裁　　判　　所	最高裁判所第三小法廷
裁判長裁判官 裁　判　官 裁　判　官 裁　判　官	堀　籠　幸　男 濱　田　邦　夫 上　田　豊　三 藤　田　宙　靖
当 事 者 等	上　告　人　　■■■■■■■■ 同訴訟代理人弁護士　■■■■■■■■ 被 上 告 人　　■■■■■■■■ 同訴訟代理人弁護士　■■■■■■■■
原 判 決 の 表 示	■■高等裁判所平成■■年（■）第■■■■号，第■■ 号（平成■■年■月■日判決）

裁判官全員一致の意見で，次のとおり決定。
第1　主文
　1　本件上告を棄却する。
　2　上告費用は上告人の負担とする。
第2　理由
　　　民事事件について最高裁判所に上告をすることが許されるのは，民訴法312条1項又は2項所定の場合に限られるところ，本件上告理由は，違憲及び理由の不備・食違いをいうが，その実質は事実誤認又は単なる法令違反を主張するものであって，明らかに上記各項に規定する事由に該当しない。

　　　　　　　平成■■年■月■日
　　　　　　　　最高裁判所第三小法廷
　　　　　　　　　　裁判所書記官　　田　邊　善　晴 ㊞

英　真（はなぶさ　まこと：筆名）
国立大学大学院を経て、国立大学助手・講師・助教授・教授を歴任。現在も教授職。博士。研究書を単著にて複数上梓済み。

ある離婚訴訟の記録―体験的裁判所批判論―
2011年5月25日　初版第1刷発行

著者　　　英　真
発行者　　平田　勝
発行　　　共栄書房
　　　　　〒101-0065 東京都千代田区西神田2丁目7番6号川合ビル
電話　　　03-3234-6948
FAX　　　03-3239-8272
振替　　　00130-4-118277
装幀　　　佐々木正見
印刷・製本　シナノ印刷株式会社

©2011 英 真
ISBN 978-4-7634-1041-2 C0032